"十二五"职业教育国家规划教材
经全国职业教育教材审定委员会审定　高职高专教材

JIANSUO
SHIYONG
JIAOCHENG

化工文献检索
实用教程

第二版

○冷士良　阮浩　主编　　○张欣　副主编　　○刘承先　主审

化学工业出版社
·北京·

本书以检索项目为载体，围绕自学能力、表达能力、任务识别能力和信息分析评价能力的培养目标，重点介绍期刊文献、专利文献、标准文献、英文文献（CA）、科技论文写作、检索方法与策略等六个方面的知识，突出检索的实践性和实用性。

全书分为绪论、预备知识、项目化教学、综合训练四个部分。预备知识主要介绍文献的等级及主要类型、检索语言、检索工具、检索途径、检索方法、检索步骤以及检索效果评价等知识；项目化教学共分图书馆的科学利用、专利文献的查询、标准文献的查询、英文文献的获取、普通网络资源的应用、科技论文的撰写等六个项目，每个项目又分为若干任务；综合训练模块，通过一个具体的研究项目（毕业专题）对化工文献检索过程进行实际系统训练。

全书内容系统丰富、通俗易懂、编排紧凑、图文并茂，适合作为高职高专化工技术类相关专业教材，也可供相关教师、技术人员参考。

图书在版编目（CIP）数据

化工文献检索实用教程/冷士良，阮浩主编. —2版. —北京：化学工业出版社，2014.7 （2024.9重印）
"十二五"职业教育国家规划教材
ISBN 978-7-122-20665-7

Ⅰ.①化⋯ Ⅱ.①冷⋯ ②阮⋯ Ⅲ.①化学工业-情报检索-高等职业教育-教材 Ⅳ.①G252.7

中国版本图书馆 CIP 数据核字（2014）第 097137 号

责任编辑：窦　臻　　　　　　　　　　装帧设计：尹琳琳
责任校对：王素芹

出版发行：化学工业出版社（北京市东城区青年湖南街 13 号　邮政编码 100011）
印　　装：河北延风印务有限公司
787mm×1092mm　1/16　印张 11¾　字数 292 千字　2024 年 9 月北京第 2 版第 17 次印刷

购书咨询：010-64518888　　　　　　售后服务：010-64518899
网　　址：http://www.cip.com.cn
凡购买本书，如有缺损质量问题，本社销售中心负责调换。

定　　价：**28.00 元**（附光盘）

前　　言

　　本书具有教学内容新颖、教学目标明确、配套资料丰富等特点，第一版于 2011 年 8 月出版后，被很多高职高专院校选用为化学、化工、材料、生物、制药、环境类专业的文献检索课程教材。本书在使用过程中得到了主讲教师和学生的好评，被认为简捷实用、操作性好，特别是对于学生撰写毕业论文指导性强，对教师、学生及企业技术开发人员非常有用。本书第一版于 2012 年被中国石油与化学工业联合会评为"中国石油和化学工业优秀出版物奖（教材奖）二等奖"。

　　因信息检索技术发展较快，为保证本书教学内容的新颖性，以及应一些使用单位的要求，本教材在各使用单位反馈意见、徐州工业职业技术学院"文献检索与应用"课程教学改革和精品课程建设成果的基础上进行了再版修订。本书第二版保持了原书的结构，调整并补充了一些新知识、新内容，增加了每个项目课外任务的数量。其中专利文献的查询、标准文献的查询、普通网络资源的应用、综合训练等部分成为本次修订的重点，图片更新量均超过80%。在教材修订的同时，对本书配套光盘的内容也进行了全面更新。力求使本书成为一本与时俱进、能反映化工文献信息领域新知识、新情况、新技术的好教材。2014 年本书第二版经全国职业教育教材审定委员会审定为"'十二五'职业教育国家规划教材"。

　　本书的修订工作主要由冷士良、阮浩、李蕾、张欣完成，由阮浩统稿。本书由常州工程职业技术学院刘承先主审，对此表示衷心感谢。

　　文献信息检索技术发展迅速，面貌日新月异，而我们知识水平存在局限和不足，本书第二版在内容及编排上一定还会有不足之处，希望广大师生和读者在使用过程中不吝批评指正。

编者

2014 年 6 月

第一版　前言

英国伟大的科学家牛顿说过："如果说我比别人看得略为远些，那是因为我站在巨人的肩膀上。"牛顿所谓的"站在巨人的肩膀上"，意思就是指充分地占有和利用文献资料，从前人研究的"终点"中找出自己研究的"起点"，从而在学术研究工作中取得突破性的成就。检索，作为一种技术，就是用来帮助大家"站在巨人的肩膀上"。

文献检索作为一门工具性课程，教学内容实践性、实用性较强，其目的是培养学生获取、评价和利用信息的能力。从学生的角度来看，无论是在学习期间撰写论文，还是今后从事科研工作，或从事具体实践工作，乃至普通日常生活中，总是希望获得较为全面、准确、及时的信息；从教师的角度来看，培养学生熟练地进行信息获取、评价和利用基本常识与技能，不仅是高职院校信息素质教育的重要内容，也是学生提高学习效率，规划职业生涯，毕业后继续深造或者在企业实践岗位依据所学知识技能解决实际问题的客观要求。

《化工文献检索实用教程》突破以往遵循理论教学的模式，以简化理论和强化操作应用为原则，以检索项目为载体，针对高职高专学生的能力水平，根据编者多年从事一线教学工作的经验，创新教学模式，让学生在活动教学中提高检索能力。在内容编排上，着重突出指导性、实用性，在理论叙述上以"适度、够用"为原则。具体来说，本书有如下特色：

1. 教学内容新颖。本书通过任务驱动的方式重新组合教学内容，使学生在完成项目、任务的过程中不仅能够根据实际需求涉猎原本分布在不同章节的知识，还可依据实际情况不断地回顾以前学习的内容，使学习基础越来越牢固。全书分为绪论、预备知识、项目化教学、综合训练等四个部分。预备知识主要介绍文献的等级及主要类型、检索语言、检索工具、检索途径、检索方法、检索步骤以及检索效果评价等知识；项目化教学共分图书馆的科学利用、专利文献的查询、标准文献的查询、英文文献的获取、普通网络资源的应用、科技论文的撰写等六个项目，每个项目又分为若干任务；综合训练模块，通过一个具体的研究项目（毕业专题）对化工文献检索过程进行实际系统训练。

2. 教学目标明确。每一个教学环节均有明确的知识目标和能力目标，方便教师教学和学生自查。本书中的每一个项目、任务均是精心设计，针对性强、操作性强。通过一个个任务的解决，学生获得知识与技能，尤其是获取信息和分析信息的能力不断提高，从而达到良好的教学效果。

3. 配套资料丰富。本书附送光盘，里面包括"文献检索课程整体教学设计"、教师用"文献检索课项目化教学课件"和"文献检索课实用教学课件"、学生用"文献检索课自学资料"，以及大量可供查阅的参考资料，可极大地方便教师教学、学生课后学习。

本书由徐州工业职业技术学校冷士良教授任主编，徐州工业职业技术学院阮浩和四川化工职业技术学院张欣任副主编，其中冷士良负责编写绪论、项目三，阮浩负责编写预备知识、项目一、项目四、项目六、综合训练，张欣负责编写项目二，徐州工业职业技术学院李蕾负责编写项目五，全书由冷士良负责统稿。本书附带光盘全套资料由徐州工业职业技术学院"文献检索"精品课程建设小组提供。本书由常州工程职业技术学院刘承先主审，对此表示衷心感谢。

感谢徐州工业职业技术学院杨明、王涛等老师为本书的校正提出了许多宝贵意见。

本书在编写过程中借鉴和参考了一些专家、学者的理论和材料，引用了一些同行的案例，在此向他们致以衷心的感谢。

由于作者水平有限，书中难免有不足之处，恳请广大读者批评指正。

编者

2011 年 7 月

目　　录

综合训练 围绕一个研究课题（毕业专题）展开检索，形成开题报告 ········ 163

参考资料（参见配套光盘）

参考资料1："文献检索"项目化教学课件（教师用）

参考资料2："文献检索"实用教学课件（教师用）

参考资料3："文献检索"自学课件（学生用）

参考资料4："文献检索"课程标准

参考资料5："文献检索"课程整体教学设计

参考资料6：中国图书馆分类法中工业经济、化学化工类专业分类号

参考资料7：常用国家及地区名称代码（GB/T 2659—2000）

参考资料8：中华人民共和国著作权法

参考资料9：国际专利分类表

参考资料10：中华人民共和国专利法实施细则（2010修订）

参考资料11：专利申请指南

参考资料12：专利电子申请介绍

参考资料13：专利收费项目和标准

参考资料14：发明专利实质审查请求书

参考资料15：外观设计专利示例

参考资料16：中华人民共和国标准化法

参考资料17：中华人民共和国标准化法实施条例

参考资料18：中国标准文献分类法

参考资料19：中华人民共和国国家标准 质量管理体系 基础和术语

参考资料20：GB 19001—2000 中华人民共和国国家标准 质量管理体系 要求

参考资料21：GB 19004—2000 中华人民共和国国家标准 质量管理体系 业绩改进指南

参考资料22：标准化代号

参考资料23：国际标准化动态——2010年第60期导读

参考资料24：中国标准创新贡献奖管理办法

参考资料25：美国化学文摘164个专题题目

参考资料26：美国化学文摘常用缩略语

参考资料27：美国化学文摘中专利文献代码

参考资料28：光盘数据库版CA使用指南

参考资料29：网络版CA使用指南

参考资料30：各类相关网址

绪　论

当你在学习、生活、工作中遇到困难和问题时，你是去求助别人还是尽量通过自己解决？你有自己解决问题的方法和习惯吗？检索技术到底能帮助我们做些什么？学完这本书，相信你就会找到答案。

中国古代哲学家庄子曾经慨叹："吾生也有涯，而知也无涯；以有涯随无涯，殆矣！"当人类进入计算机网络普及、知识爆炸的年代，我们每一个人都要面对海量知识造成的这个经典困境。我们不得不承认，即使人类拥有再高的智商，再多的大脑容量，再充足的生命时间，也不能满足理解和储存全部人类知识的要求——何况人类的知识正以几何级数量迅速增长。同时，我们也必须承认，对于个人而言，人类生产的许多知识对于个体来说往往是用处不大的。因此，我们必须在海量知识中快速地搜索出对自己有用的知识，以完成工作生活的各项任务。于是，如何快捷、成功地获取有效知识就成了这个时代人们最为关心的问题。

文献检索课，就可以帮助大家解决这一难题。客观地说，这门课是直接为科学研究、毕业专题服务的，学好这门课，不仅可以满足今后你完成毕业专题、进行各种研究的需要，更可以为你以后的学习、生活、工作带来无尽的方便，让你受益终身。下面我们来看几个学生的学习体会。

学生甲：文献检索课程是井底之蛙的升降机，是雄鹰的翅膀，是横跨天堑的桥梁。

学生乙：针对某一课题，通过电子检索查阅有关资料，才知道知识的浩瀚，才知道世界的宽广，才知道"山外青山，楼外楼"。

学生丙：它是我在大学期间所学的最重要、最有用的课程之一，有了它，我们将会受益终身。它教会我们一种方法，一种主动了解外界、提高自己、放眼世界的方法。

学生丁：检索不仅是我们学习的制胜法宝，更是一条贯穿我们生活的红线。正因为有了这门课的学习，现在大脑的检索意识就比较强烈，越搜越快！前几天，向同学借自行车，他告诉我车子的大致地点，永久牌，有车筐，略有一点蓝。到了现场，脑海中一下就有了先找有筐的，再找蓝颜色的，最后确定是不是永久的，很快就找到了。

学生戊：最后我想说，我是幸运的！我学到了一门真正有用的课，它对我的影响和帮助将是伴随我一生的。

以上五位学生，只有在用心学习这门课后，才会有如此深刻的体会。学生丁举的例子很好，他谈到了这门课的关键，就是要培养大家的检索意识，文献检索也可以扩展为信息检索。将检索意识再提高一个层次，我们就可以用另外一个词来表示，即"搜商"，这是现在流行的，与"智商"、"情商"并列为"三商"。所谓"搜商"就是人类在浩瀚的数据海洋中用最短的时间找到最多有用信息的能力。可以说，"搜商"的高低，已经开始影响一个人生活、学习、工作的质量。下面我们来简单地举几个例子。

一、同学们的"致富"之路

【例1】 联萘酚是一种化工原材料，目前它的市场售价为 12000 元/kg，如果掌握了文献检索技术，你就可以检索出联萘酚的生产工艺及生产成本，当你了解到联萘酚的生产成本仅为 1000 元/kg 时，你就会非常容易地发现这其中蕴含的巨大商机。

【例2】 从樱桃核中提取苯甲醇，有樱桃味的售价为 ＄140/lb（磅，1lb≈0.45kg），无樱桃味的售价为 ＄14/lb，之间差价十倍，如果你是一位生产者，你会想尽办法去生产有樱桃味的苯甲醇。当然，这可以通过文献检索来帮助你实现改进工艺的愿望。

二、省钱、旅游

【例1】 17909、17951、12593 三种打长途电话的方式，选择哪种最便宜？

这个问题不难，关键在于你用什么样的思路去解决，你可以问身边的同学；可以分别打客服电话询问；可以每个都打一遍然后看扣费情况；也可以在网上搜一搜，说不定答案就在网上……每一种解决问题的方法的效率、准确性都不一样。但是，大多数情况下，在网上搜索查找答案，速度是最快的。

【例2】 到杭州西湖自助游

无论到哪个城市自助游，提前做好功课是必不可少的。现在提前做功课的最好工具无疑是网络。通过网络，你可以找到杭州的公交线路图、城市地图、卫星图。比如，通过 E 都市网（http：//hz.edushi.com/），你可以查到杭州火车站的具体位置，如绪论图-1 所示，有了它，你就不至于出了火车站，面对众多的高楼大厦而晕头转向。

绪论图-1　杭州火车站位置 3D 图

另外，你还可以通过这个网站，查到去西湖的公交线路（绪论图-2），这就省掉了你到处询问、到站台去看公交线路图的麻烦。

绪论图-2　杭州火车站去西湖交通图

三、亲人生了病怎么办？

这看似是一个和学工科的学生无关的问题，但有了文献（信息）检索技术后，医学离我们并不遥远，我们有很多事可以去做。当然，我们首先要知道："超星数字图书馆"中有丰富的医学藏书，你可以对该疾病有一个全面的了解；"中国期刊网"有各种医学杂志，上面有专家权威关于该疾病的最新治疗方法；网络上有很多专家权威治疗该疾病的信息和联系方式。"看病"、"检索"两个看似毫无关联的词，在一个高"搜商"的人身上，就有了千丝万缕的联系。

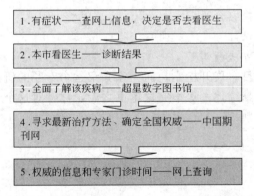

除了以上这些例子，文献（信息）检索技术，还可以渗透到你生活、工作的方方面面，比如，你要查上海浦东机场班车的时间；出国去加拿大，免费行李重量和尺寸的限制；寻找科研成果的转化对象；寻找实验所需仪器设备和原料的生产厂家等。通过这本教材及这门课的学习，这些检索的技术及技巧你将能全部掌握。

简单地说，文献检索的意义就是通过检索，"我不仅能知道我需要知道的东西，而且能知道我不知道的东西，并能发现我不知道自己不知道的东西"。对于研究而言，这项技术贯穿于一个课题研究的始终：选题→方案制定→材料获取→理论分析→论文撰写→科研成果推广应用。文献检索最大的好处就是能帮助你继承和借鉴前人的研究成果，避免重复研究或少走弯路。

请思考，一个善于创新的人，善于做科学研究的人，最重要的能力是什么？答案是信息检索与阅读能力。绪论表-1 是一个科研人员的业务时间分配，从这个表中，我们可以看到，检索和阅读文献的时间超过了整个研究时间的一半，可以说，信息检索与文献阅读是一切科学研究的入口！要想站在前人的肩膀上，做一件前无古人的具有创新意义的事情，前提条件是，你得先了解前人到底做了些什么事情。很难想象，如果你连前人做了哪些事情都不清楚，你又怎么可能会创新？

绪论表-1　一个科研人员的业务时间分配

项目	检索和阅读文献	实 验	报告论文	计划与思考
时间分配比例	51%	32%	9%	8%

在这里提一个重要而严肃的问题，借鉴与创新是什么关系？我们很多人忽视了这个问题，文献检索这项技术也是一把双刃剑，用不好，就会让人陷入借鉴，乃至抄袭的深潭，最后甚至导致学术腐败，所以，我们一开始就得把这个问题讲清楚。科学研究是"站在前人肩膀上"的事业，而创新又是科学研究的灵魂，即要求"前无古人"。做一件"前无古人"的事情不难，尤其是在当今网络、信息如此发达的社会，真正难的是有意义的创新，是做一件"后无来者"的事情。不管是"前无古人"还是"后无来者"，都是建立在对已发生事实做大量研究的基础上，科学研究不是空中楼阁，理所当然地要有所借鉴，但所有借鉴都得师出有名，不能把前人的东西偷梁换柱变成自己的了，这是违背最起码的学术道德的。因此，我们鼓励学生，在自己的研究中恰如其分地引用别人的劳动成果，但要给予原创者足够的尊重，只有这样，自己才能做出真正的研究、真正的创新。

在正式学习这本书之前，我们来做一个学习前后检索技能的对比试验，以下是某学校的毕业专题选题：

1. 杜仲叶中绿原酸的提取分离
2. 有机废水处理工艺设计
3. 铁矿石含铁量测定方法新工艺

请你现在任选一个题目，展开检索，向大家介绍这个专题的研究意义、研究内容、研究方法，或写一篇简短的文献综述。等学完这本书之后，你针对这个专题再进行一次检索，仔细对比前后两次检索的差别。

预 备 知 识

知识目标：
1. 掌握文献的基本知识（定义、等级、类型）；
2. 掌握文献检索的方法及步骤；
3. 了解文献检索的语言、工具及途径；
4. 了解文献检索的效果评价。

"文献"一词最早见于《论语·八佾》，南宋朱熹《四书章句集注》认为"文，典籍也；献，贤也"。所以这时候的文指典籍文章，献指的是古代先贤的见闻、言论以及他们所熟悉的各种礼仪和自己的经历。《虞夏书·益稷》也有相关的引证说明"文献"一词的原意是指典籍与宿贤。

到了现在，人们对文献也有了进一步的认识。文献是用文字、图形、符号、声频、视频等技术手段记录人类知识的一种载体，或理解为固化在一定物质载体上的知识。也可以理解为古今一切社会史料的总称。现在通常理解为图书、期刊等各种出版物的总和。文献是记录、积累、传播和继承知识的最有效手段，是人类社会活动中获取情报的最基本、最主要的来源，也是交流传播情报的最基本手段。

一、文献的级别及主要类型

（一）文献的定义

我们可以把文献的定义简要归纳为：文献是记录在一定载体上的知识信息。由上述定义可以看出，知识、载体和记录是构成文献的三个要素。它具有存储知识、传递和交流信息的功能。文献中的知识主要有观察到的事实，实验得到的数据和结果，对规律的认识（假说、定义、理论）和解决问题的思想、观点、方法、手段、经验、教训。信息的载体随着时代的进步不断地发生着变化，例如在人类社会的早期有竹简、钟鼎、碑石、布帛等，到目前主要有纸张、光、电、声、磁等记录工具。

17世纪末期，许多科学协会相继成立，促进了会员之间的学术交流活动。为了能在较大范围内了解和推广新的知识信息，于是就出现了科技杂志。由于工业生产的发展，各个资本主义国家在17世纪末期和18世纪开始相继成立了专利局，审理创造发明专利，于是就出现了专利文献。世界上最早出版的科技杂志是1665年创刊的《英国皇家学会哲学汇刊》，同年在法国出版了《学者杂志》。1785年产生了世界上最早的报纸《每日天下纪闻》，该报于1788年更名为《泰晤士报》。19世纪中叶，陆续出版由学会创办的会志。1830年德国创刊了第一种以公报形式的《化学公报》，1870年又创办了世界上第一种文摘杂志——《化学文摘》。到20世纪60年代，科学技术高速发展，科技文献剧增，文献数量和品种都达到了历史的最高峰。在整个科技文献发展中，化学化工文献的数量和递增速度，在各门学科中始终占有领先地位。

由于文献的种类繁多、各具特色，不同类型文献所记载的信息内容也各有侧重，因此，首先了解文献的级别、类型、特点等知识，对进一步做好文献检索工作将有很大的帮助。

（二）文献的级别

依据文献传递知识、信息的质和量的不同以及加工层次的不同，人们将文献分为四个等级，分别称为零次文献、一次文献、二次文献和三次文献。

1. 零次文献

这是一种特殊形式的情报信息源，主要包括两个方面的内容：一是形成一次文献以前的知识信息，即未经记录，未形成文字材料，是人们的"出你之口，入我之耳"的口头交谈，是直接作用于人的感觉器官的非文献型的情报信息；二是未公开于社会即未经正式发表的原始的文献，或没正式出版的各种书刊资料，如书信、手稿、记录、笔记和包括一些内部使用通过公开正式的订购途径所不能获得的书刊资料。

零次文献一般是通过交谈、参观展览、参加报告会等途径获取，不仅在内容上有一定的价值，而且能弥补一般公开文献从信息的客观形成到公开传播之间费时甚多的弊病。

2. 一次文献

这是人们直接以自己的生产、科研、社会活动等实践经验为依据生产出来的文献，也常被称为原始文献（或称一级文献），其所记载的知识、信息比较新颖、具体、详尽。一次文献在整个文献中是数量最大、种类最多、所包括的新鲜内容最多、使用最广、影响最大的文献，如期刊论文、专利文献、科技报告、会议录、学位论文等，这些文献具有创新性、实用性和学术性等明显特征，是科技查新工作中进行文献对比分析的主要依据。

3. 二次文献

二次文献也称二级文献，它是将大量分散、零乱、无序的一次文献进行整理、浓缩、提炼，并按照一定的逻辑顺序和科学体系加以编排存储，使之系统化，以便于检索利用。按照著录格式可以将二次文献划分为目录、题录、文摘、索引四类，如《中文科技资料目录》、《中国科技期刊数据库》等。二次文献具有明显的汇集性、系统性和可检索性，它汇集的不是一次文献本身，而是某个特定范围的一次文献线索。它的重要性在于使查找一次文献所花费的时间大大减少，二次文献是查新工作中检索文献所利用的主要工具。

4. 三次文献

三次文献也称三级文献，是选用大量有关的文献，经过综合、分析、研究而编写出来的文献。它通常是围绕某个专题，利用二次文献检索搜集大量相关文献，对其内容进行深度加工而成。属于这类文献的有综述、评论、评述、进展、动态等，这些对现有成果加以评论、综述并预测其发展趋势的文献，具有较高的实用价值。在查新工作中，可以充分利用反映某一领域研究动态的综述类文献，在短时间内了解其研究历史、发展动态、水平等，以便能更准确地掌握待查项目的技术背景，把握查新点。

总之，从零次文献、一次文献、二次文献到三次文献，是一个由分散到集中，由无序到有序，由博而精的对知识信息进行不同层次的加工过程。各级之间的关系如图 0-1 所示，它们所含信息的质和量是不同的，对于改善人们的知识结构所起到的作用也不同。零次文献和一次文献是最基本的信息源，是文献信息检索和利用的主要对象；二次文献是一次文献的集中提炼和有序化，它是文献信息检索的工具；三次文献是把分散的零次文献、一次文献、二次文献，按照专题或知识的门类进行综合分析加工而成的成果，是高度浓缩的文献信息，它

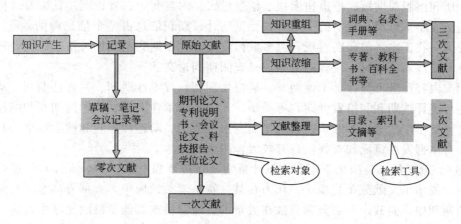

图 0-1 文献分级关系示意图

既是文献信息检索和利用的对象,又可作为检索文献信息的工具。

(三) 文献的主要类型

文献的类型有很多,分类方法也多种多样。根据信息载体形式分为纸质文献、感光材料文献、磁性材料文献、光盘文献等;根据出版形式分为期刊、图书、会议文献、专利文献、科技报告、学位论文、标准文献、产品资料、政府出版物等;根据介质的可识别性分为人可读型文献、机器可读型文献;根据记录信息所采取的形式分为文字型、代码型、视频型、声频型。集上述多种形式于一体的称为综合型文献。这里主要介绍以下两种文献类型。

1.按照信息载体划分

(1) 印刷型 印刷型文献是以纸质材料为载体,以印刷为记录手段而形成的文献形式,是目前整个文献中的主体,也是有着悠久历史的传统文献形式。它的特点是不需要特殊设备,可以随身携带,随处随时阅读。但存储密度小,体积大,占据空间大,不便于保存。

(2) 缩微型 缩微型文献是以感光材料为载体,以照相为记录手段而形成的一种文献形式,包括缩微胶卷、缩微平片、缩微卡片等。缩微型文献的优点是体积小,便于收藏和保存、价格便宜等,但阅读需要有较复杂的阅读设备来支持。目前在整个文献中,所占数量较少,在一般的图书馆入藏亦较少。

(3) 声像型 声像型文献是以磁性和感光材料为介质记录声音、图像等信息的一种文献形式。其优点是存取快捷,可闻其声,见其形,易理解。如唱片、录音磁带、电影片、录像磁带等。

(4) 电子数字型 电子数字型文献是以计算机处理技术为核心记录信息的一种文献形式。这种文献存储容量大,检索速度快捷、灵活,使用方便。随着计算机技术特别是网络技术的迅猛发展和普及,电子数字型文献的地位越来越受到人们的重视。包括计算机用磁带、磁盘、磁卡等。

2.按照出版形式划分

印刷型文献的出版类型是针对一次文献所含内容的特点和出版方式进行区分的文献类型。学会识别判断一次文献的出版类型,是获取印刷型原文的首要环节。一次文献的出版类型通常分为十大类,分别为期刊、图书、会议文献、专利文献、科技报告、学位论文、标准文献、产品资料、政府出版物、其他。

(1) 期刊 期刊是指有固定名称、统一出版形式和一定出版规律的定期或不定期的连续出版物。期刊出版周期短、报道速度快、信息量大、内容新颖、发行面广，能及时传递科技信息，是交流学术思想最基本的文献形式。据估计，期刊信息占整个信息源的 60%～70%，因此，受到科技工作者的高度重视。大多数检索工具也以期刊论文作为报道的主要对象。对某一问题需要深入了解时，较普遍的办法是查阅期刊论文。

期刊按内容性质可分为学术性期刊、通报性期刊、技术性期刊、科普性期刊、动态性期刊、综述与述评性期刊和检索性期刊等类型。其中，学术性期刊、技术性期刊和综述与述评性期刊对科研生产的直接参考价值较大，而通报性期刊、动态性期刊和检索性期刊则出版周期较短，对掌握发展概况和查找信息有较大作用。

20 世纪 30 年代，英国化学家和文献计量学家布拉德福（B. C. Bradford）经过长期的统计分析后，提出了文献分布的规律。认为在某一特定学科领域中，大部分高水平文献集中在较少量的期刊中，而其余少部分则分散在大量的边缘学科或其他学科的文献中，这一规律被称为"布拉德福定律"。根据这一定律，提出了"核心期刊"的概念，应该说，各学科"核心期刊"代表了该领域较高的学术水平。例如《化工学报》、《精细化工》、《高分子材料科学与工程》就是中文化学化工类重要的核心期刊。

（2）图书　图书是指论述或介绍某一学科或领域知识的出版物。图书往往是作者对已经发表的科研成果及其知识体系进行概括和总结。即具有独立的内容体系、相当篇幅和完整装帧形式的文献。其特点是内容比较成熟，所提供的知识系统全面，出版形式也较固定，是系统掌握各学科知识的基本资料。但出版周期较长，传递报道速度较慢。

（3）会议文献　会议文献是指在国际和国内重要的学术或专业性会议上宣读发表的论文、报告。会议文献学术性强，内容新颖，质量较高，往往能代表某一领域的最新的研究成果及水平，从中可了解国内外科技发展趋势，有较大的参考价值，是重要的信息来源之一。会议文献以会议录的形式出版，也有不少会议文献在期刊上发表。

会议文献的特点是传递情报比较及时，内容新颖，专业性和针对性强，种类繁多，出版形式多样。它是科技文献的重要组成部分，一般是经过挑选的，质量较高，能及时反映科学技术中的新发现、新成果、新成就以及学科发展趋向，是一种重要的情报源。

会议文献可分为会前、会中和会后三种。①会前文献包括征文启事、会议通知书、会议日程表、预印本和会前论文摘要等。其中预印本是在会前几个月内发至与会者或公开出售的会议资料，比会后正式出版的会议录要早 1～2 年，但内容完备性和准确性不及会议录。有些会议因不再出版会议录，故预印本就显得更加重要。②会议期间的文献（即会中文献）有开幕词、讲话或报告、讨论记录、会议决议和闭幕词等。③会后文献有会议录、汇编、论文集、报告、学术讨论会报告、会议专刊等。其中会议录是会后将论文、报告及讨论记录整理汇编而公开出版或发表的文献。

（4）专利文献　专利文献主要由专利说明书构成。所谓专利说明书是指专利申请人向专利局递交的有关发明目的、构成和效果的技术性法律文件。它经专利局审核后，向全世界出版发行。专利说明书的内容比较具体，有的还有附图，通过它可以了解该项专利的主要技术内容。

目前全世界大约有 150 个国家设立专利机构，70 多个国家出版专利资料。

（5）科技报告　科技报告是在科研活动的各个阶段，由科技人员按照有关规定和格式撰写的，以积累、传播和交流为目的，能完整而真实地反映其所从事科研活动的技术内容和经验的特种文献。它具有内容广泛、详实、具体、完整，技术含量高，实用意义大，而且便于交流，时效性好等其他文献类型所无法相比的特点和优势。做好科技报告工作可以提高科研起点，大量减少科研工作的重复劳动，节省科研投入，加速科学技术转化为生产力。

严格说，科技报告都是一次文献。内容比较专深，大致可以分为基础理论和生产技术两大类型。由于它是研究的记录和成果，代表了一个国家和某一专业的科技水平，因而可以对科研工作起到直接的借鉴作用。许多最新的研究课题与尖端学科的资料往往会反映在科技报告中。

（6）学位论文 学位论文是指作者为取得专业资格称号而撰写的介绍本人研究成果的文献。论文格式等方面有严格要求，学位论文是学术论文的一种形式。

学位论文根据所申请的学位不同，可分为学士论文、硕士论文、博士论文三种。按照研究方法不同，学位论文可分理论型、实验型、描述型三类，理论型论文是运用理论证明、理论分析、数学推理等研究方法来获得科研成果；实验型论文是运用实验方法，进行实验研究获得科研成果；描述型论文是运用描述、比较、说明的方法，对新发现的事物或现象进行研究而获得科研成果。而按照研究领域不同，学位论文又可分为人文科学学术论文、自然科学学术论文与工程技术学术论文三大类，这三类论文的文本结构具有共性，而且均具有长期使用和参考的价值。

（7）标准文献 标准文献是经过公认的权威当局批准的标准化工作成果，是人们在从事科学研究、工程设计、生产建设、技术转让、国际贸易、商品检验中对工农业产品和工程建设质量、规格及其检验方法等方面所作的技术规定，是从事生产、组织管理时需共同遵守的具有法律约束性的技术依据和技术文件。一个国家的标准文献反映该国的生产工艺水平和技术经济政策，而国际现行标准则代表了当前世界水平。国际标准和工业先进国家的标准常是科研生产活动的重要依据和信息来源。

（8）产品资料 一般是指国内外厂商为推销产品而印发的商业宣传品，代表已投产产品成熟可靠。大体有产品目录、产品说明书、产品数据手册等类型。这是对定型产品的性能、构造原理、用途、使用方法和操作规程、产品规格等所作的具体说明。

（9）政府出版物 由政府机关负责编辑印制的，并通过各种渠道发送或出售的文字、图片以及磁带、软件等，是政府用以发布政令和体现其思想、意志、行为的物质载体，同时也是产生社会效应的主要传播媒介。

政府出版物大致可分为两类：一类是行政性文件，包括会议记录、司法资料、条约、决议、规章制度以及调查统计资料等；另一类是科技性文献，包括研究报告、科普资料、技术政策文件等。政府出版物数量巨大，内容广泛，出版迅速，资料可靠，是重要的信息源。政府出版物在出版前后，往往用其他形式发表，内容有时与其他类型的文献（如科技报告）有所重复。

（10）其他 如广播电视、科技电影、技术档案、报纸等。

二、文献检索语言

（一）文献检索语言的含义

文献检索语言是应文献信息的加工、存储和检索的共同需要而编制的专门语言，是表达一系列概括文献信息内容和检索课题内容的概念及其相互关系的一种概念标识系统。简言之，文献检索语言是用来描述信息源特征和进行检索的人工语言。它是在自然语言基础上发展完善的，在文献检索过程中用来描述文献的内部和外部特征，从而形成检索和提问标识。

检索语言要求接近自然语言，便于检索人员理解和掌握。检索语言必须是单义性语言，一个词只应表达一个概念，一个概念只应用一个词来表示。检索语言的单义性，保证了表达概念的唯一性，这就为文献标引和检索提问提供了使用共同语言的基础。一方面，自然语言是人类在社会生活的交流过程中长期形成的习惯语言，随着时代的发展而不断变化，其含义具有较强的失控性，难以做到语言的专指性和单义性，必须经过处理后才能应用于文献检索系统。例如，番茄、西红柿、洋柿子等指的是同一种果实，benzene、phene 在英文中都是指苯。如果采用特定的一些规范词，能够比较好地对同义词、近义词、相关词、多义词及缩略词等进行规范，如英语中的"飞机"在其词汇中存在有多个同义词，如：plane、airplane、aeroplane、aircraft 等词汇。若对其规范后统一使用 aircraft 来表示全部"飞机"的概念，那么使用 aircraft 一词的检索结果可以包括全部飞机概念的文献，而不管这些文献记录中是否出现过 aircraft 这个词，不至于漏检。

另一方面，情报的存储和检索这两个紧密联系的整个过程，涉及文献的著者、文献标引者、情报检索者和情报用户四个方面的人员，这些人员的专业知识、工作经历、地区或行业的语言习惯都存在很大差异，如果不采取有效的措施，克服专业水平和语言习惯上的差异，就没有共同的语言，必然给情报工作带来不便。为了使情报的存储和检索能够规范化，使标引人员有章可循，使检索人员有据可查，就必须使文献著者和情报用户的习惯语言得以纯化，制订一定数量的规范化的检索语言。检索语言在文献检索过程中可以保证不同标引人对文献内容表达的最大一致性，保证文献加工语言和检索提问语言的最大一致性。

（二）文献检索语言的功能

检索语言在信息检索中起着极其重要的作用，它是沟通信息存储与信息检索两个过程的桥梁。在信息存储过程中，用它来描述信息的内容和外部特征，从而形成检索标识；在检索过程中，用它来描述检索提问，从而形成提问标识；当提问标识与检索标识完全匹配或部分匹配时，结果即为命中文献。

检索语言的主要作用如下：

① 标引文献信息内容及其外部特征，保证不同标引人员表征文献的一致性；

② 对内容相同及相关的文献信息加以集中或揭示其相关性；

③ 使文献信息的存储集中化、系统化、组织化，便于检索者按照一定的排列次序进行有序化检索；

④ 便于将标引用语和检索用语进行相符性比较，保证不同检索人员表述相同文献内容的一致性，以及检索人员与标引人员对相同文献内容表述的一致性；

⑤ 保证检索者按不同需要检索文献时，都能获得最高查全率和查准率。

（三）文献检索语言的类型

检索语言的种类很多，表达文献外部特征的检索语言比较简单，主要是题名（常见的有书名或刊名）、著者姓名、文献号码（代码或序号）和出版事项等。这类检索语言检索速度快，容易检索，不易造成误检或漏检。但是，它只适合于核查类型的检索，判断某文献的有或无，是或非，而不能提供相关文献的线索。除此之外，还有表达文献内部特征的检索语言，如分类语言、主题语言和代码语言等，这里主要介绍这三类检索语言。

1. 分类语言

分类语言是按照学科范畴划分而构成的一种语言体系，它集中体现出学科的系统性。反映事物的从属、派生关系，从上而下，从总体到局部层层划分、展开，是一种等级体系。由类目（语言文字）或其相对应的类号（字母、数字或它们的组合）来表述各种概念，构成一个完整的分类类目表。

（1）分类语言检索特征

① 分类目录浏览有助于无经验用户充分利用等级体系分类表的长处，从学科专业角度获取所需文献信息。

② 能按用户所需扩大或缩小检索范围，并可将检索提问限定在某一类目下，提高查准率。

③ 能检出检索词的上下文内容，消除同形异义词。

④ 可进行多语种查询（因分类表采用不依赖语种的标识符号，即使用不同语种编制的分类表索引，通过分类系统的中介转换可实现多语种检索）。

⑤ 促进跨库浏览和检索。

⑥ 可分成若干专业表进行学科专业文献信息组织与检索。

（2）分类语言的种类　分类语言主要有三类：体系分类语言、组配分类语言、混合分类语言。

① 体系分类语言。按照学科、专业集中文献，并从知识分类角度揭示文献在内容上的区别和联系。按照学科知识的逻辑次序，从总到分，从上到下，层层划分，形成一个严格有序的等级结构体系，提供从学科分类检索文献情报的途径，是一种直接体现分类等级概念的标识系统。典型的有《中国图书馆图书分类法》、《国际专利分类法》等。

② 组配分类语言。基于概念的可分析性和可综合性，用科技术语进行组配的方式来描述文献内容的语言。标引文献时，根据文献内容选择相应的术语，把这些术语的号码组配起来，构成表达这一文献内容的分类号。一个复杂的文献主题概念可以用若干个单概念标识的组配来表达。例如：

17	201	・	47
综合参考类	书目文献出版社		出版该类书籍的数量

17201・47 的组配即为曾经使用的全国图书统一编号的书号，17 表示图书分类号，201 为书目文献出版社编书，该书是刘湘生编著的《主题法的理论与标引》。

③ 混合分类语言。即组配分类语言和体系分类语言的结合，两者侧重点不同，形成了体系-组配分类语言和组配-体系分类语言，国际十进制分类法即为此类。

（3）常见分类语言

① 国际十进制分类法。《国际十进分类法》（Universal Decimal Classification）简称 UDC，1927～1929 年第一次以法文出版，以后陆续翻译成英、德、日、西班牙、意、俄等文字出版，1958 年出中文版。UDC 是以美国《杜威十进分类法》（DDC）为基础编制而成的，又称为通用十进制分类法，是世界上规模最大、用户最多、影响最广泛的一部文献资料分类法。原由比利时人 P. M. G. 奥特莱和 H. M. 拉封丹在《杜威十进分类法》第 6 版的基础上编成。1899 年起陆续以分册形式出版法文本（第一册为《物理科学卡片目录手册》），1905 年汇编成《世界书目手册》，1927 年的法文增订版改名《国际十进分类法》。后由国际文献联合会（FID）统一主持对它的修订工作。近百年来，UDC 已被世界上几十个国家的 10 多万个图书馆和情报机构采用。UDC 目前已成为名副其实的国际通用文献分类法，被广泛应用于科学论文的分类。

《国际十进制分类法》分类级别为：类一部一科（・）细科，每级别中均分为 10 级。科与细科用"・"分开，"・"后的第二位乃至第三位数字表示更细的分类。如 500 为数学和自然科学类，540 为该部中的化学类，543 为该类的分析化学，543・7 为该科的有机分析。

《国际十进制分类法》简表见表 0-1 所示。

表 0-1　《国际十进制分类法》简表

类号	类名	类号	类名	类号	类名
000	总论	31	建筑业、材料科学	590	动物学
100	哲学、心理学	32	机械零件及材料	610	医学
200	宗教、神学	33	机床及加工	620	工程和技术科学
300	社会科学	38	电子学	621	机械和电气工程
400	语言、文字学	39	通信工程	622	采矿工程
500	自然科学	621.22	水力机械	623	军事工程
600	应用科学	621.4	内燃机工程	624	土木工程
700	艺术、文体	621.6	泵、管道工程	625	道路工程
800	文学	510	数学	626	水利工程
900	历史、地理	520	天文学、地质学	627	河道、港湾、海洋工程
25	农业	530	物理学、力学	628	卫生工程
26	家政	540	化学、晶体学、矿物学	629	交通工程
27	商业管理、交通	550	地质学、气象学	621.1	蒸汽动力工程
28	化学工业	560	古生物学	621.3	电气工程
29	制造业	570	生物学人类学	621.5	气动机械与制冷工程
30	特种行业、仪表、手工业	580	植物学	621.7	弹、塑性成形及加工

② 中国图书馆图书分类法。《中国图书馆图书分类法》（Chinese Library Classification），简称《中图法》（CLC），是我国建国后编制出版的一部具有代表性的大型综合性分类法，是当今国内图书馆使用最广泛的分类法体系。《中图法》将所有图书分为五大部分共 22 大类，分别以汉语拼音字母表示，以下以数字分别表示二级到五级类目。该分类法应用广泛，在各种图书馆的借阅大厅里一般都有按照中图法分类检索工具。《中图法》基本部、类的分类见表 0-2 所示。

表 0-2　《中国图书馆图书分类法》基本部、类的分类

领袖论著	A：马克思主义、列宁主义、毛泽东思想、邓小平理论
哲学	B：哲学
社会科学	C：社会科学总论；D：政治、法律；E：军事；F：经济；G：文化、科学、教育、体育；H：语言、文字；I：文学；J：艺术；K：历史、地理
自然科学	N：自然科学总论；O：数理科学和化学；P：天文学、地球科学；Q：生物科学；R：医药、卫生；S：农业科学；T：工业技术；U：交通运输；V：航空、航天；X：环境科学、安全科学
综合性图书	Z：综合性图书

如 TS2 为食品工业，TS20 为食品工业一般性问题，TS201 为基础科学，TS201·2 为食品化学。

③ 中国科学院图书馆图书分类法。对图书进行分类是整理图书以方便读者检索的重要方法，西南石油大学图书馆在 1997 年前购买的图书使用《中国科学院图书馆分类法》（简称《科图法》）对图书进行分类。因此，在图书文献检索与利用之前，首先需要了解《中国科

学院图书馆分类法》。

《中国科学院图书馆分类法》是按照学科分类为基础，结合图书资料的内容和特点，分门别类组成的分类表。在五个基本部类的基础上，组成 25 个大类。

2. 主题语言

分类语言存在不足之处，例如一本图书只能分入一个类别，规定一个类号，若书中涉及多方面内容时，则反映不出来。即使是内容单一的图书，由于分类法本身原因和编目人员的理解和掌握不同，同样的内容的不同图书也有可能被分入不同的类目中，从而影响文献检索效果。而使用主题语言则可以在很大程度上克服它的不足。主题语言是指以自然语言的字符为字符，以名词术语为基本词汇，用一组名词术语作为检索标识的一类检索语言。以主题语言来描述和表达信息内容的信息处理方法称为主题法。主题语言又可分为标题词、元词、叙词、关键词。

主题语言有两大特点：其一，直接用能表达、描述文献内容特征的名词性术语作为标识来揭示文献的内容特征；其二，把这些标识按字顺排列成主题词表，以此作为标引、检索文献的工具。

（1）主题语言的特点　主题语言具有以下主要特点。

① 直观性强。主题词来源于自然语言，用主题词作为标识比较直观，符合人们的辨识习惯。主题词在词表中按字顺排列，易于利用。如要查找催化剂方面的文献，就可以直接按"催化剂"这个词的字顺在主题目录中查找这个标题，而不必像分类法那样，在检索之前先要把需要查找的主题范围转换成相应的或特定的标记代码或分类号，然后再按照分类号的顺序查找文献。

② 专指性强。用作主题词的词语标识一般都经过规范化处理，一个标识对应一个概念，使主题词对概念描述具有专指性。

③ 灵活性强。通过主题词之间的概念组配来揭示文献中形形色色的主题，这是主题词语言的主要优点。尤其是后组式主题词语言，便于人们按照检索需要，自由组配检索概念，具有很大灵活性。

④ 集中性强。能够按照需要研究的对象来集中资料，将属于同一主题的各种性质不同的文献资料集中在同一主题下，从而使不同科学领域中论述和研究同一问题或同一事物的文献资料得到集中反映，利于读者从专题角度查找所需文献。

（2）主题语言的类型　常见的主题语言有标题词语言、单元词语言、关键词语言和叙词语言。

① 标题词。标题词是指从自然语言中选取并经过规范化处理，表示事物概念的词、词组或短语。标题词是主题语言系统中最早的一种类型，它通过主标题词和副标题词固定组配来构成检索标识，只能选用"定型"标题词进行标引和检索，反映的文献主题概念必然受到限制，不适应时代发展的需要，目前已较少使用。

② 单元词。单元词又称元词，是指能够用以描述信息所论及主题的最小、最基本的词汇单位。经过规范化的能表达信息主题的元词集合构成元词语言。元词法是通过若干单元词的组配来表达复杂的主题概念的方法。元词语言多用于机械检索，适于用简单的标识和检索手段（如穿孔卡片等）来标识信息。

③ 叙词。叙词是指以概念为基础、经过规范化和优选处理的、具有组配功能并能显示词间语义关系的动态性的词或词组。一般来讲，选做的叙词具有概念性、描述性、组配性。经过规范化处理后，还具有语义的关联性、动态性、直观性。叙词法综合了多种信息检索语

言的原理和方法，具有多种优越性，适用于计算机和手工检索系统，是目前应用较广的一种语言。CA、EI等著名检索工具都采用了叙词法进行编排。

④ 关键词。关键词是指出现在文献标题、文摘、正文中，对表征文献主题内容具有实质意义的语词，对揭示和描述文献主题内容是重要的、关键性的语词。在检索中文医学文献中使用频率较高的《CMCC》数据库就是采用关键词索引方法建立的。

3.代码语言

代码语言是指对事物的某方面特征，用某种代码系统（字母、符号、数字、图形等）来表示和排列事物概念，从而提供检索的检索语言。例如，根据化合物的分子式这种代码语言，可以构成分子式索引系统，允许用户从分子式出发，检索相应的化合物及其相关的文献信息。本书重点介绍以下几种。

(1) 中国标准书号　根据 GB/T 5795—2006（ISO 2108：2005），采用国际标准书号（International Standard Book Number，简称 ISBN）作为中国标准书号（China Standard Book Number，简称 CSBN）。国际标准书号由前缀号、组号、出版者号、书序号、校验码五部分共 13 个数字组成。各部分用"-"或空格隔开。各部分的顺序为：ISBN 前缀号-组号-出版者号-书序号-校验码。

① 前缀号：国际物品编码协会提供给国际 ISBN 中心使用的编码。目前使用的前缀号为 978。

② 组号：代表一个语言或地理区域，国家或集团的代码，由国际标准书号中心分配。取值范围为：0～7，80～94，950～995，9960～9989，99900～99999，共 199 个，按出版量愈大，组号愈短的原则分配。由国际 ISBN 中心分配我国大陆为 7，香港为 962，澳门为 972，台湾为 957。

③ 出版者号：代表一个组区或国家 ISBN 中心分配和设置，标识具体的出版者（出版社），长度 2～6 位数字。

④ 书序号：一个图书一个号码，由出版社自行分配。书名号的长度取决于组号和出版者号的长度。

⑤ 校验码：其数值由中国标准书号的第 4～12 位数字按照一定的计算式得到，功能在于对中国标准书号的正确与否进行检验。

(2) 中国标准连续出版物号　根据 GB 9999—2001（ISO 3297：1998），由国际标准连续出版物号（International Standard Serial Numbering，简称 ISSN）和国内统一标准连续出版物号两部分组成。

① 范围。本标准规定了中国标准连续出版物号的结构、内容、印刷格式与位置及其分配原则。本标准适用于经国家出版管理部门正式许可出版的任何载体的连续出版物。连续出版物包括期刊、报纸、年度出版物等。

② 引用标准。下列标准所包含的条文，通过在本标准中引用而构成为本标准的条文。本标准出版时，所示版本均为有效。所有标准都会被修订，使用本标准的各方应探讨使用下列标准最新版本的可能性。

GB/T 2260—1999 中华人民共和国行政区划代码

GB/T 2659—2000 世界各国和地区名称代码（eqv ISO 3166-1：1997）

③ 中国标准连续出版物号的结构。中国标准连续出版物号由一个国际标准连续出版物号和一个国内统一连续出版物号两部分组成。中华人民共和国国家质量监督检验检疫总局 2001-11-14 批准 2002-06-01 实施 GB/T 9999—2001，其结构格式为：

ISSN XXXX-XXXX
CN XX-XXXX/YY

④ 国际标准连续出版物号。国际标准连续出版物号由前缀 ISSN 和 8 位数字组成。ISSN 与 8 位数字之间空半个汉字空。8 位数字分为两段，每段 4 位数字，中间用半字线 "-" 隔开。8 位数字的最后一位是校验码。国际标准连续出版物号不反映连续出版物的语种、国别或出版者。如：ISSN 1234-5678，其中前 7 位为单纯的数字符号，无任何特殊含义，最后一位为计算机校验位，其数值根据前 7 位数字按照一定的计算公式求出。

⑤ 国内统一连续出版物号。国内统一连续出版物号以 GB 2659 所规定的中国国别代码 "CN" 为识别标志，由报刊登记号和分类号两部分组成。前者为国内统一刊号的主体，后者为补充成分，其间以斜线 "/" 隔开，结构形式为 CN 报刊登记号/分类号。报刊登记号由前缀 CN 和 6 位数字组成。6 位数字由国家出版管理部门负责分配给连续出版物。CN 与 6 位数字之间空半个汉字空。6 位数字由地区号（2 位数字）和序号（4 位数字）两部分组成，其间以连字符 "-" 相接。

序号由报刊登记所在的省、自治区、直辖市新闻出版管理部门分配，各地区的连续出版物号范围一律从 0001～9999，其中 0001～0999 为报纸的序号，1000～5999 为印刷版连续出版物的序号，6000～8999 为网络连续出版物的序号，9000～9999 为有形的电子连续出版物（如光盘等）的序号。

分类号作为国内统一连续出版物号的补充成分用以说明报刊的主要学科范畴，以便于分类统计、订阅、陈列和检索，一种期刊只能给定一个分类号。报纸暂不加分类号。

（3）条码与条码技术　条码是一种利用光电扫描阅读设备识读并实现数据输入计算机的特殊代码。它是由一组粗细不同、黑白相间的规则排列的条与空及其对应的代码字符组成的标记，以表示一定的信息。条码是随着计算机技术的发展起来的一种高速、准确的电子计算机数据输入手段，它们的实用性和经济性远高于键盘输入、光学字符等的自动识别系统。

条码作为一种可印刷的计算机语言，被未来学家称之为 "计算机文化"。20 世纪 90 年代的国际商品流通领域将条码誉为商品进入国际超级市场的 "身份证"。它在信息传输过程中起着重要作用，如果条码出问题，物品信息的通讯将被中断。因此必须对条码质量进行有效控制，确保条码符号在供应链上能够被正确识读，而条码检测是实现此目标的一个有效工具。条码检测的目标就是要核查条码符号是否能起到其应有的作用。

① 条码的研究与条码标准化。条码的研究始于美国。1949 年美国 N. Jwod IANDA 发明了条码，并申请了专利。1960 年美国 Syivania 又发明了铁路车厢条码符号。1967 年美国的《控制工作杂志》刊登了条码技术。20 世纪 60 年代由于自动化、光电技术和信息技术的发展，1970 年美国食品委员会首先将条码应用于食品零售业中，将光电扫描和现金收款有机结合起来，提高了工作效率，减少了人员，使结账避免了差错，并取得了成功。1973 年美国食品杂货业协会发起成立了美国统一代码委员会（Uniform Product Code Council，简称 UCC），它的主要任务是控制代码的发放，提供信息并协调会员的工作，同时它还确定了通用产品代码（Universal Product Code，简称 UPC）作为条码标准在美国和加拿大普遍应用。1973 年法国、德国、英国、丹麦、挪威、比利时等 12 国的生产厂举行代表会议，成立了负责有关条码技术方面的工作组。经过了四年探讨和协商，在吸收 UPC 条码经验的基础上，欧洲 12 国于 1977 年 2 月 3 日正式签署了 "欧洲物品编码协议备忘录" 和 "物品符号标准通用规范"，宣告了欧洲物品编码协会（European Article Number Association，简称 EAN）正式成立，EAN 条码技术的推广应用正式开始。EAN 编制的条码标准，不久就取得了国际标准的地位，许多欧洲以外的国家纷纷加入 EAN，EAN 的国际地位于 1981 年获得了正式承认，并改名为国

际物品编码协会（International Article Numbering Association），保留 EAN 的简称。国际物品编码协会是负责开发、建立和推动全球性的物品编码及符号标识标准化的机构。

EAN 自正式成立以来，成员已遍及六大洲，截至 1994 年，采用国际通用物品标识的生产厂达 35 万家，采用 EAN 条码标识系统的自动扫描商店达 50 万家，并且以每年 20% 的速度递增，条码技术涉及的领域也越来越宽。近几年来，POS 系统已在 EAN 成员中得到了广泛的普及。目前 EAN 标识系统已扩展到了工业、交通运输、邮电、仓储、医疗卫生、图书文献、票证、电子数据交换等领域。EAN 条码技术做到了同 UPC 条码技术单向兼容，即 EAN 条码识别系统可以识别 UPC 条码。

② 条码编制遵循的原则。

a. 唯一性原则：是指同一商品项目的商品必须分配相同的商品标识代码（即一个商品项目只有一个代码，商品项目代码一旦确定，永不改变）；不同商品项目的商品必须分配不同的商品标识代码。

b. 无含义性原则：是指商品标识代码中的每一位数字一般不表示任何与商品有关的特定信息。

c. 稳定性原则：是指商品标识代码一旦分配，若商品的基本特征没有发生变化，就应保持标识代码终身不变。当此种商品不再生产时，其对应的代码只能搁置起来，不得重复启用再分配给其他商品。

③ 常用条码介绍。商品条码主要有 EAN-13 代码、UPC 条码、店内码。下面对 EAN-13 条码做简单介绍。

标准型的 EAN-13 代码结构（见图 0-2）由 13 位数字组成，不同国家（或地区）的条码组织对 13 位条码的结构有不同的划分。在中国大陆，这种条码结构由以下几部分组成。

图 0-2　EAN-13 商品条码的符号结构

a. 前缀码：3 位，用于标识国家或地区的编码，由国际物品编码协会总部赋予，如中国为 690～695。由于前缀码是由国际物品编码协会总部赋予并统一分配注册的，因此确保了商品前缀码在国际范围内的唯一，不重复。

b. 企业代码：4 位，用于标识商品生产（或批发）企业的独有代码，由国家或地区的物品编码中心赋予。我国由中国物品编码中心赋予。由于制造厂商代码是由中国物品编码中心统一分配注册，因此确保了制造厂商代码在我国范围内的唯一，不重复。

c.商品项目条码：5位，用于标识商品的唯一固定代码，由企业自己分配。

d.校验码：1位，为校验条码使用过程中的扫描正误而设置的特殊代码，其值由前三种代码数值计算而得。

标准型的EAN-13代码也可用作有国际标准书号的图书和国际标准连续出版物号的杂志的商品条码。

④ 条码技术在我国的应用。条码出现短短四十几年的时间内，它已经广泛应用于交通运输业、商业贸易、生产制造业、医疗卫生、仓储业、银行、公共安全、国防、政府管理、办公室自动化等领域。条码技术已经不仅仅是简单的符号技术和自动识别技术了，也不再仅仅限于某行业的应用，在仓管、生产线自动化、图书、商业行业有广泛的应用前景。由于二维条码技术的兴起，使条码技术迎来崭新的发展空间。条码作为重要的符号技术，将在EDI、供应链等跨行业的信息流物流过程中起着十分重要的作用。以下以生产企业条码应用为主介绍条码的主要应用和设计。

条码仓库管理是条码技术广泛应用和比较成熟的传统领域，不仅适用于商业商品库存管理，同样适用于工厂产品和原料库存管理。只有仓库管理（盘存）电子化的实现，才能使产品、原料信息资源得到充分利用。仓库管理是动态变化的，通过仓库管理（盘存）电子化系统的建立，管理者可以随时了解每种产品或原料当前货架上和仓库中的数量及其动态变化，并且定量地分析出各种产品或原料库存、销售、生产情况等信息。管理者通过它来及时进货或减少进货、调整生产，保持最优库存量，改善库存结构，加速资金周转，实现产品和原料的全面控制和管理，更新管理方式。

三、文献检索工具

（一）检索工具的含义

检索工具是指用以报导、存储和查找文献线索的一种工具。它是附有检索标识的某一范围文献条目的集合，是二次文献。它的作用主要有三个。一是起到报道作用，可以揭示出某一时期、某一范围文献的发展状况，通过检索工具对文献的报道，可以用来揭示文献的基本内容，了解整个科学技术的历史、新的概貌和水平，某门学科的沿革、新的动向和成就。二是可以起到存储的作用，即把有关文献的特征著录下来成为一条条文献线索，并将其系统排列组成检索系统，永世留存。检索工具的正文实际上是文献线索的集合体。三是检索功能，人们按一定的检索方法，随时从相关资料中检索出所需的文献线索，以便于进一步获取文献的原文。

一般说来，检索工具应具备以下五个条件：

① 明确的收录范围；

② 有完整明了的文献特征标识；

③ 每条文献条目中必须包含有多个有检索意义的文献特征标识，并标明供检索用的标识；

④ 全部条目科学地、按照一定规则组织成为一个有机整体；

⑤ 有索引部分，提供多种必要的检索途径。

（二）检索工具的类型

目前可供人们使用的检索工具有很多，不同的检索工具各有特点，可以满足不同的信息检索的需求。检索工具有不同的分类方法，按加工文献和处理信息的手段不同可分为手工检索工具和机械检索工具。按照载体形式不同可分为书本式检索工具，磁带式检索工具，卡片式、缩微式、胶卷式检索工具。

按照著录格式的不同可将检索工具分为以下四种类型。

1.目录型检索工具

目录型检索工具是记录具体出版单位、收藏单位及其他外部特征的工具。它以一个完整的出版或收藏单位为著录单元，一般著录文献的名称、著者、文献出处等。目录的种类很多，对于文献检索来说，国家书目、联合目录、馆藏目录等尤为重要。如《北京图书馆善本数目》、《国家书目》、馆藏书目、专题文献目录、联合目录、出版社与书商目录等。

2.题录型检索工具

题录型检索工具是以单篇文献为基本著录单位来描述文献外部特征（如文献题名、著者姓名、文献出处等），无内容摘要，是快速报道文献信息的一类检索工具。它与目录的主要区别是著录的对象不同。目录著录的对象是单位出版物，题录的著录对象是单篇文献。如美国《化学题录》、《中文科技资料目录》、《中国报刊索引》等。

3.文摘型检索工具

文摘型检索工具是将大量分散的文献，选择重要的部分，以简练的形式做成摘要，并按一定的方法组织排列起来的检索工具。按照文摘的编写人，可分为著者文摘和非著者文摘。著者文摘是指按原文著者编写的文摘；而非著者文摘是指由专门的熟悉本专业的文摘人员编写而成。就其摘要的详简程度，可分为指示性文摘和报导性文摘两种。指示性文摘以最简短的语言写明文献题目、内容范围、研究目的和出处，实际上是题目的补充说明，一般在100字左右；报道性文摘以揭示原文论述的主题实质为宗旨，基本上反映了原文内容，讨论的范围和目的，采取的研究手段和方法，所得的结果或结论，同时也包括有关数据、公式，一般五百字左右，重要文章可多达千字。如美国《化学文摘》、《中国化学化工文摘》、《食品文摘》、《环境科学文摘》等。

4.索引型检索工具

索引型检索工具是根据一定的需要，把特定范围内的某些重要文献中的有关款目或知识单元，如书名、刊名、人名、地名、语词等，按照一定的方法编排，并指明出处，为用户提供文献线索的一种检索工具。

索引的类型是多种多样的，在检索工具中，常用的索引类型有：分类索引、主题索引、关键词索引、著者索引等。

按照文献自身类型分类如下。

（1）书目检索　数据库内存储的是书目、索引、文摘等二次文献。用户检索到的是某主题的一系列文献条目（有文献题名、出处、收藏机构），据此再查找原文。

（2）数据检索　对数据库进行数据或数字资料检索，如科研数据、统计数字、化学式等。

（3）事实检索　事实检索或称事项检索。查找专门的事实材料，如人名、机构名称、产品等。

（4）全文检索　对原始文献检索，用检索词在全文数据中进行对应扫描和查找。

（5）图像检索　以图像、图形或图文信息为检索内容的信息查询。

（6）多媒体检索　以文字、图像、声音等多媒体信息为检索内容的信息查询。通过此检索，各种信息实时集成和处理，使检索界面有声有色、交互友好，检索结果图文并茂、丰富多彩。

四、文献检索途径

确定检索途径，就是根据文献的外部特征或内部特征选择检索入口。检索途径的作用各有不同，所产生的检索效果和检索结果也不相同。因此，不同的检索途径具有各不相同的特点，对于不同检索课题、不同的文献类型及检索者自身的不同条件和水平，具有不同的适应性，检索者要根据各方面实际情况细心斟酌，恰当选择。一般的检索途径主要有著者途径、题名（书名、刊名等）途径、学科分类途径、主题途径、引文途径、序号途径、代码途径、专门项目途径八种。

1.著者途径

许多检索系统备有著者索引、机构（机构著者或著者所在机构）索引，专利文献检索系统有专利权人索引，利用这些索引从著者、编者、译者、专利权人的姓名或机关团体名称进行检索的途径统称为著者途径。

2.题名（书名、刊名等）途径

一些检索系统中提供按题名字顺检索的途径，如书名目录和刊名目录。

3.学科分类途径

按学科分类体系来检索文献。这一途径是以知识体系为中心分类排检的，因此，比较能体现学科系统性，反映学科与事物的隶属、派生与平行的关系，便于我们从学科所属范围来查找文献资料，并且可以起到"触类旁通"的作用。从分类途经检索文献资料，主要是利用分类目录和分类索引。

4.主题途径

通过反映文献资料内容的主题词来检索文献。由于主题法能集中反映一个主题的各方面文献资料，因而便于读者对某一问题、某一事物和对象作全面系统的专题性研究。我们通过主题目录或索引，即可查到同一主题的各方面文献资料。

5.引文途径

文献所附参考文献或引用文献，是文献的外部特征之一。利用这种引文而编制的索引系统，称为引文索引系统，它提供从被引论文去检索引用论文的一种途径，称为引文途径。

6.序号途径

有些文献有特定的序号，如专利号、报告号、合同号、标准号、国际标准书号和刊号等。文献序号对于识别一定的文献，具有明确、简短、唯一性特点。依此编成的各种序号索引可以提供按序号自身顺序检索文献信息的途径。

7.代码途径

利用事物的某种代码编成的索引，如分子式索引、环系索引等，可以从特定代码顺序进行检索。

8.专门项目途径

从文献信息所包含的或有关的名词术语、地名、人名、机构名、商品名、生物属名、年代等的特定顺序进行检索，可以解决某些特别的问题。

五、文献检索方法

1.直接法

直接法又称常用法，是指直接利用检索系统（工具）检索文献信息的方法。它又分为顺查法、倒查法和抽查法。

（1）顺查法　　顺查法是指按照时间的顺序，由远及近地利用检索系统进行文献信息检索的方法。这种方法能收集到某一课题的系统文献，它适用于较大课题的文献检索。例如，已知某课题的起始年代，现在需要了解其发展的全过程，就可以用顺查法从最初的年代开始，逐渐向近期查找。

（2）倒查法　　倒查法是由近及远，从新到旧，逆着时间的顺序利用检索工具进行文献检索的方法。此法的重点是放在近期文献上。使用这种方法可以最快地获得最新资料。

（3）抽查法　　抽查法是指针对项目的特点，选择有关该项目的文献信息最可能出现或最多出现的时间段，利用检索工具进行重点检索的方法。

2. 追溯法

追溯法是指不利用一般的检索系统，而是利用文献后面所列的参考文献，逐一追查原文（被引用文献），然后再从这些原文后所列的参考文献目录逐一扩大文献信息范围，一环扣一环地追查下去的方法。它可以像滚雪球一样，依据文献间的引用关系，获得更好的检索结果。

3. 循环法

循环法又称分段法或综合法。它是交替使用直接法和追溯法，以期取长补短，相互配合，获得更好的检索结果。

六、文献检索步骤

文献检索是一项实践性很强的活动，它要求我们善于思考，并通过经常性的实践，逐步掌握文献检索的规律，从而迅速、准确地获得所需文献。文献检索步骤是对查找文献全过程的程序划分，一般包括分析课题、选用检索工具或数据库、确定检索途径与方法、检索实践和效果评估等系列过程。

（一）分析研究课题，明确检索要求

首先分析检索目的是什么，是深入研究还是一时学习解难析疑之需；其次分析检索内容范围的广度及其所需文献的时间跨度有多长等。例如，查词语解释或成语典故的出处，与查有关事实、数据及相关参考文献这两种不同层次的课题，其所需文献及所用工具书刊是有很大区别的。

弄清课题研究的目的性和重要性，掌握与课题有关的专业知识，明确课题的检索范围的要求，然后再确定检索范围。检索的范围要考虑以下几个方面。

（1）专业范围　　课题所属学科与专业，与该专业相邻的学科是哪些，它们的性质特点和已知发展水平等。

（2）时间范围　　目的是想获得最新资料，还是想了解历史发展？可能出现在哪类出版物中和时间范围区间？综合已有情报，寻找新的情报线索。

（3）国家范围　　需要了解哪些国家的文献资料？国内哪些检索工具中有这些资料？

（4）文献类型　　需要查找有关的全部文献还是部分文献，需要查找哪些类型的文献（专利、期刊论文、标准或其他）。

（5）检索角度　　需要检索的文献信息是侧重于理论方面，还是应用方面。

在充分分析的基础上，选取最恰当的检索标识或检索词。

（二）选用检索工具或数据库

检索工具的类型很多，每一种检索工具都有其独自的特点，因此在使用检索工具时应有所选择，主要是根据检索课题的内容、性质以及检索的文献类型进行选择。在选择时应注意以下几点：

① 根据检索目的选择检索工具；

② 根据需求的专业、学科、专题范围选择检索工具；

③ 根据检索文献类型选择检索工具，这也是选择检索工具的重要原则；

④ 根据客观条件选择检索工具。

（三）确定检索途径和检索方法

1.选择检索途径

检索途径也称检索入口，文献的特征标识是存储文献的依据，也是检索文献的依据，因此文献特征标识便构成了检索途径。

（1）外部途径　以文献需求外部特征标识作为检索入口，包括篇名（书名）途径、著者途径、序号途径。

（2）内容途径　以文献内容特征标识作为检索入口。

① 分类途径：以分类标识作为入口，检索文献资料的途径。

特点：系统性强、查全率高。

适用范围：系统检索某一方面文献资料时采用这一途径。

② 主题途径：以检索课题的主题词（叙词、关键词）作为入口，检索文献资料的途径。

特点：专指性强、查准率高。

使用范围：特性检索即检索课题的专指性较强时采用这一途径。

（3）选择检索途径时应注意的问题

① 从掌握的线索入手，确定检索途径。

② 按检索工具提供的"入口"。

2.选择检索方法

检索的方法主要有直接法、追溯法和循环法。

① 如果检索工具不全或根本没有，检索课题涉及面又不大，对检全率不做较高要求，可采用由近及远追溯法。

② 如果检索工具齐全，检索课题涉及面大，则采用常用法或综合法。

③ 如果检索课题属于新兴学科或知识更新快的学科，可采用倒查法。

④ 如果检索课题对查全率作特别要求，如开题查新，一般采用顺查法。

⑤ 如果已经掌握了检索课题发展规律、特点，一般采用抽查法。

⑥ 根据检索内容选择检索方法。

⑦ 根据检索要求，选定检索方法。

（四）进行检索

（1）查找　利用确定的检索标识和制定的检索策略详细查找适合检索需求的文献线索。

① 将检索课题的主题概念和初选的检索标识用所查阅的检索工具所用的检索语言正确标引，确定出查阅各检索工具应该使用的正式标识。

② 用正式标识查阅检索工具的有关部门索引，得到文献的存储顺序号和所在页码。

③ 阅读存储文献的各条著录款目，主要是题名项和内容提要，判断是否符合需要。

（2）详细记录适合检索需求的文献线索　记录的文献线索是获取原始文献的依据，记录要详细。文献线索包括：文献名称、作者、文献类型、文献出处、时间等。

① 期刊论文：一般记录下篇名、刊名、年、卷、期、页码。对重要的检索结果做摘要。

② 图书：一般记录下书名、作者、出版社、出版日期。对重要的检索结果做摘要。

③ 专利：一般记录下专利的名称、专利号。

④ 标准：一般记录下标准的名称、标准号。

⑤ 科技报告：一般要记录下报告名称、完成科研的单位及报告号。

⑥ 会议论文：一般要记录下会议论文的标题、会议录名称、会议录出版单位、出版时间、页码。

⑦ 学位论文：记录下学位论文的名称、刊载处。

⑧ 报纸论文：记录下报纸名称、论文名称、出版日期等。

（3）根据文献线索查找各种原始文献　检索的最终目的是获取原始文献，否则再多的检索结果也无多大用处。索取原始文献的步骤如下。

① 将缩写刊名变成全称。检索工具中著录的文献出处几乎全部采用缩写名称以节省篇幅。但如果要索取原文，必须变成全称。

② 通过馆藏目录查文献收藏单位。

图书：查图书书名目录。

期刊论文：利用期刊馆藏目录查找，及各种期刊联合目录。

专利、科技报告、标准：可分别用专利号、科技报告号、标准号到收藏此类文献的单位查找。

会议文献：方法与图书基本相同。

（五）检索效果评估

这是对检索过程的初步总结。如有失误，应重新检索，以求最佳效果。按照"文献检索效果评价"方法，主要分析检索出的文献数量是否符合要求、文献的准确性是否符合要求、文献的新颖性内容是否符合要求三个方面。如需重新调整检索策略，可从检索工具、检索方法、检索途径三个方面进行调整。

七、文献检索效果评价

检索效果是指进行文献检索所产生的有效效果。这种结果反映了文献检索工具是否达到和满足了研究课题的需要。对检索效果进行评价的目的，是为了对检索工作的状况进行反馈，找出影响检索效果的因素，以便及时修订调整所选择的检索方法和制定的检索策略，提高文献检索的质量，确保研究课题的完成。

（一）文献检索效果的评价标准

1. 查全率

查全率（recall factor）是指检出的相关文献量与检索系统中相关文献总量的百分比，是衡量信息检索系统检出相关文献能力的尺度，可用下式表示：

$$查全率 = 检出的相关文献总量 / 系统中的相关文献总量 \times 100\%$$

即
$$R = b/a \times 100\%$$

设 R 为查全率，P 为查准率，m 为检出文献总量，a 为检索系统中的相关文献总量，b 为检出的相关文献总量（下同）。

例如，要利用某个检索系统查某课题。假设在该系统数据库中共有相关文献为 40 篇，而只检索出来 30 篇，那么查全率就等于 75%。

2. 查准率

查准率（pertinency factor）是指检出的相关文献量与检出文献总量的百分比，是衡量信息检索系统精确度的尺度，可用下式表示：

$$查准率＝检出的相关文献总量/检出文献总量×100\%$$

即
$$P=b/m×100\%$$

例如，如果检出的文献总篇数为 50 篇，经审查确定其中与课题相关的文献只有 40 篇，另外 10 篇与该课题无关。那么，这次检索的查准率就等于 80%。

（二）影响检索效果的因素

查全率与查准率是评价检索效果的两项重要指标，查全率和查准率与文献的存储与信息检索两个方面是直接相关的，也就是说，与系统的收录范围、索引语言、标引工作和检索工作等有着非常密切的关系。

1.影响查全率的因素

影响查全率的因素从文献存储来看，主要有：文献库收录文献不全；索引词汇缺乏控制和专指性；词表结构不完整；词间关系模糊或不正确；标引不详；标引前后不一致；标引人员遗漏了原文的重要概念或用词不当等。

从检索来看，主要有：检索策略过于简单；选词和进行逻辑组配不当；检索途径和方法太少；检索人员业务不熟练或缺乏耐心；检索系统不具备截词功能和反馈功能，检索时不能全面地描述检索要求等。

2.影响查准率的因素

影响查准率的因素主要有：索引词不能准确描述文献主题和检索要求；组配规则不严密；选词及词间关系不正确；标引过于详尽；组配错误；检索时所用检索词（或检索式）专指度不够，检索面宽于检索要求；检索系统不具备逻辑"非"功能和反馈功能；检索式中允许容纳的词数量有限；截词部位不当，检索式中使用逻辑"或"不当等。

（三）提高检索效果的措施

要提高检索效果，可以参考使用以下措施和方法。

1.准确分析课题

用什么手段来分析课题？首选手册、百科全书、专著等三次文献作为分析课题的手段，因为这些三次文献是该领域的学术专家和权威对以往研究的总结，既有高度又有深度和广度。对课题进行主题分析，是制定检索策略的依据，也是编制检索式、正确运用各种逻辑运算符的先决条件。分析检索课题的准确与透彻度，对整个检索结果起了至关重要的影响。由于大多数用户对数据库结构与标引方法并不十分了解，往往不能准确充分地表达检索课题所需的实质性内容，如表示的概念过大，必然造成大量误检；表达的概念过小，则会造成大量漏检。

【示例1】 检索"高压无油压缩机密封元件的研究"方面的文献。用中国期刊全文数据库检索，检索篇数并不多，但在超星数字图书馆用"压缩机"为主题词检索，有一本专著《活塞式压缩机的无油润滑》，对影响高压下无油压缩机密封元件寿命的因素、国内外的研究现状作了详尽的分析和描述。在这基础上再去检索国外的文献就容易多了。

对于比较新颖、三次文献没有描述的课题，可以直接由中国期刊全文数据库、维普数据库、读秀学术搜索和 Google 作为检索起点。

【示例2】 检索关于"煤脱硫的最新工艺与技术"，若用"煤脱硫"作为主题概念，有 1000 多篇，表明"煤脱硫"概念太大；选择更具体的概念"微波煤脱硫"，只有 10 多篇——概念定位恰当。

2.制订优化的检索策略

检索策略是检索过程的灵魂。只有好的检索策略才能达到"沙里淘金、海中取珠"的目的。检索词的选取要符合两个要求：一是能准确、完整地表达检索课题的本质性内容；二是要符合数据库的输入要求。

【示例 1】 检索"石油工业的废水处理"方面的文献。

① 若用"废水处理"作为主题，概念太大，在中国期刊全文数据库中用篇名途径检索到 12454 篇。

② 若用"石油工业"来限制也并不合适，一方面"石油工业的废水处理"概念仍然太大，因为不同的企业有不同的产品就有不同的废水；另一方面，一般文献上会专注于具体物质，不一定会出现"石油工业"字样，因此，用"石油工业"这个词来限制会造成漏检。

③ 如果知道石油工业主要排放的是毒性较大的含酚废水，那么主题概念定位在"含酚废水"和"处理"就比较恰当了，但仍有 293 篇。

④ 这么多文献刚开始还很难一篇一篇去阅读，可以先检索这方面的综述进入课题，因此，在全文检索途径中输入"综述"进行二次检索，得到 15 篇。

【示例 2】 检索"节杆菌超氧化物歧化酶基因的克隆和表达"方面的文献。

超氧化物歧化酶（EC1.15.1.1，SOD）是一种广泛存在于动物、植物及微生物中的重要的抗氧化酶。

检索策略 1：超氧化物歧化酶 AND 基因。检索结果为 47 篇。

检索策略 2：（超氧化物歧化酶 OR SOD）AND 基因。检索结果为 108 篇。

检索策略 2 显然比检索策略 1 的查全率要高得多。

体会：以为所有文章均会使用"超氧化物歧化酶"这个全称，但事实上有的文献只使用 SOD。不同文章作者，用词上有偏好。对于检索者来说，一定要让检索词的范围覆盖广大作者的用词范围。但这也与专业知识密切相关，拥有的专业知识越丰富，那么给出的检索策略就越正确。

3. 要广开思路

除了利用检索工具书外，还应注意直接利用普通书刊，特别是丛书、丛刊、文集、资料汇编之类的书刊，这对查找专题资料来说，往往能迅速达到检索目的，甚至可以起到事半功倍的作用。

只要掌握了这些方法和技巧，并在具体检索中合理运用就能得到满意的检索结果。

项目一 图书馆的科学利用

知识目标：

　　1.掌握检索词的选择和布尔逻辑检索；

　　2.了解图书馆的性质、职能、主要服务项目；

　　3.了解数据库的选择及选择原则。

能力目标：

　　1.能按照科技文献的检索方法制定基本的检索步骤；

　　2.能利用学院图书馆的电子资源查询特定的科技文献。

　　对于刚步入大学校园的同学们来说，图书馆是诱人的，对它的认识又是陌生的、朦胧的。山包海汇、藏书丰富的图书馆，历来被喻为人类知识的宝库、知识的最高殿堂，莘莘学子开掘知识的"宝山"，孕育科学成果的一方沃土，培养各类人才的摇篮。当同学们迈步登上这神圣的知识殿堂的时候，同学们就会感到它是那样的博大精深、那样的深邃神奇、那样的富有魅力。它是同学们学习的第二课堂，成材的基地，获取知识信息的主要渠道之一，与同学们今后的成长发展息息相关。在德国柏林图书馆的大门上，镌刻着这样的警句："这里是人类知识的宝库，如果你掌握了它的钥匙的话，那么全部知识都是你的。"

任务一　利用学校图书馆查找指定图书

　　要求：利用你所在学校的图书馆查找《合成氨生产技术》这本书，记录出版社、索书号，并进入图书馆找到这本书。

相关知识

一、图书馆的性质和职能

1.图书馆的定义

　　关于什么是图书馆，国内外的图书馆学家都给了它不同的定义，但基本观点是一致的，即都认为：图书馆是收藏图书资料的地方；图书馆收藏的图书资料是提供使用的。

　　概括来说，图书馆是对信息、知识的物质载体进行收集、加工、整理、积聚、存储、选择、控制、转化和传递，提供给一定社会读者使用的信息系统。简言之，图书馆是文献信息的存储与传递中心。

2.图书馆的发展

　　图书馆在其发展的过程中大致经历了古代、近代和现代三个时期。古代图书馆的特征是以藏书为主，人们习惯称之为"藏书楼"。近代，图书馆在发展的道路上已经达到成熟的阶段。近代图书馆的特点是：从私有发展为社会化，由封闭转向开放；由单纯的保管转向利用；由简单的整理藏书而扩展为采访、处理、存储、传递、利用的复杂工作体系。此时的图书馆开始成为人民社会生活的有力组织者，肩负起了文献和知识交流的重任。第二次世界大战后，随着科学技术的发展，尤其是电子计算机在图书馆的应用，使图书馆发生了巨大的变化，从此，图书馆进入了一个崭新的发展阶段。目前，世界的图书馆事业正处于一个变革时期，电子计算机技术、现代通讯技术、声像技术、光学记录技术和缩微技术主导了图书馆的现代化发展方向。由于采用现代化先进技术，图书馆正从传统模式中渐渐走出，而步入适应时代需求的新轨道，使图书馆日益成为文献信息的存储中心与交流中心。

3.图书馆的性质

图书馆作为一种社会机构，它纵向继承和发展了人类创造的智慧结晶，横向架起了知识创造和知识利用的桥梁。它以收藏与储存的文献为媒介，以传递为手段，把知识信息扩散到不同的读者中，起到信息交流的作用。从图书馆本身所具有的特殊性看，其性质也是独特的，概括起来主要包括社会性、学术性、教育性、服务性等。

（1）社会性　图书馆是提供人们共同使用图书财富的文化机构，具有明显的社会性。首先，图书馆的藏书是人类共同的精神财富，它将凝聚着古今中外千百万人智慧结晶的文献，通过提供阅读的方式，促成知识的传播和信息的交流，并直接介入社会的政治、经济、科学、文化领域。其次，图书馆也是组织读者充分利用人类文化遗产的机构。

（2）学术性　图书馆的学术性体现在它的工作是科学研究工作的重要组成部分，是为科学研究提供文献信息的重要基地，是科学研究的前期劳动。

图书馆的学术性还体现在图书馆工作本身就是具有科学研究性质的，是对知识信息进行保存、加工、整序并提供利用的，要做好这些工作，需要相应的知识与技能，这也体现着图书馆工作特有的理论和方法。

（3）教育性　图书馆以传递知识信息为手段，对社会上的一切具有利用图书馆能力的人起着独特的、必然的教育作用。

列宁认为图书馆是一种提供人民教育和文化的重要机构，图书馆可以成为全国最普及，仅次于学校的文化教育机关，可以成为社会主义教育的支柱。李大钊曾经说过："现在的图书馆已经不是藏书的地方，而是教育的机构。"这些论述指明了图书馆的教育特性。

图书馆的教育性，就形式而言，是通过传播所收藏的知识文献对读者进行宣传教育；就教育内容而言，图书馆的藏书包括各个领域；就教育对象而言，也具有广泛性。毫不夸张地说，图书馆是课堂教育的补充和社会教育的重要场所。

高等学校图书馆是图书馆的重要类型之一。高等学校图书馆是为教学和科学研究服务的学术性机构，提供的服务是一种专业性、学术性很强的服务。当今，在高等学校中，图书馆与师资、实验设备一起被称为办学的三大支柱。而且图书馆文献量的多寡，服务水平的高低，技术设备的好坏已成为衡量一所大学教学、科研水平的重要标志。发达国家的大学已将图书馆称为"学习中心"、"学校的心脏"。中国科技大学首任校长郭沫若曾说，没有一流的图书馆，就没有一流的大学。

（4）服务性　图书馆是知识的生产与知识的利用之间的桥梁，这种桥梁作用体现了图书馆作为社会知识交流系统中的一个环节所起到的服务性和中介性。图书馆本身并不是创造文献，也不是自身利用文献，它的搜集、整理、加工文献的工作是为服务准备的物质基础和前提条件，其目的是最大限度地发挥文献的作用，以满足读者千差万别的阅读需求。

4. 图书馆的职能

图书馆的职能涉及社会生活的各个领域。在图书馆的历史发展过程中，其职能是随着社会及其自身发展规律的变化而变化的。其职能有许多，概括起来主要有以下几个方面。

（1）社会文献流整序的职能　社会文献的生产具有两个明显的特征：一是它的连续性；二是它的无序状态。所谓连续性是指社会文献一旦产生，它就不会停止运动，总是源源不断地涌现。社会文献的这种连续运动状态，用形象化的语言来描述，就叫做"文献流"。所谓无序状态，是指社会文献的生产，从个体上看是自觉的、有目的的，而从整体看则是不自觉的、无目的的，文献的流向是分散的，多头的，有时甚至是失控的。文献的这种无序、自然排列的流动状态就叫做无序状态。社会文献流的无序状态，给读者带来了极大不便。为了使人们能够合理地、有效地、方便地利用文献，控制文献流的动向，就需要对文献流加以整序。图书馆就是这样一种能够对文献流进行整序的社会机构。因此，对社会文献流的整序，就成为图书馆的基本职能之一。

（2）保存人类文化遗产的职能　三千多年的科学文化史表明，有文字记载以来的全部文献资料，记载了从古到今人类历史的发展和演变，记录了人类征服自然、改造自然的进程。图书馆成了保存人类文化遗产的宝库，它与社会的生存发展有着密切的关系。图书馆的这项职能是其他职能的物质基础和前提，没有这一职能，图书馆的其他职能就不能充分发挥。正因为图书馆的存在，使有史以来的文化典籍得以流芳千古，为人们所借鉴和利用。

（3）传递情报职能　图书馆中蕴藏着丰富的文献，汇集着最新的科研成果，拥有大量的情报源。及时加工和整序庞大的文献，迅速而准确地传递情报信息，实现文献的情报价值，是图书馆情报价值的体现。图书馆的工作过程，就是情报的输入、输出过程。它既是情报的吸收源，源源不断地吸收大量的科学情报；又是情报的发生源，不断地向用户提供科学情报。

（4）社会教育职能　图书馆在传播科学文化知识的过程中，对社会上的成员起着独特的教育作用。尤其在当今瞬息万变的时代，知识更新的周期在缩短，为了适应时代的需要，人们必须不断地学习，以弥补课堂学习的不足和陈旧知识的更新，这种学习是靠回归教育、终身教育和自学来完成的。图书馆是自学的重要场所，它对读者起着不同于其他教育机构的独特的施教作用，毫不夸张地说，图书馆是学校课堂的延伸、扩展和深入。图书馆被誉为"没有围墙的大学"，恰当贴切地描述了图书馆的教育职能。

（5）开发智力资源的职能　图书馆所收藏的图书资料及知识、信息是人类同自然斗争的智慧结晶，因而是一种智力资源。这种资源只有经过开发才能为人类服务并造福于人类。这种资源与自然资源不同，能重复使用，长期使用还能再生出新的智力资源。

未来的信息社会需要有丰富知识的脑力劳动者。开发智力，培养人才，光靠学校不够，主要是靠信息中心和信息网络来承担。因此，图书馆必然应担负起开发智力资源的责任和义务。

除上述五个职能外，还要满足社会及人类对文化娱乐的需要，丰富人们的文化生活，这对促进社会主义物质文明建设和精神文明建设同样有着重要作用。

5. 数字图书馆

"数字图书馆"中的数字，是由英文"digital"翻译而来。一般是指利用当今先进的数字化技术，通过诸如 internet 国际互联网等计算机网络，使人数众多且又处在不同地理位置的用户能够方便地利用大量的、分散在不同储存处的电子物品的全部内容。这些电子物品包括网络的文本、地图、图表、声频、视频、商品目录以及科学、企业、政府的数据库，还包括超媒体和多媒体等。人们又称数字图书馆为电子图书馆（electronic library）、虚拟图书馆（virtual library）、无围墙图书馆（no wall library）。我们可以预见数字图书馆与互联网络、信息高速公路联结为一体，将成为世界信息资源最丰富、用户最多、利用最方便、最开放的、最大的公共图书馆。

二、图书馆的主要服务项目

图书馆的业务主要分为两大类：一是藏书工作；二是为读者服务工作。藏书工作是全部工作的基础，是间接地为读者服务。第二项工作则是直接为读者服务。目前，图书馆工作的重点逐渐从藏书工作转向为读者服务。

图书馆的读者服务工作的类型、层次和功能均具有多样性特点，并随着图书馆事业的发展而不断发展和完善。不同的图书馆均具有不同的服务对象，因此为读者提供的服务项目和数量也有所不同，但是，大体可以概括为以下几种。

1. 文献借阅服务

（1）图书外借服务　图书借阅证是读者利用图书馆文献信息资源的唯一凭证，也是图书馆与读者进行联系的媒介。只有获得图书馆的借阅证，读者才具有利用图书馆的合法身份，才能借阅文献信息资料，才能享受图书馆提供的一切服务。读者获得借阅证，就意味着拥有了使用图书馆文献信息资源的权利，同时要承担爱护图书馆的义务和责任。读者来到图书馆首先应办理借阅证，并妥善保管。读者凭本人图书借阅证进入借书处，换取代书板后，即可从书架上选取图书。读者选取图书后到借书台办理图书外借手续。图书馆还会设有还书处，读者所借图书到所借图书的借书处还书。

（2）图书借阅一体服务　图书馆中的文史新书借阅室收藏近期到馆的文学、史地方面的新书，计算机图书借阅室收藏计算机类图书，社科新书借阅室收藏近期到馆的社会科学方面中文图书，为读者提供图书外借和阅览服务。

（3）书刊阅览服务　图书馆中有专业书阅览室、期刊阅览室、报纸阅览室等为读者提供阅览服务。

2. 多媒体阅览室服务

图书馆多媒体阅览室为读者提供网络信息检索、电子数据库检索（中国期刊全文数据库、中文科技期刊数据库、中国学位论文全文数据库）等检索服务。

3. 办证、补证等服务

图书馆还负责为读者办理办证、补证、借阅证解挂、借阅证密码（遗忘）更改和图书遗失赔偿手续。

4. 读者培训服务

在高校的图书馆，还设有培训服务，即新生入学时进行"如何利用图书馆"知识教育，目的是帮助他们了解图书馆的基本工作流程和运作方式，了解图书馆所提供的文献资源和服务设施；为使同学们了解和正确使用图书馆收藏的电子数据库，定期对其进行馆藏数据库使用方法和检索技巧的培训；对学生开设"科技文献检索"和"图书馆资源利用与检索"课，目的是培养他们的信息意识，掌握利用图书馆和计算机文献信息检索的方法。

5. 信息检索服务

为读者提供信息检索、课题查新和文献传递服务。

6. 公共查询服务（OPAC）

图书馆各借阅室设有多媒体电脑，为读者提供查询服务。读者通过它可以进行馆藏查询、个人数据查询，自行办理图书预约、续借手续，提供采访信息反馈、了解图书馆服务的相关信息等。

7. 网站服务

图书馆网站一般包括图书馆最新动态信息、读者指南、读者服务、读者信息、电子资源、数字图书馆、馆长信箱等项服务内容，是读者了解图书馆的窗口。

三、馆藏书目检索

读者通过图书馆主页进入馆藏书目检索，下面以天津大学图书馆为例进行介绍。图书馆书目检索系统可提供：馆藏文献查询（馆藏图书、期刊及电子期刊等文献）、专类文献的快速指引、用户需求操作、个人借阅信息查询、天津市高校联合目录查询、新书报道等服务。

馆藏书目检索提供快速、高级、浏览、索书号、拼音、词组短语等检索方式，它们各自特点如下。

1. 快速检索

快速检索是系统默认页面，读者只需在输入框中键入关键词，选择恰当的检索字段便可完成检索。检索结果中含有输入词的全部或部分，如图 1-1 所示。

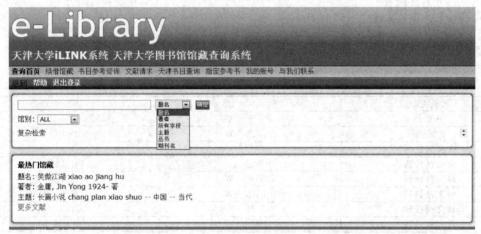

图 1-1　快速检索

2. 高级检索

高级检索提供一个多路径同时检索的方式，读者可以准确地检索到专指性很强的图书。另外高级检索页面是登陆其他检索方式进入口，如图 1-2 所示。

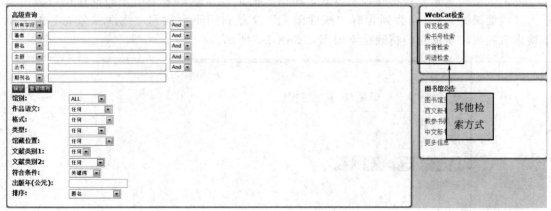

图 1-2　高级检索

3.浏览检索

点击"浏览检索"进入浏览检索页面，输入关键词后，系统以关键词为词首排列检索结果，类似于查字典，如图1-3所示。

图 1-3　浏览检索

4.索书号检索

如图1-4所示，索书号检索为用户提供一种从主题类号的角度检索文献的方法。索书号可输入完整号码，也可输入部分号码（只输入类号）。不同文献除输入索书号外，还要选择排架法，才有可能找到所需文献，输入方式可参考表1-1。

图 1-4　索书号检索

表 1-1　输入方式

文献类型	分　类　法	书写格式
中文书	中图法—C	TP312C/670
西文书	中图法—W	05 B168
中文科技刊	刊架号—C	[K]56.5/T19
中文社科刊	中图法—C	[K]I2/R1
西文科技刊	刊架号—W	[K]67.2 E1
西文社科刊	中图法—W	[K]D6 B1
日文科技刊	刊架号—W	[K]67.2/E1
日文社科刊	中图法—W	[K]D6/B1

5.拼音检索

拼音检索页面与词组短语检索相同，但输入检索词方式不同。用户只需输入关键词的汉语拼音即可，输入时可采用全拼（BeiJingDaXue）也可用简拼（BJDX）。

6.词组短语检索

词组短语检索是一种精确检索方式，所输入的词与检索结果中出现的词保持一致。如：输入"线性激光"，只会找到含有"线性激光"文献，而不会找到"线性强激光"的文献。该检索方式可以帮助用户精确检索图书，如图1-5所示。

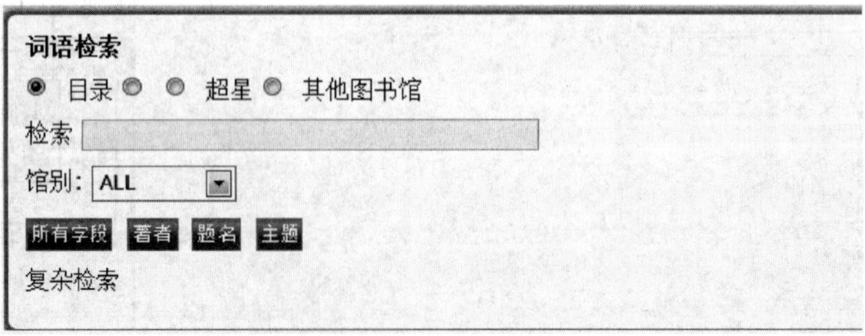

图 1-5　词组短语检索

任务实施

一、制订检索策略

分析任务，明确检索需求。查找一本图书，已知书名为《合成氨生产技术》。在进入图书馆查找之前，需要首先进入图书馆联机查询系统，检索本图书馆中是否收藏该书，如果有，那么还需要获得该书的索书号，然后根据索书号再进入图书馆搜索该书就是轻而易举的事情了。

二、操作演练

① 以徐州工业职业技术学院图书馆为例，进入图书馆主页（http：//218.3.172.31/），如图 1-6 所示，输入图书证和密码后，点击"进入图书馆"，打开一个新的界面，在该界面中点击"书目检索"，如图 1-7 所示。

图 1-6 图书馆主页面

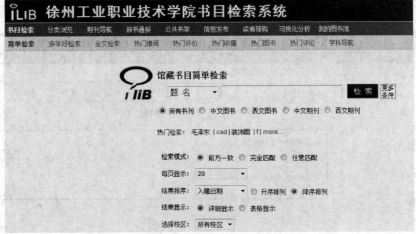

图 1-7 馆藏书目简单检索

② 书目检索界面提供了普通检索和高级检索两种检索入口，在普通检索中默认的检索途径是题名检索，可以在"详细检索"中选择更多的查询类型（图1-7），但每次检索只能选择其中一项进行检索。而在高级检索（图1-8）中提供了多种检索途径，如题名、责任者、出版社、索书号、ISBN号等，可选择多种途径同时检索。完成本任务选择普通检索即可。在相应的检索框中输入"合成氨生产技术"，点击"检索"，得到如图1-9所示的检索结果。

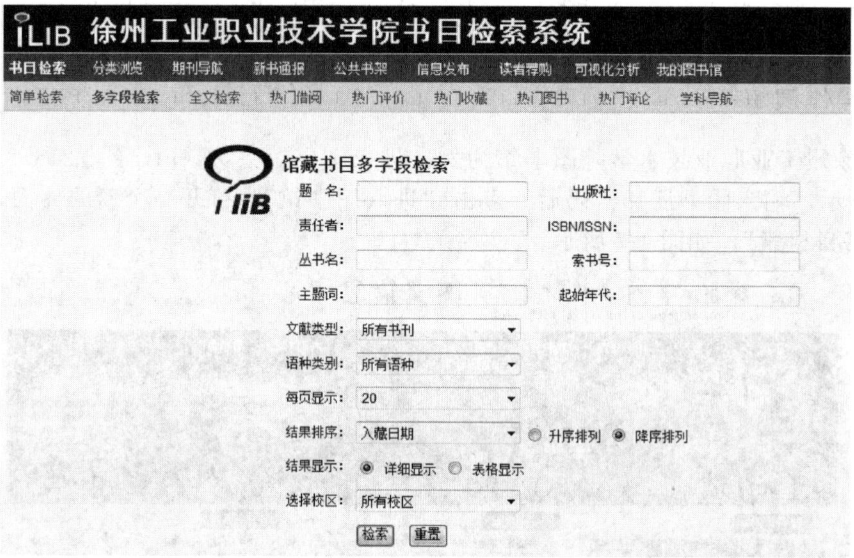

图 1-8 书目高级检索

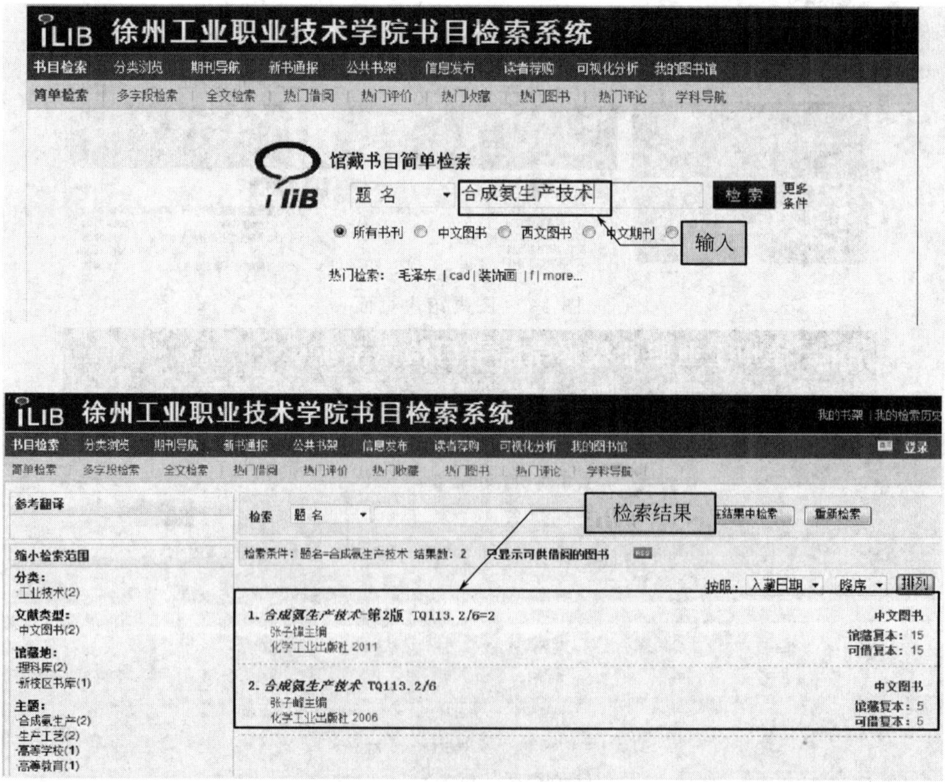

图 1-9 检索结果

③ 点击题名"合成氨生产技术"，得到图 1-10 的界面，可以看到更多该书的相关信息，如责任者（张子峰），出版社（北京—化学工业出版社），索书号（即中国图书分类法类号：TQ113.2）。另外还可以看到书刊当前的借阅状态，以及读者预约状态。

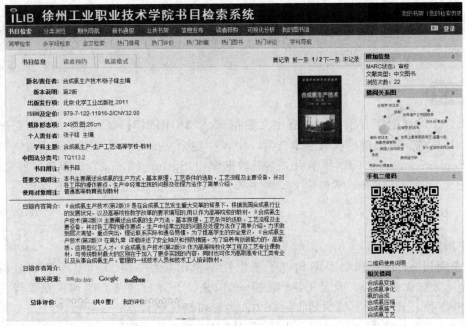

图 1-10　图书信息

④ 若想获得更多"合成氨"相关的图书信息，可以在书目检索时减少检索词，采用模糊检索，如输入"合成氨"，进行检索，得到图 1-11 的界面，该界面中显示的图书都是合成氨相关的图书，可以作为学习的参考资料。

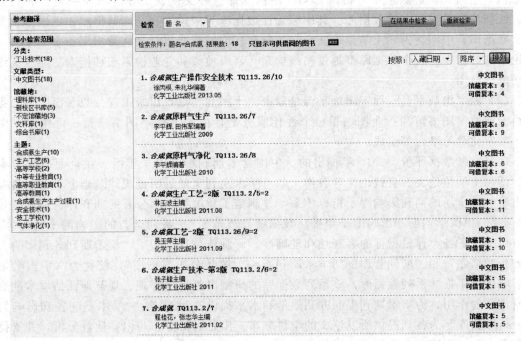

图 1-11　模糊检索

任务二　利用学校图书馆电子资源检索
特定作者发表的期刊论文

　　要求：利用你所在学校图书馆电子资源查询徐州工业职业技术学院冷士良教授发表的期刊论文，记录论文的题目、刊物名称、发表时间。

相关知识

　　图书馆中的数据库有很多种，有中文数据库，如中国知网（CNKI）、维普资讯、万方数据库、超星数字图书馆、读秀学术搜索、中国年鉴全文库等；外文数据库，如 CA（网络版）SciFinderScholar、SCI（科学引文索引数据库）、Springer Link 等。涉及各种文献类型，如期刊论文、专利、标准、学位论文、图书等。下面简单介绍几个常用的数据库。

一、中国知网

　　1. 中国知网（CNKI）（http：//www.cnki.net）简介

　　《中国期刊网》是中国学术期刊电子杂志社编辑出版的。它以《中国学术期刊（光盘版）》全文数据库为核心，收录了我国 1994 年以来公开发行的核心期刊和专业特色中英文期刊 6100 多种，其中 98％的期刊收录全文，内容包括自然科学、工程技术、人文社科等各个学科领域。2004 年 10 月 1 日起，中国期刊网正式改名为中国知识资源总库，简称"中国知网"，中国知网共收录了 CNKI 系列和各加盟数据库 152 个，可以单库检索，也可以选择多库同时检索。

　　2. 中国知网服务内容

　　（1）中国知识资源总库　提供 CNKI 源数据库、外文类、工业类、农业类、医药卫生类、经济类和教育类多种数据库。其中综合性数据库为中国期刊全文数据库、中国博士学位论文数据库、中国优秀硕士学位论文全文数据库、中国重要报纸全文数据库和中国重要会议文论全文数据库。每个数据库都提供初级检索、高级检索和专业检索三种检索功能。高级检索功能最常用。

　　（2）数字出版平台　数字出版平台是国家"十一五"重点出版工程。数字出版平台提供学科专业数字图书馆和行业图书馆。个性化服务平台由个人数字图书馆馆、机构数字图书馆、数字化学习平台等组成。

　　（3）文献数据评价　2010 年推出的《中国学术期刊影响因子年报》在全面研究学术期刊、博硕士学位论文、会议论文等各类文献对学术期刊文献的引证规律基础上，研制者首次提出了一套全新的期刊影响因子指标体系，并制定了我国第一个公开的期刊评价指标统计标准——《〈中国学术期刊影响因子年报〉数据统计规范》。一系列全新的影响因子指标体系，全方位提升了各类计量指标的客观性和准确性。研制单位还出版了"学术期刊各刊影响力统计分析数据库"和"期刊管理部门学术期刊影响力统计分析数据库"，统称为《中国学术期刊影响因子年报》系列数据库。该系列数据库的研制出版旨在客观、规范地评估学术期刊对科研创新的作用，为学术期刊提高办刊质量和水平提供决策参考。"学术期刊各刊影响力评价分析数据库"为各刊提供所发论文的学科分布、出版时滞分布与内容质量分析，并支持论文作者分析、审稿人工作绩效分析等功能，有助于编辑部科学地调整办刊方向与出版策略。

"学术期刊评价指标分析数据库"为期刊出版管理部门和主办单位等分析评价学术期刊学科与研究层次类型布局、期刊内容特点与质量、各类期刊发展走势等管理工作提供决策参考。

（4）知识检索 主要提供以下检索服务。

① 文献搜索。精确完整的搜索结果、独具特色的文献排序与聚类，是科研工作者的得力助手。写论文需要引用权威的术语定义时，可通过 CNKI 学术定义搜索解决。

② 数字搜索。"一切用数字说话"，CNKI 数字搜索让我们的工作、生活、学习和研究变得简单而明白，了解学术趋势，关注学术热点，展示学术发展历程，发现经典文献。

另外还有翻译助手、专业主题、学术资源、学术统计分析。

3. 中国知网检索方法

中国知网的主页如图 1-12 所示。

图 1-12 中国知网的主页

选择"学术文献总库"点击进入，得到如图 1-13 界面。界面左边是可供选择的调研的学科领域，可以限定检索范围。该界面上提供了很多检索功能入口：简单检索、标准检索、高级检索、专业检索、引文检索等。在每一个检索结果的基础上，还分别提供了可更进一步的二次检索。

（1）标准检索 标准检索步骤具体如下。

第一步：输入检索范围控制条件。

这样可以便于准确控制检索目标的范围和结果。范围控制条件包括发表时间、文献出版来源、国家及各级科研项目、作者及作者单位。发表时间范围可以根据自己的需要设定所要检索刊物的时间范围，目前能够选择的范围为 1979～2014（或当前年）之间。文献出版来

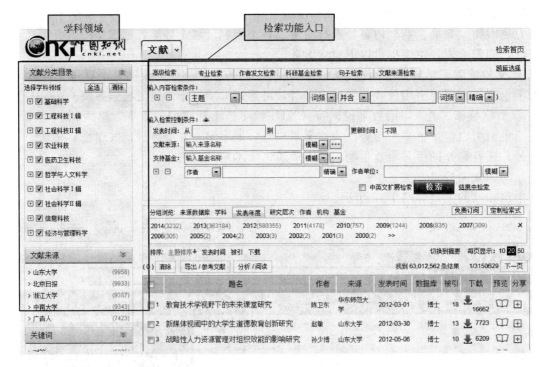

图 1-13　学术文献总库界面

源可以从文献来源列表中进行选择,文献来源包括学术期刊、博士授予点、硕士授予点、会议论文集、报纸等。国家及各项科研项目可以从基金列表中选择,这些项目包括支持发表"基础科学"类文献的基金、支持发表"工程科技Ⅰ辑"类文献的基金、支持发表"工程科技Ⅱ辑"类文献的基金、支持发表"农业科技"类文献的基金等。

模式选项分为两种:模糊匹配和精确匹配。当想检索出"作者"是"李明"的所有刊物时,可能更加希望精确匹配出"李明"的全部作品,而不是将"李小明"、"李明×"等这样名字的作者的作品也包括其中。这就是二者的区别所在。

值得注意的是系统并非对所有检索项都提供模式选择。"模糊匹配"的结果范围通常情况下会比"精确匹配"的结果范围大些。如果检索的是一个生僻词,建议使用"模糊匹配"检索。

第二步:输入目标文献内容特征。

文献内容特征项包括:全文、题名、主题、关键词、中图分类号。选择已知的文献内容特征项,在输入框中手动输入,若有两个检索词,可以在后面的输入框中接着输入,并且可以选择这两个检索词之间的逻辑关系:并含、或含、不含。若想在一个检索项中同时输入两个或两个以上的检索词时,那么在检索词之间可以用"+"、"*"进行连接,分别说明如下。

"+":相当于逻辑"或"的关系。指检索出的结果只要满足其中任何一个条件即可。

"*":相当于逻辑"与"的关系。指要求检索出的结果必须同时满足两个条件。

例如:欲检索"篇名"中同时包含"计算机"和"数控"的所有作品,只要先在检索项中选择"篇名",然后在检索词输入框中写上"计算机*数控"即可。值得注意的是当"+"与"*"混合使用时,"*"会优先于"+"。

第三步:检索。

点击按钮"检索文献",检索结果的界面即可显示,默认每页显示 20 条记录,超过 20 条可以翻页查看。

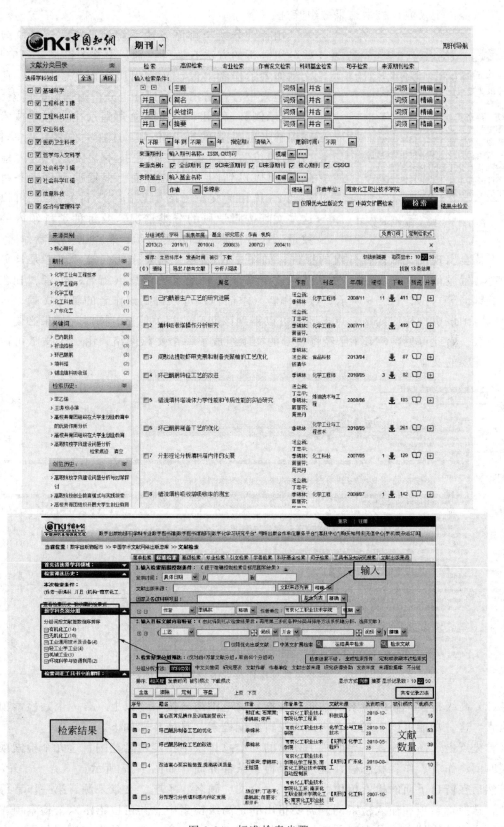

图 1-14 标准检索步骤

第四步：记录数、检索结果分组筛选。

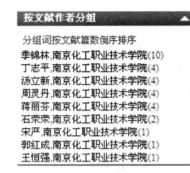

图 1-15 按文献作者分组

用各种分类与排序方法系统地分析、选择文献，这些分组分析的方法有学科类别、中文关键词、研究层次、文献作者、作者单位、文献出版来源等。另外，还可以生成检索报告，清晰地看到分组分析筛选后的检索结果。

【示例】 利用中国知网检索南京化工职业技术学院季锦林老师发表的期刊论文，选择"作者"为季锦林，"作者单位"为南京化工职业技术学院，点击"检索文献"，可以得到图 1-14 的界面。根据这个检索条件，共得到 23 篇相关文章。图中点击"学科类别"，可以得到这些文献按照学科的分类情况，及每种学科领域的文献数量，这些信息在图左侧显示；若点击"文献作者"，在图中左侧会出现按文献作者分组的报告，如图 1-15 所示。若点击第一篇"离心泵常见操作及训练装置设计"文章题目，可以得到该文章的摘要及有关信息（篇名、作者、刊名、机构、关键词等），如图 1-16 所示。点击作者（季锦林）可以得到该作者的其他文献，点击机构可以得到该机构相应网站，点击刊名可以得到该期刊的相关信息。同时，如果必要，可以全文下载。由此可见，CNKI 已经将收录的文献组成了一个文献网络，由一个文献可以引出众多所需要的文献。

图 1-16 "离心泵常见操作及训练装置设计"的信息

（2）高级检索 高级检索的功能是在指定的范围内，按一个以上（含一个）检索项表达式检索，这一功能可以实现多表达式的逻辑组配检索。具体步骤如下。

首先点击"高级检索"导航栏中列出的九个总目录中指定检索范围，这九个检索项包括发表时间、作者、作者状态栏，进入高级检索条件界面，如图 1-17 所示。

然后在窗口下面的检索单位、关键词、全文、题名、主题、文献来源、第一作者等检索项中，选择检索项和输入检索词。需要指出的是高级检索中总共可以指定六个检索项，六个检索项之间的连接方式共有三种选择：并且、或者、不包含，每一种方式说明如下。

并且：相当于逻辑"与"的关系。指要求检索出的结果必须同时满足两个条件。

或者：相当于逻辑"或"的关系。指检索出的结果只要满足其中任意一个条件即可。

不包含：相当于逻辑"非"的关系。要求在满足前一个条件的检索结果中不包含满足后一条件的检索结果。

用户可根据自己的需要进行具体选择。

图 1-17 是通过中国知网高级检索检索四川化工职业技术学院张欣老师发表的关于白酒废水治理方面的文章的检索操作。分别确定检索项为作者：张欣；作者单位：四川化工职业技术学院；关键词：白酒废水。

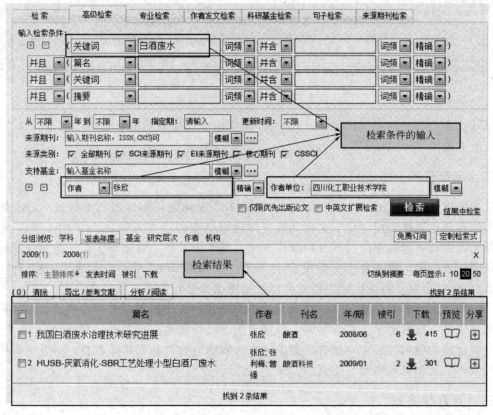

图 1-17 中国知网高级检索操作页面

（3）专业检索 专业检索提供一个按照需求来组合逻辑表达式以便进行更精确检索的功能入口。具体检索步骤如下。

第一步：通过点击"专业检索"状态栏，即可进入专业检索条件界面，如图 1-18 所示。

第二步：填写检索条件。

在专业检索中给出了填写检索条件的方法，如可检索字段：SU＝主题，TI＝题名，KY＝关键词，AB＝摘要，FT＝全文，AU＝作者，FI＝第一责任人，AF＝机构，JN＝中文刊名＆英文刊名，RF＝引文，YE＝年，FU＝基金，CLC＝中图分类号，SN＝ISSN，CN＝统一刊号，IB＝ISBN，CF＝被引频次。

【示例 1】 TI＝中国 and KY＝生态文明 and（AU＝胡＋李）可以检索到"篇名"包括"中国"并且关键词包括"生态文明"并且作者为"李"姓和"胡"姓的所有文章。

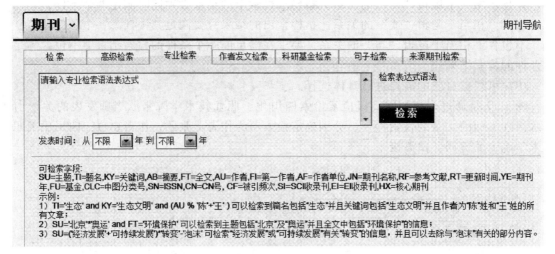

图 1-18 专业检索条件页面

【**示例 2**】 SU＝北京＊奥运 and AB＝环境保护可以检索到主题包括"北京"及"奥运"并且摘要中包括"环境保护"的信息。

二、维普资讯

重庆维普资讯（http://2010.cqvip.com/）有限公司是科学技术西南信息中心下属的一家大型的专业化数据公司，是中文期刊数据库建设事业的奠基人。自 1989 年以来，一直致力于期刊等信息资源的深层次开发和推广应用，集数据采集、数据加工、光盘制作发行和网上信息服务于一体，收录有中文期刊 8000 种，中文报纸 1000 种，外文期刊 4000 种，拥有固定客户 2000 余家。目前已成为推动我国数字图书馆建设的坚强支柱之一。

公司系列产品丰富多彩，从中文期刊、外文期刊到中文报纸，共分为经济管理、教育科学、图书情报、自然科学、农业科学、医药卫生、工程技术 7 个专辑，再细分为 27 个专题。从建立到目前的应用过程中，维普数据库已成为我国科技查新、高等教育、科学研究等必不可少的基本工具和资料来源。主页面如图 1-19 所示。

三、万方数据库

万方数据库（http://g.wanfangdata.com.cn/）是由万方数据公司开发的，涵盖期刊、会议纪要、论文、学术成果、学术会议论文的大型网络数据库，也是和中国知网齐名的中国专业的学术数据库。开发公司——万方数据股份有限公司是国内第一家以信息服务为核心的股份制高新技术企业，是在互联网领域，集信息资源产品、信息增值服务和信息处理方案为一体的综合信息服务商。主页面如图 1-20 所示。主要内容有学位论文数据库、会议论文数据库、科技成果数据库、专利技术数据库、中外标准数据库、政策法规数据库、科技文献数据库、论文统计数据库、机构与名人数据库、数字化期刊全文数据库和工具数据库等。图 1-21 为高级检索界面。

四、超星数字图书馆

超星数字图书馆（http://book.chaoxing.com/?ver＝ssreader）由北京超星公司建设，以"珍藏科学著作，传承科学精神"为理念，已拥有数字图书 30 万种，并以每天数百种的

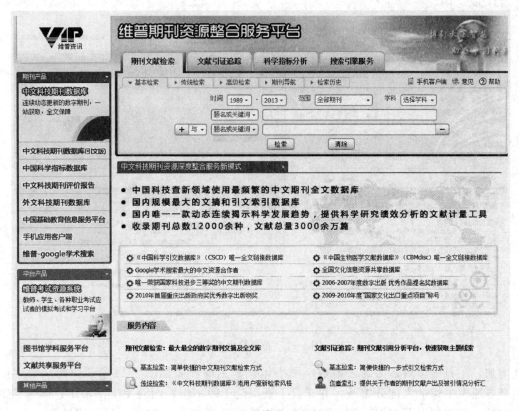

图 1-19 维普资讯网主页面

图 1-20 万方数据库主页面

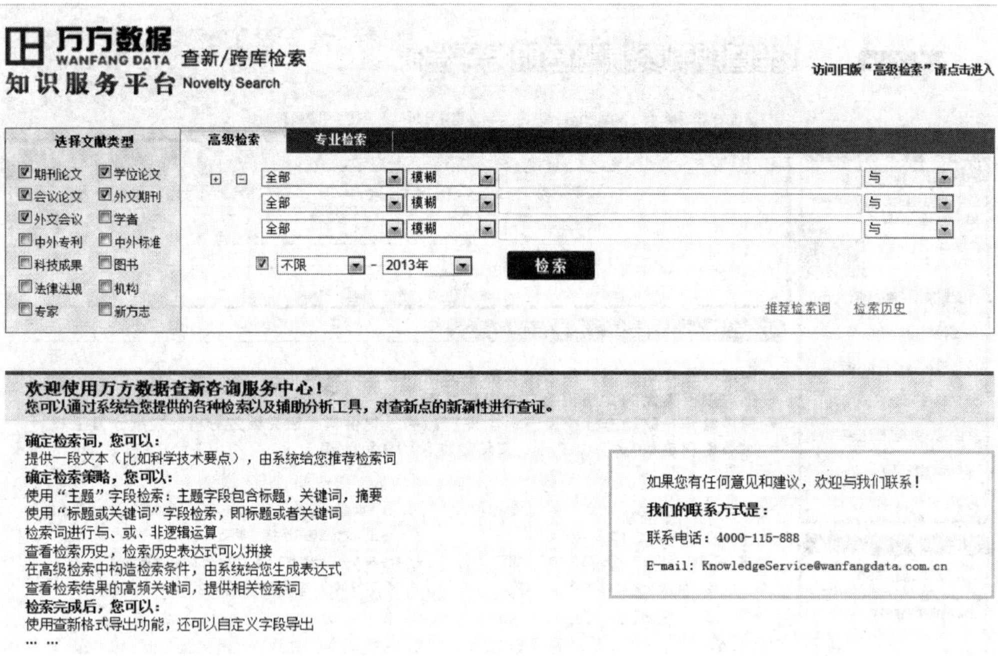

图 1-21 高级检索界面

速度增加，是目前国内最大的公益数字图书馆，其主要界面如图 1-22 所示。超星数字图书馆拥有普通图书馆的大部分馆藏，并建设了资深院士图书馆、两院院士图书馆、国家档案文献图书馆、文史资料图书馆、红色经典图书馆等特色图书馆，收藏了包括钱学森、贾兰坡、宋健等科学泰斗著作在内的众多优秀科学文化成果。2000 年 6 月 8 日，超星数字图书馆入选国家 863 计划中国数字图书馆示范工程，参与了国家数字图书馆战略。目前超星数字图书馆已经基本实现了国内数字图书馆第一品牌的概念，这包括加工能力最快，使用用户最多，技术最为成熟，专业资源最为权威，市场占有率最大的含义。

每一位读者下载了超星阅览器（SSReader）后，即可通过互联网阅读超星数字图书馆中的图书资料。凭超星读书卡可将馆内图书下载到用户本地计算机上进行离线阅读。专用阅读软件超星图书阅览器（SSReader）是阅读超星数字图书馆藏图书的必备工具，可从超星数字图书馆网站免费下载。

超星数字图书馆涉及的学科类型有哲学、宗教、政治、法律、社会科学、军事、经济、管理、数理化、生物、化工、机械、材料科学、冶金、计算机、电子、医药、卫生、文化、体育、教育、心理学、语言、文学、历史、地理、艺术、自然科学、天文学、地球科学、环境科学、能源、航天航空、交通运输、工业技术、农业科学等。

超星数字图书馆图书分类：期刊、连续性出版物；图书书目、文摘、索引；百科全书、类书；辞典；论文集、全集、选集、杂著；年鉴、年刊；总论；丛书。

超星数字图书馆的检索步骤如下。

① 下载超星浏览器。

② 新用户注册成为成员并购买超星读书卡（并适时充值）。

③ 图书馆分类：可按照分类一层层选择下去，会显示该图书的出版信息并浏览全文。

④ 可在检索框内输入检索内容，浏览全文。

检索规则：

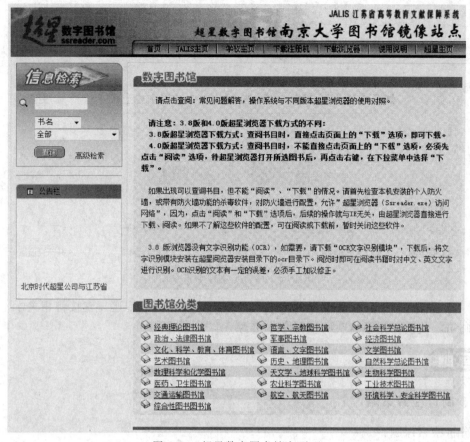

图 1-22　超星数字图书馆主页面

＊空格表示和（包含第一个和第二个关键字）；

％表示通配符，通配一个或多个字；

＋表示或（包含第一个或第二个关键字）。

五、读秀学术搜索

读秀学术搜索（http://www.duxiu.com/login.jsp）是全球最大的中文文献资源服务平台，集文献搜索、试读、文献传递、参考咨询等多种功能为一体。它的后台是一个海量的超大型数据库，能够为读者提供 260 万种中文图书书目信息、180 万种中文图书原文、6 亿页全文资料的信息。同时，通过读秀学术搜索，还能一站式检索馆藏纸质图书、电子图书、期刊等各种学术资源，几乎涵盖了图书馆内的所有信息源，从而为读者提供最全面、准确的学术资料。其主要界面如图 1-23 所示。

读秀学术搜索具有以下特点。

（1）海量学术资源库　读秀学术搜索提供全文检索、图书、期刊、报纸、学位论文、会议论文、标准、专利、视频 9 个主要搜索频道，读者通过读秀学术搜索，能够获得关于检索点的最全面的学术资料，避免了反复收集和检索的困扰。

（2）整合馆藏学术资源　读秀知识搜索将检索结果与馆藏各种资源库对接，读者检索任意一个知识点，都可以直接获取图书馆内与其相关的纸质图书、电子图书全文、期刊论文等，不需要再对各种资源逐一登录检索查找。

图 1-23 读秀学术搜索主页面

（3）参考咨询服务 读秀提供的参考咨询服务，通过文献传递，直接将相关学术资料送到读者邮箱，使读者零距离获取珍稀学术资源。

任务实施

一、制订检索策略

1.分析检索课题

利用你所在学校图书馆电子资源查询徐州工业职业技术学院冷士良教授发表的期刊论文。由任务要求可以确定检索项包括作者（冷士良），作者单位（徐州工业职业技术学院）。

2.选择检索工具

由检索任务，需要查询的是冷士良教授的期刊论文，那么需要选择查询期刊论文的数据库，另外该数据库还必须是你所在学校图书馆的电子资源。所以首先应该查询到学校图书馆的网站，然后找到电子资源的入口，选择合适的数据库。

3.初步检索

选择数据库后，运用该数据库的高级检索，选择正确的检索项，并输入检索词，进行初步检索。

4.浏览检索结果

点击查看论文的摘要甚至下载全文阅读，了解详细内容。

二、操作演示（以徐州工业职业技术学院图书馆为例）

① 查找徐州工业职业技术学院图书馆的网址。以百度搜索引擎为检索的起点，在检索框中输入"徐州工业职业技术学院图书馆"，在查询到的结果中找到该网址，http://218.3.172.31/，如图 1-24 所示。

② 在电子资源中选择一个能查询期刊论文的数据库，如选择维普中文科技期刊数据库，点击进入图 1-25 的界面。

图 1-24　徐州工业职业技术学院图书馆主页面

图 1-25　维普检索界面

③ 点击"高级检索",进入图 1-26 所示的界面,分别选择检索项"A＝作者"、"S＝机构",分别输入"冷士良"、"徐州工业职业技术学院",点击"检索"。

④ 得到如图 1-27 所示的界面,显示了符合检索条件的文献数量为 26 篇,同时显示了相对应的检索式。

⑤ 任意点击一篇文章的题目,即可得到如图 1-28 所示的界面,得到更多相关的信息,并可以下载全文进行阅读。另外可以通过下方的参考文献进行追溯法查询相关文献,更加快捷、方便地获得资料。

维普除了可以检索文献,还有一项特殊的功能,就是查询同义词、相关机构、合著者、分类表等信息,尤其是查询同义词,对于提高查全率是很有帮助的。但是必须注意的是,当查询同义词时,选择的检索项必须是"关键词";当查询相关机构时,选择的检索项必须是

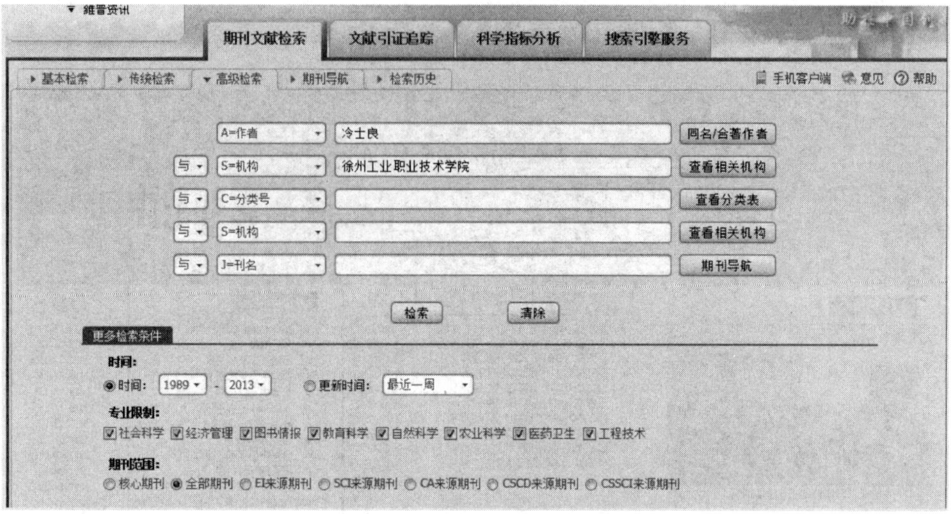

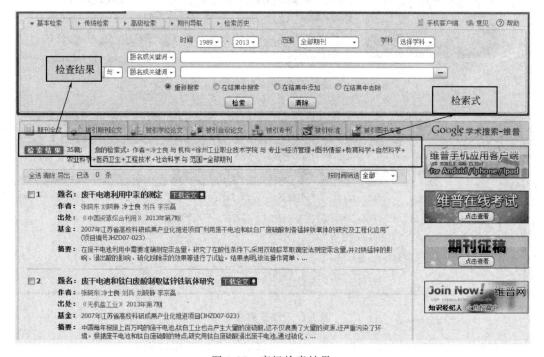

图 1-26　高级检索过程

图 1-27　高级检索结果

"机构";当查询合著者时,选择的检索项必须是"作者"等,只有当选择配对正确时,后面的"查看同义词"或"查看相关机构"等的标识才是可点击的状态,否则为灰色不可点击状态。例如,想查询"西红柿"的同义词,就可以选择维普资讯网,进入高级检索界面,选择"关键词"作为检索项,输入"西红柿",如图 1-29 所示,点击后面的"查看同义词",得到图 1-30 所示的界面,可以得出"西红柿"的同义词有"番茄"、"番柿"、"蕃茄"。这样,在相关文献检索时,就可以把所有可用的同义词用 OR 连接,可以提高查全率。

　　注:该任务也可通过中国期刊网、读秀学术搜索等数据库来完成,操作方法与维普数据库操作方法类似,读者可自行尝试。

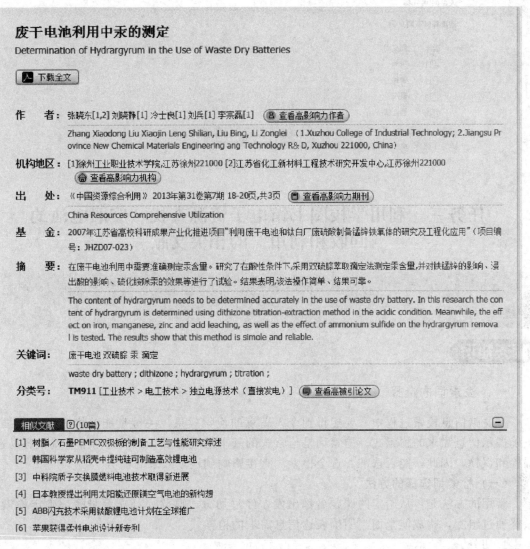

图 1-28 文献信息

图 1-29 查询"西红柿"的同义词

关键词:**西红柿**

请选择以下同义词

选择	同义词
☐1	番茄
☐2	番柿
☐3	蕃茄
☐4	西红柿

[确定] [取消] [关闭]

图 1-30　西红柿的同义词

任务三　利用学校图书馆电子资源查找"废旧电池的回收和利用"的相关文献

要求:利用你所在学校的图书馆电子资源查询"废旧电池的回收和利用"的相关文献。

相关知识

一、检索词的选择

在文献信息检索过程中,要想得到令人满意的检索效果,关键是能够构造出全面描述、正确揭示信息需求的检索式。检索词是检索式的基本组成元素,如果选词不当就很容易造成漏检和误检,因此,能否选准、选全检索词直接影响到检索效果的优劣。

(一)检索词选择的方法

常用的方法是:从给定的课题名称出发,经过切分、删除、补充等步骤,确定检索词,最终通过组配,构成能全面、明确表达信息需求的检索式。

1.切分

对课题语句进行切分,以词为单位划分句子或词组。如:"改革开放三十年的得与失",可以切分为:改革开放|三十年|的|得|与|失|。

2.删除

删除不具有检索意义的虚词、其他非关键词及过于宽泛和过于具体的限定词,只保留明确反映课题实质的核心词。不具备检索意义的词有介词、连词、助词等虚词,如果应用在检索式中,会形成检索噪声,必须删除。过分宽泛的词,如:研究、探索、利用、影响、作用、发展等,没有触及问题的实质,而过分具体的词会造成挂一漏万,删除后会获得更高的查全率。

如上例中,"的"、"与"是不具检索意义的虚词,首先删除。"得"、"失"过于具体,如果用作检索词,就会漏检诸如"成就与失误"、"回顾与展望"等相关文献,因此也在删除之列。

3.补充

补充还原词组、同义词和近义词。很多时候,还要考虑上下位概念的扩展检索。许多名词是由词组缩略而成,可以采用与之相反的操作——补充还原。如:"教改"可以还原为"教学改革","音质"还原为"声音质量"等。最常用的补充检索词的方法是补充同义词和近义词。如上例中，增加"30年"作为检索词。再如，检索"互联网"方面的文献，要补充"Internet"、"因特网"两个检索词。对于需要较高查全率的检索课题，可以以降低检索词的专指度为出发点，补充选用检索词的上位词。反之，对于需要较高查准率的检索课题，则要提高检索词的专指度，增加或换用下位词进行检索。如检索"香菇的栽培技术"的相关文献，应考虑香菇的上位概念"食用菌"。在课题"轻金属的焊接"中，轻金属是一个上位概念，其下位概念包括铝、镁等具体的金属，如考虑查全，应把轻金属、铝、镁等概念用逻辑或算符连接起来，作为一组词进行检索。

确定检索词后，分析各词之间的逻辑关系，运用布尔逻辑算符、截词符、位置算符等检索算符把各检索词组配起来，即可构成准确表达信息需求的检索式。如上例中，检索式为：改革开放 AND（三十年 OR 30年）。

需要说明的是，检索式的复杂与否，取决于课题需要。描述简练的课题，检索式可能会很复杂；名称冗长的课题，检索式反而可能会很简单。

检索词是表达信息需求的基本元素，其选择恰当与否直接影响到检索效果。对于给定的检索课题，应首先深入分析课题内容，在提取核心词的基础上进行扩展，然后构造较为完善的检索策略和检索式，才能获得令人满意的计算机检索效果。

（二）检索词选择的原则

检索词的确定要满足两个方面的要求，一是课题检索要求；二是数据库输入词的要求。选择检索词时可以考虑以下几个原则。

1.选择规范词

一般应该优先选择主题词作为基本检索词，但是，为了提高检索的查全率也选用自由词配合检索。如，查找有关"人造金刚石"的文献，很可能用 manmade（人造）、diamonds（金刚石），但是，"人造"的实质是"人工合成"，检索词的范围可以放宽到：

synthetic（W）diamonds 合成金刚石

synthetic（W）gems 合成宝石

synthetic（W）materials 合成材料

synthetic（W）stones 合成石

synthetic（W）crystals 合成晶体

artificial（W）crystals 人造晶体

diamonds 金刚石

检索策略：以上七个词用"＋"连接。

2.尽量使用代码

不少文档有自己的各种代码，如《世界专利索引》（WPI）文档的国际专利分类号代码IC，《世界工业产品市场与技术概况》（PTS PROMT）文档中的产品代码 PC 和事项代码EC，《化学文摘》（CA）中的化学物质登记号 RN 等。如需要查找"20年来 CA 收录的锡酸钡导电机理"的文献，就应该用化学物质登记号 RN＝12009-18-6 来表示。

检索式为：rn＝12009-18-6 ＊ electric??（W）（conductivity＋conduction）。

而不能用下面的检索式直接检索：（barium（W）stannate＋$BaSnO3$）＊ electrical（W）（conductivity）。

3.尽量选用国外习惯用语

国外许多习惯性的技术用语对于检索国外文献非常重要，因此，必须搞清楚这些词语的真正含义。例如要查找有关"麦饭石的应用"方面的国外文献，如何将"麦饭石"译成正确的英文是至关重要的。直译可以是"wheat rice stone"，这种译法极有可能不正确。分析其实质，"麦饭石"是一种石头或矿物，其功能主要是吸收水中有害物质并释放出一定量的对人体有助的微量元素，从而改善水的品质，所以，应该选用"改善"、"水质"、"石头或矿石"这几个概念进行检索。结果在WPI中检出四种专利。德温特公司将麦饭石译为"bakunaseki"，这样就查出了麦饭石的英文检索词。

4.避免使用低频词或高频词

进行文献检索时，应尽量避免使用频率较低或专指性太高的词，一般不选用动词或者形容词，不使用禁用词，尽量少用或不用不能表达课题实质的高频词。例如像"分析"、"研究"、"应用"、"方法"、"发展"、"管理"等。必须用时，应与能够表达主要检索特征的词一起组配，或增加一些限定条件再用。

5.同义词尽量选全

检索时为了保证查全率，同义词尽量选全。同义词选择应主要考虑以下几点。

① 同一概念的几种表达方式，如化学分析有 chemical analysis、analytical chemistry、chemical determination、composition measurements 等。

② 同一名词的单复数、动名词、过去分词等，如生产有 product、production、producing、produce、productive 等，可用截词符解决。

③ 要考虑上位概念词与下位概念词，如水果榨汁，不仅要选 fruit，也应选各种水果，如 pear（梨）、orange（橙）、plum（李子）等。反之，如果某一种水果保鲜则应参考水果保鲜。

④ 化学物质用其名称（中、英文）也要用其元素符号，如氮、nitrogen 和 N。

⑤ 植物和动物名，其英文和拉丁名均要选用。

二、布尔逻辑检索及截词检索技术

信息时代的到来，文献表现形式已经不仅仅是传统的书本纸张了。随着信息记录，媒介的不断创新，电子出版物得以问世，并且发展得越来越快。电子计算机产生以来，计算机情报检索一直是计算机技术应用的重要领域。在计算机信息检索系统中，基本的检索方法有逻辑检索和加权检索，辅助的检索方法有词表助检、截词检索等。这里介绍一下逻辑检索和截词检索。

（一）布尔逻辑检索

布尔逻辑检索也称作布尔逻辑搜索，严格意义上的布尔检索法是指利用布尔逻辑运算符连接各个检索词，然后由计算机进行相应逻辑运算，以找出所需信息的方法。它使用面最广、使用频率最高。布尔逻辑运算符的作用是把检索词连接起来，构成一个逻辑检索式。布尔逻辑检索关系如图 1-31 所示。

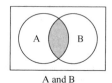
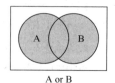

图 1-31　布尔逻辑检索关系

1.逻辑"与"

用"AND"或"＊"表示。可用来表示其所连接的两个检索项的交叉部分，也即交集部分。如果用 AND 连接检索词 A 和检索词 B，则检索式为：A AND B（或 A * B），表示让系统检索同时包含检索词 A 和检索词 B 的信息集合。如：查找"胰岛素治疗糖尿病"的检索式为：insulin（胰岛素）and diabetes（糖尿病）。

2. 逻辑"或"

用"OR"或"+"表示。用于连接并列关系的检索词。用 OR 连接检索词 A 和检索词 B，则检索式为：A OR B（或 A+B）。表示让系统查找含有检索词 A、B 之一，或同时包括检索词 A 和检索词 B 的信息。

示例 1：查找"肿瘤"的检索式为：cancer（癌）or tumor（瘤）or carcinoma（癌）or neoplasm（新生物）。

示例 2：检索有关沼气方面的文献，其检索式应为"CH_4 +methane"或"甲烷+沼气"。

3. 逻辑"非"

用"NOT"或"—"号表示。用于连接排除关系的检索词，即排除不需要的和影响检索结果的概念。用 NOT 连接检索词 A 和检索词 B，检索式为：A NOT B（或 A—B）。表示检索含有检索词 A 而不含检索词 B 的信息，即将包含检索词 B 的信息集合排除掉。

如：查找"动物的乙肝病毒（不要人的）"的文献的检索式为：hepatitis B virus（乙肝病毒）not human（人类）。

注意：

① 在一个检索式中，可以同时使用多个逻辑运算符，构成一个复合逻辑检索式。复合逻辑检索式中，运算优先级别从高至低依次是"NOT"、"AND"、"OR"，可以使用括号改变运算次序。如，查徐州工业职业技术学院（A）周立雪（C）教授的文章。由于学校变迁，徐州工业职业技术学院（A）曾经叫徐州化工学校（B），因此正确的检索式应该为"（A OR B）AND C"，而决不能是"A OR B AND C"。

② 布尔逻辑算符是用"NOT"、"AND"、"OR"表示，还是用" * "、"+"、"—"表示，依不同的数据库要求而确定。

③ 布尔逻辑算符" * "、"+"、"—"在半角状态下输入有效，在全角状态下输入无效。检索中逻辑算符使用是最频繁的，应引起注意。

（二）截词检索

截词检索是一种常用的检索技术，尤其是在西文文献的检索中，使用更为广泛。截词检索就是用截断的词的一个局部进行的检索，并认为凡满足这个词局部中的所有字符（串）的文献，都为命中的文献。不同的系统所用的截词符也不同，常用的有？、$、 * 等。截词检索方式可分为三种，即：后截断、前截断、中间截断。按截断的字符的数量上看，又可分为有限截词（即一个截词符只代表一个字符）和无限截词（一个截词符可代表多个字符）。

通常用 * 表示无限截词。用？表示有限截词。

后截断是最常用的一种检索技术，将截词放在一个字符串之后，以表示其后有限或无限个字符不影响之前的检索字符串的检索结果。如 biolog * ，可检索 biologcal、biologist、biology 等词；physic??，可检索 physical、physicist 等词。

前截词将截词符号置于一个字符串的前方，以表示之前有限或无限个字符不影响之后的检索字符串的检索结果如 * physics，可检索 physics、astrophysics、biophysics、chemiphysics、geophysics 等词。

中截词又称"内嵌字符截断"。将检索字置于一个检索词中间，而不影响前后字符串的检索结果。如：organi?ation 可检索 organization、organisation。

使用截词检索可以减少检索词输入的数量，简化检索程序，扩大检索范围，提高查全率，节省时间，降低费用。但是，对于此方法必须慎重使用，一是词干不要太短，以免检出许多与原文不相干的信息，另一方面是英美不同拼音的词，如变化字母数不同，则不能使用中间截断检索方法。

三、数据库的选择及选择原则

（一）数据库的类型

数据库有多种类型，人们可以从不同的角度对其进行分类。比如可以按照数据的表现形式将数据库分为文字型、数值型、图像型（视频型）和声音型（音频型）。可以按照存储介质分为磁介质数据库（磁盘、磁带）、光盘数据库（CD-ROM、WORM）、多媒体数据库（集多种介质于一身）。按照性质可以分为文献型数据库、数值型数据库、事实型数据库等。目前在情报界比较流行的是根据数据库所包含信息内容为基本的分类标准。根据这个标准，数据库可以分为如下几种。

1. 书目数据库

书目型数据库（bibliographic database）也称为二次文献数据库，是文献信息最常见的一类数据库。主要提供查找文献的线索，即文献的简要特征，如：篇名、著者、文献来源（出处）、摘要、出版单位等。书目型数据库的检索结果仅仅是查找所需文献的线索，查得线索后还要再转查原文。它本身并不直接向用户提供所需信息，而是提供其线索，起一种指引、搭桥作用。

2. 指示数据库

指示数据库的内容包括可以作为信息来源的机构、计划、活动，乃至有特长的个人介绍，其价值在于指引用户找到合适的信息源。

3. 数值数据库

这是专门提供以数值方式表示信息的一种源数据库。其数据存储通常成组排列，其检索结果可能只是单一的值或一组数据。数值数据库提供的信息覆盖了一大类的专业范围。在科技领域，它能提供物质的物理化学性质、结构、频谱等，如各种化学物质的物理化学性质数据、生物科学中实验动物数据、农产品和毒性等数据。

4. 事实数据库

包含自原始文献或社会调查中获得并经过处理的各种事实。有人将其称为"字典型数据库"或术语数据库，它提供给人们查询人物、机构、事件、研究项目、产品或商品的简要情报。同时还可以指引用户获得更详细的信息，如人物传记数据库、产品指南、公司名录数据库、专利、标准数据库等。

5. 全文数据库

常简称全文库。存储文献内容全文或其中主要部分的数据库。具体的主要是指经典著作、法律条文、重要的学术期刊、化学期刊全文数据库，以及百科全书、手册、年鉴等的全部文字或非全部文字。全文数据库能够使用户获得最终的一次文献，是文献数据库建设的重要发展方向。不过，目前大多数的全文数据库的检索查阅是一种付费服务。

6. 多媒体数据库

多媒体数据库是相对于传统的仅支持单一媒体的数据库而言，是将图像、图形、文字、动画、声音等多种媒体数据结合为一体，并统一地进行存取、管理和应用的数据库，如化学化工中的反应器工作原理、化合分解反应机理的展示等。这类多媒体数据库可以收到事半功倍的效果。

由于文献信息的数据库种类繁多，并且一直不断增加，而各种数据库的内容各有千秋，选择好恰当的数据库对于快速准确地完成检索任务非常有帮助。

（二）数据库的选择原则

选择数据库之前应该弄清楚课题所需要的检索要求，各种数据库的特点和内容，然后应从以下几个方面确定数据库。

1. 学科范围

任何一个数据库在收录文献信息时都会有一个比较明确的学科范围，因此，对数据库收录的数量、类型、存储年限和更新周期要有所了解。

2. 文献范围

数据库出版商往往以某一类型的文献来编制数据库，如专利、标准、会议录等。

3. 国别或语种范围

对所需文献信息在国别和语种上加以选择限定。

4. 数据库检索功能

要了解数据库所提供的检索途径、功能和服务方式。

任务实施

一、制订检索策略

1. 分析检索课题

利用你所在学校图书馆电子资源查询"废旧电池的回收和利用"的相关文献，分析课题，选择关键词为检索途径，根据"切分"、"删除"、"补充"的操作步骤，最终确定检索词为"废旧电池"、"回收"、"利用"，三者之间的逻辑关系为并且。

2. 选择检索工具

利用图书馆电子资源，包括 CNKI、维普、超星数字图书馆、SpringerLink（英文数据库）等，如果这些数据库是购买了使用权的，即可通过这些数据库免费获取全文。同学们可以根据自己所在的学校，充分利用本校的图书馆电子资源进行文献的查询，进行自主学习，扩大知识面。本任务以中国知网（CNKI）为例进行检索，其他数据库的检索与此大同小异，同学们可以自行尝试。

3. 初步检索

点击进入 CNKI 主页面，选择跨库高级检索，再选择检索项，输入检索词，然后点击"检索"，即可获得符合检索条件的文献。

4. 浏览检索结果

点击文献标题，可以看到更多该文章的信息，如关键词、文摘、发表的刊物名称、发表时间、作者、作者单位等。并可以免费下载 CAJ 或 PDF 格式的全文。另外可以根据需要改变检索策略，重新检索，直到获得满意结果为止。

二、操作演示（以南京化工职业技术学院图书馆为例）

① 打开南京化工职业技术学院图书馆（http://210.28.15.3/）主页，该网址可以通过百度查询到。如图 1-32 所示，选择学生用数据库中的 CNKI，点击进入。

图 1-32　南京化工职业技术学院图书馆主页面

图 1-33　检索过程

② 进入 CNKI 检索网页，该数据库提供了很多检索功能入口，如标准检索、高级检索等，根据任务需求，点击进入高级检索界面，如图 1-33 所示，选择"关键词"为检索项，分别输入"废旧电池"、"回收"、"利用"，选择逻辑关系为"并且"，点击检索，在页面下方显示符合检索条件的文章，按照序号、文献标题、来源、年期、来源数据库进行列表展示。

③ 点击文章题目，如点击第一个题目：我国废旧电池回收利用立法措施探析，可以得到如图 1-34 所示的界面，从该界面上可以得到更多相关信息。若想下载全文，需要首先安装 CAJ 或 PDF 浏览器，然后选择其中一种格式的全文即可。另外，还可以根据页面下方的参考文献，运用追溯法可以更加快捷地获得更多文献。

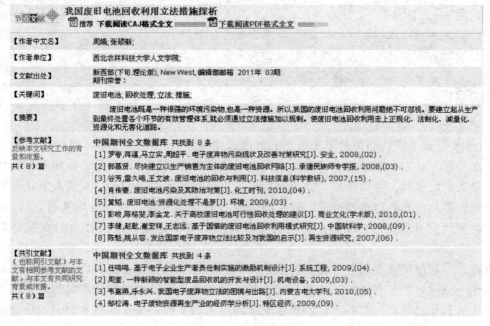

图 1-34 文献信息

课外任务

任务 1 利用你学校图书馆的书目检索系统，查询、预定一本你感兴趣的图书，并实现快速借阅。

任务 2 利用你学校图书馆的电子资源查阅有关乳浊液膜法处理废水的科研论文，记录检索出的文献数量，并指出其中一篇论文刊登在何期刊何年何卷何期上。

任务 3 按照书中介绍的方法到图书馆去借阅你所需的图书资料，考察自己是否能够做到有的放矢、十拿九稳？

任务 4 利用《中国图书馆图书分类法》（第四版）确定高分子化合物（高聚物）工业中阻聚剂的中图分类号是什么？

项目二 专利文献的查询

知识目标：
1. 掌握专利的基本知识（定义、种类、性质、特点）；
2. 了解发明专利与实用新型专利的区别；
3. 了解职务发明与非职务发明。

能力目标：
能使用国家知识产权局专利数据库进行专利检索。

从1416年威尼斯共和国最早实行专利制度以来，至今已有将近600年的历史了，到目前为止已经有100多个国家建立了专利制度。从法律意义上讲，专利是一种用来保护技术发明的法律认定的权利。可以想象，如果没有专利来保护技术发明的话，发明人所花费的巨大的劳动就得不到应有的尊重和补偿，发明的价值不能正常实现，就会挫伤发明人的积极性。这样就会导致发明人严密封锁技术，这对智力开发、技术进步和经济社会的发展是非常不利的。

因此，专利制度能调动各方面的积极性，一项创造发明获得专利权后，能促进产品在竞争中处于十分明显的有利地位，专利制度还可以强有力地促进本国的技术发明，为整个国家带来巨大的利益和财富。在科学技术迅速发展的今天，了解一些专利基本知识，学会查阅专利文献，踊跃地进行发明创造是十分必要的。

任务一　查找特定研究主题和特定发明人的专利文献

要求：查询"酒糟粗滤液全回流酒精生产工艺"相关的专利，并且是无锡轻工业学院（现为江南大学）章克昌教授发明的，分组汇报。

相关知识

一、专利的概念及特点

（一）专利的概念

从不同的角度叙述，"专利"可以有不同的含义。

从法律意义来说，专利就是专利权的简称，指的是一种法律认定的权利。任何单位或个人使用他人的专利时，应当与专利权人订立书面实施许可合同，并向专利权人支付专利使用费，否则无权实施该专利。专利权是受专利法保护的，专利权人对其发明创造享有独占权。

　　从技术发明来说，专利就是取得了专利权的发明创造，有发明、实用新型和外观设计三种具体的专利形式。

　　从其保护的内容来说，专利是指记载着授予专利权的发明创造的说明书、摘要、权利要求书，表示外观设计的图形或照片等公开文献。其中说明书记载了发明创造的详细内容、方案，权利要求书记载了专利法保护的技术范围，是具有法律效力的文件。总体上讲，专利是一种受法律保护的技术专有权利。

（二）专利特点

1. 专有性

专有性又称独占性，也就是垄断性、排他性。

发明专利自申请日到申请公开之前，申请处于保密阶段，专有性体现在，对该专利申请后出现的同样主题的申请都丧失新颖性，不能授予专利权；自申请公开到授予专利权这段时间，该专利处于"临时保护"阶段，对未经允许而实施其发明的人，可以要求其支付适当的使用费，但不能提起诉讼；授予专利权后，申请人有权提起诉讼，享有独占权。

2. 时间性

时间性又称时效性，即从申请日开始有一定的有效期。世界各国的专利保护期限并不完全一样，我国专利法规定："发明专利权的期限为二十年，实用新型专利权和外观设计专利权的期限为十年，均自申请日起计算。"

3. 区域性

专利只在一定地区受到保护，如果想在某地区受到保护，需要向该国提出申请。

4. 专利申请缴费制度

向国家知识产权局申请专利和办理有关手续，应当交纳费用。另外，维持专利权也需交纳一定的费用，如一项专利维持 4～5 年一般要交 2 万元左右。

5. 专利是一种技术保护措施

为了防止有人顺着专利的思路继续研究下去，导致专利成果被人偷窃去，在申请专利时可以对关键技术进行必要的文字修饰，加以保护。

二、专利文献的特点

从广义上说，专利文献是指"国家知识产权局按照相关法律法规对发明、实用新型、外观设计申请法定程序予以公布或公告，由此产生的各种专利文献"。如专利说明书、专利公报、专利目录、专利文摘、分类表索引等。从狭义上说，专利文献主要是指专利说明书。专利文献的特点主要有以下几点。

1. 范围广、内容新

专利几乎可以包括所有的技术领域，大到航天飞机，小到别针。新颖性本来就是专利的三个条件之一。

2. 内容详尽、完整、实用

各国专利法规定，专利说明书对发明必须做详细描述，达到所属专业技术领域的专利技术人员能据以实施的程度。实用性是专利必备条件之一，即能制造或使用，并能产生积极的效果。

3. 信息传递快

大多数国家采用"先申请制"原则，即把专利权授予最早申请者，因此，专利文献是现有的技术文献中紧跟时代、内容最新的一种文献。

4.相同专利重复出版

国际上允许一项发明向若干国家同时申请，即同族专利。造成相同专利重复出版的原因主要有：一是同一发明在许多国家申请，各国重复公布，形成不同文字的相同专利说明书。二是实行早期公开、延迟审查制度的国家，对同一件发明的说明书至少要出版两次。专利文献的重复出版可以解决语种障碍，增大专利文献检索和利用的效率，但是不利于专利文献管理。

5.各国专利说明书都采用统一的著录项目（INID）代码。

为了使广大读者及专利工作者能够很快地辨别和查找专利文献上的各种著录项目内容，并便于计算机存储和检索，ISO 制定了一部专利文献著录项目的国际标准代码，即 INID (ICIREPAT Number for the Identification of Data）代码。这种代码用圆圈或括号所括的两位阿拉伯数字表示，如：[10] 文献标志，[11] 文献号……[20] 国内登记项目，[21] 专利申请号，[22] 专利申请日期……

6.时间、地域、内容的局限性

专利有一定的有效期，一般从申请日起最长 20 年。一件专利只能在取得专利权的国家受到法律保护。一项发明申请对应一件专利，因此一件专利只解决局部问题，不可能包括设计、材料等成套资料，并且发明人为了充分保护自己的发明，专利题目一般比较笼统。

三、发明人、申请人、代理人的区别

在上面介绍的专利说明书的著录项目代码中，有一类代码是专利文献中有关人事项目的，包括申请人姓名、发明人姓名、代理人姓名、受让人姓名等。

申请人（专利权人）是指对专利权提出申请的单位或个人，并对专利享有独占、使用、处置权，在转让或者自己使用专利技术时获得经济利益。在获得专利权后每年应缴纳专利年费，以确保专利权的有效性，当专利权受到侵害时，有权向法律部门提起诉讼。

发明人（设计人）是指实际开展工作的人，享有署名权和获得适当报酬的权利，但是没有独占、使用、处置的权利。在完成发明创造过程中，只负责组织工作的人，为物质条件的利用提供方便的人或者从事其他辅助性工作的人员，不应当被认为是发明人或设计人。

代理人是指代为办理专利权申请的人。专利申请人可以直接到国家知识产权局或者通过挂号邮寄专利文件的方式申请专利，专利申请文件包括请求书、专利要求书、说明书、说明书附图、说明书摘要以及摘要附图等。另外，申请人还可以委托专利代理人代办专利申请，采用这种方式，专利申请质量较高，可以避免因专利文件撰写质量问题而延误审查和授权。

四、专利的类型

（一）专利的类型

专利主要有三种类型：发明专利、实用新型专利、外观设计专利。

1.发明专利

发明专利是指对产品、方法、用途或者对其改进所提出的新的技术方案。开拓型的发明可以是从无到有，而改进型的发明是在现有基础上加以局部改进和发展。

产品发明是指人们通过智力劳动创造出来的各种成品或产品，这些产品是自然界从未有过的，也是人类社会从未有过的，并具有实际应用的价值。

方法发明可以有制造方法的发明（如彩色胶卷的制作方法）、化学方法的发明（如合成树脂的制作）、生物方法的发明（如水稻的杂交栽培技术）和其他方法的发明（如光纤通讯方法）。

改进发明是指人们对已有的产品发明或者方法发明提出实质性革新的技术方案。与上述两种发明的根本区别在于，它并不是新的产品的创制和新的方法的创造，而是对已有的产品或方法带来了新的特性，新的部分质变，但没有从根本上突破原有产品或方法的根本格局。

2.实用新型专利

实用新型是指对产品的形状、构造或者它们的结合所提出的适于实用的新的技术方案。

3.外观设计专利

外观设计是指对产品的形状、图案、色彩或者其结合所作出的富有美感并适合于工业上应用的新设计。

例如圆珠笔的发明，其原理和结构不同于钢笔，可以申请发明专利。圆珠笔的操作结构（旋转式、按嵌式等）有所不同，使用更方便，可申请实用新型专利。圆珠笔的外观设计的美观大方，令人赏心悦目，可申请外观设计专利。

（二）发明专利和实用新型专利的区别

在中国现行的专利法中，实用新型和发明都是专利法保护的对象，它们都是科学技术上的发明创造，从这个意义上讲两者的本质是相同的，但实际上，这两种专利又有许多的不同，主要归纳为以下四点。

（1）实用新型的创造性低于发明　中国专利法对申请发明专利的要求是，同申请日以前的已有技术相比，有突出的实质性特点和显著进步；而对实用新型的要求是，与申请日以前的已有技术相比，有实质性特点和进步。对发明强调了"突出的实质性特点"和"显著进步"，而对实用新型只提"实质性特点和进步"。显然，发明的创造性程度要高于实用新型。

（2）实用新型所包含的范围小于发明　由于发明是对产品、方法或者其改进所提出的新的技术方案，所以，发明可以是产品发明，又可以是方法发明，还可以是改进发明。仅在产品发明中，又可以是定形产品发明或不定形产品发明。而且，除专利法有特别规定以外，任何发明都可以依法获得专利权。但是，申请实用新型专利权的范围则要窄得多，它仅限于产品的形状、构成或者其组合所提出的实用的新的技术方案。这样，各种制造方法就不能申请实用新型专利。同时，与形状、构造或其组合无关的产品也不可能有实用新型产生。因此，实用新型的范围比发明狭窄得多，仅仅限于产品的形状、构造或其组合有关的革新设计。

（3）实用新型专利的保护期短于发明　我国专利法明文规定，对于实用新型专利的保护期为10年，自申请日起计算。而发明专利的保护期规定为20年。相比之下，实用新型专利的保护期比发明专利的保护期要短得多。这是由于在一般情况下，实用新型比发明的创造过程要简单、容易，发挥效益的时间也短得多。所以，法律对它的保护期的规定相应也短些。

（4）实用新型专利申请审批的手续比发明简单　国家知识产权局收到实用新型专利的申请后，经初步审查，没有发现驳回的理由，就可以授权，并予以登记和公告，不再进行实质审查。而发明专利必须进行实质审查，审查的程序和审查的时间都要比实用新型复杂得多。

五、取得专利的条件

获得专利权必须具备一定的条件。授予专利权的发明和实用新型应当具备新颖性、创造性和实用性，授予专利权的外观设计应当具有新颖性、实用性和美感。这就是授予专利权的实质性条件，简称为专利性条件，主要包括以下"三性"。

1.新颖性

新颖性是指在申请日以前没有同样的发明或实用新型在国内外公开发表过，或公开使用过，也没有人向国务院专利行政部门提出过申请并记载在申请日以后公布的专利申请文件中。具体来说包括以下几点。

① 在申请提交到专利局以前，没有同样的发明创造在国内外出版物上公开发表过。这里的出版物，不但包括书籍、报刊、杂志等纸件，也包括录音带、录像带及唱片等影音件。

② 在国内没有公开使用过，或者以其他方式为公众所知。所谓公开使用过，是指以商品形式销售或用技术交流等方式进行传播、应用，乃至通过电视和广播为公众所知。

③ 在该申请提交日以前，没有同样的发明或实用新型由他人向专利局提出过申请，并且记载在以后公布的专利申请文件中。因此，在提交申请以前，申请人应当对其发明创造的新颖性作普遍调查，对明显没有新颖性的，就不必申请专利。

2.创造性

创造性是指同申请日以前已有的技术相比，该发明有突出的实质性特点和显著的进步，该实用新型有实质性特点和进步。所谓"实质性特点"是指与现有技术相比，有本质上的差异，有质的飞跃和突破，而且申请的这种技术上的变化和突破，对本领域的普通技术人员来说并非是显而易见的。所谓"同现有技术相比有进步"是指该发明或实用新型比现有技术有明显的技术优点。

3.实用性

实用性是指该发明或实用新型能够制造或使用，并能够产生积极效果。判断实用性应注意以下几点。

① 一项发明的构思或技术解决方案只能使用一次，客观上不能在生产中反复出现，不能获得专利权。

② 要求发明必须具备实用性，但并不一定要求发明已经在产业上制造或使用，或者立即在产业上制造或使用，而是通过对发明做客观分析，预料该发明能够在产业上制造或使用就可以了。

③ 科学发现及科学原理不具有工业的实用性，但是科学发现及科学原理的实施方法及手段可以申请专利。

另外，我国专利法明确规定了不予保护的范围，比如违反国家法律、科学原理、社会公德，妨害公众利益的发明创造，科学发现（自然界早已存在但尚未被人们认识的客观规律的行为），智力活动的规则和方法，疾病的诊断和治疗方法等，不能授予专利权。

六、专利申请的审批程序

（一）目前常见的几种审批制度

1.形式审查制

形式审查制是指只对专利申请案进行形式（如申请文件的格式、申请手续等）审查，并不作任何实质审查。这种审查方法程序简单，节省人力，批准速度快，但是专利质量无法保证，可能会引起纠纷和错误。

2.实质审查制

实质审查是指对专利申请案进行形式审查后，还进行实质审查，无需申请人提出实质审查的要求。这种审查制度审批的专利质量比较高，但是审批的时间较长。

3.延迟审查制

延迟审查制是指专利机构进行形式审查后，不立即进行实质审查，而是自申请日起的18个月后自行公开，或请求提前公开，将申请说明书公布于众，并从公布之日起给予临时保护。在规定时间内，待申请人提出实质审查请求后，再进行实质审查，逾期不提出请求的被视为撤回申请。我国实行延迟审查制。

（二）中国的专利申请审查制度

对专利申请实行审查时，一件专利申请案要经过专利申请的提交与受理、初步审查、早期公开、实质审查、授权与公告等五个主要程序。

1.提交与受理

提交专利申请应齐备法定的必要申请文件，包括请求书、说明书及其摘要和附图、权利要求书。在专利申请人提交专利申请后，国务院专利行政部门交付给申请人《受理通知书》。

2.初步审查

初步审查是指国家知识产权局在受理专利申请案后对其所作的形式审查。主要包括申请手续、申请证件是否完备，申请人的身份、发明主题是否符合法律规定，是否缴纳了申请费。

中国专利法规定：实用新型和外观设计专利申请经初步审查没有发现驳回理由的，由国务院专利行政部门授予专利权，无需进行实质性审查。

3.早期公开

早期公开是指发明专利案自提出申请日起，有优先权的自优先权日起，满十八个月予以公布，允许公众自由阅读。早期公开既有利于公众对专利申请案的协助审查，又有利于新技术的应用和推广。

4.实质审查

实质审查是指国家知识产权局对申请发明专利的新颖性、创造性、实用性条件所作的实质性审查。其审查办法是通过较全面的世界性文献检索，判断申请专利的发明是否具有新颖性，然后判断发明是否具有创造性和实用性。

发明专利申请自申请日起三年内，国务院专利行政部门可以根据申请人随时提出的请求，对其申请提出实质审查；申请人无正当理由逾期不请求实质审查的，该申请被视为撤回。注意，实质审查程序也可以由国务院专利行政部门主动启动。

5.授权与公告

申请人在接到国务院专利行政部门发出的授予专利权的通知之后，应当自收到通知之日起2个月内办理专利权登记手续，并缴纳专利证书费、印花税及授权当年的年费。申请人按期办理登记手续的，国务院专利行政部门则授予专利权，颁发专利证书，并予以公告；逾期不办理登记手续的，则视为申请人放弃取得专利权的权利。

2000年修改后的专利法规定，自国务院专利行政部门公告授予专利权之日起，任何单位或者个人认为该专利权的授予不符合本法有关规定的，都可以请求专利复审委员会宣告该专利无效。专利申请人对国务院专利行政部门驳回申请的决定不服的，可以自收到通知之日起三个月内，向专利复审委员会请求复审。所谓复审就是指复审委员会对发明专利申请所进行的第二次审查。

七、国外专利概述

这里重点介绍美国和日本专利。

（一）美国专利与专利文献

美国是世界上拥有专利最多的国家，目前专利形式主要有：发明专利（invention patent)、再版专利（reissued patent，独立编号，并在号码前加"Re"）、植物专利（plant patent，单独编号，号前有 plant 字样）、设计专利（design patent，即外观设计，专利号前冠有"Des"单独编号）、防卫性公告（defensive publication，专利号前加"T"）和再审查专利（reexamination certificate，沿用原来的专利号，前冠以"BI"）等。

美国专利局目前除出版以上几种专利的说明书外，还出版以下资料。

1.《美国专利公报》（Offcial Gazette of the Untied States Patent and Trade Mark Office，美国专利商标局官方公报）

该公报创刊于 1872 年，原名专利局报告（Patent Office Report）。目前为周刊，其报道内容如下。

第一部分是专利商标局向公众发布的各种有关专利、商标的法令、通告、分类表的变更、规章条例的公布、对专利申请案件的裁决、撤销等有关事项。

第二部分报道各种专利内容：防卫性公告、再公告专利、植物专利、发明专利。这些原来都以摘要形式在公报上公布，现改为公布专利说明书的主权利要求。1952 年 7 月以前，编排形式是依专利号顺序排列，以后改为先将专利分成三大类：综合与机械（general and mechanical）、化学（chemical）、电气（electrical），每类再按分类号及专利号顺序排列。最后一部分是各种索引，如专利权人索引、分类索引和发明人住址索引等。

2.《专利索引》（Index Patents）

该索引为美国专利局出版的年度索引，它是普查美国专利的主要工具书。1965 年以前每年出一本，包括专利权人和分类索引两部分索引，后因专利数量日益增多，分为两册出版。

第一分册（Part Ⅰ）为专利权人索引（list of patentees）。按发明人和专利权人字母顺序混合排列。

第二分册（Part Ⅱ）是发明主题索引（index to subject of inventions）。1953 年以前该索引按发明主题字母顺序编排。从 1953 年起改为分类索引，但仍沿用原名，该索引只依大小类号顺序列出专利号，既无类目名称也无题目，只有掌握了确切的分类号方可使用，这种索引可将一年内的有关课题检索出来。分类索引分为两部分，前半部是主分类（original classification），后半部是参见类（cross reference classification）。该书缺点是出版速度较慢，一般要比公报晚 1～2 年。

3.《美国专利分类表》（Manual of Classification）

它是广大专利文献的使用者从分类途径查找美国专利必用的检索工具书。该表开始于 1837 年，几乎每年均有修改调整，是目前世界上最详细的一部技术资料分类表。

《美国专利分类表索引》（Index to Classification）：是为了便于较快地查到分类号而编制的一本分类类目字顺索引。

《美国专利分类号与国际专利分类号对照表》（Concordance U. S. Patent Classification to International Patent Classification）：为了加强国际间的合作与交流，美国自 1969 年 1 月 7 日起在出版的专利说明书及专利公报上标注适当的 IPC 号，但仍以本国专利分类号为主。该索引是为帮助审查员及公众迅速找 IPC 号对照。

4.《美国化学专利单元词索引》（Uniform Index to Chemical Patents）

该索引由美国 IFI（Information for Industry）/Plenum Data Company 出版，创刊于 1950 年，活页印刷，共分两个分册。

（1）专利文摘索引　该索引报导的内容和美国专利公报完全一样，所不同的是把美国一年内有关化学方面的专利挑出来重新给予一个索引号。美国专利号已达七位数，此索引号最多编至四位数，便于计算机输入，每季度出版一次。

（2）单元词索引表 该表每季度出版一次，但后一季度包括前一季度的内容。最后一个季度将全年内容全部汇总，为此订户每收到一次出版物，就要将前次收到的淘汰，换上新的。该表内容有：a.一般名词（general terms），一式两份印刷，其编制方法是从每件化学专利（包括材料）说明书中，抽出若干单元调整，少则几个，多则百余个，每个单元词下包括索引号（代表专利号）；b.化合物名词（compound terms）；c.分子团名词（fragment terms）；d.专利权人受让人索引（assignee）；e.分类索引（class codes）；f.发明人索引（inventor）；g.专利号与索引号对照表。

（二）日本专利

日本专利说明书称作"公报"，它是日本各类专利说明书的全文集，有四种形式：《特许公报》从 1885 年开始，发表较重要的创造发明，俗称大专利；《实用新案公报》从 1905 年开始，发表小的创造以及结构、形式等的新设计，相当于实用新型，俗称小专利；《公开特许公报》（1888 年开始）和《商标公报》（1884 年开始）分别公布外观设计和商标设计。

日本专利说明书的出版与其他国家不同，主要有以下两种方式。

1.出版合订本（公表公报例外）

公表公报是指"专利合作条约"（PCT），于 1978 年 6 月 1 日起开始受理国际专利申请案后，自优先申请日起 18 个月进行，在国际公开的说明书中指定国包括日本，按照条约规定自申请日起要在 20 个月内将译文交到指定国专利局。日本专利局将这些日文译文通过《公表特许公报》和《公表实用新案公报》进行公布。通过 PCT 进行国际专利申请的日本人不必再向日本专利局交付译文，也不在《公表公报》中公布，而是另外出版标题为《基于专利合作条约的国际公开日本专利》的刊物。

2.按产业范围分册出版

1950 年以后分为七个产业部门（7 个分册）出版，每个产业部门包括日本专利分类表中的若干大类，由于有些分册量大，1972 年 7 月改为 14 个区分（14 个分册）。1980 后，改为 26 个区分（26 个分册）出版，每个区分按国际专利分类表进行划分，公表公报上则注明部门和区分号。

八、中国专利文献的检索

我国于 1980 年 1 月正式成立了"中华人民共和国专利局"。1980 年 6 月我国参加了国际专利协调机构"世界知识产权组织"（WIPO），并于 1985 年成为《保护工业产权巴黎公约》的第 96 个成员国。1984 年 3 月 12 日由第六届全国人民代表大会常务委员会第四次会议通过了《中华人民共和国专利法》，并于 1985 年 4 月 1 日起实施。1985 年 9 月 10 日首批发布专利文献（公报和说明书）。

1.专利文献检索工具

检索专利文献的工具有很多，如《中国专利公报》、《分类年度索引》、《申请人、专利权人年度索引》、《中国发明专利分类文摘》、《中国实用新型专利分类文摘》等，可以利用这些工具，根据已知的专利信息（如发明人姓名），对专利手检。如《申请人、专利权人年度索引》是按照申请人或者专利权人的名称或译名的汉语拼音字顺排序，可以根据申请人、专利权人的名称，查出卷、期号，IPC 分类号、公开号等，然后进一步查阅，见表 2-1。

中国专利文献涉及的文献号主要有以下三种。

表 2-1   申请人、专利权人年度索引

专利权人	IPC 分类号	专利号 ZL	申请号	发明名称	卷期号
高升有限公司	A63B67/18	86101525.8	86101525.8	羽毛球	8-04
高宗麟	C02F1/40	89103541.9	89103541.9	含油污水处理设施	8-15

① 发明专利：申请号，公开号，审定号，授权公告号，专利号，公布号，公告号。

② 实用新型专利：申请号，公告号，授权公告号，专利号。

③ 外观设计专利：申请号，公告号，授权公告号，专利号。

各种专利号码的含义如下。

(1) 申请号   专利申请时，专利机构按照申请文件的先后顺序给予的号码。

(2) 公开号   发明专利申请经形式审查合格后，公开其申请说明书时给的号码（只有发明专利有此号码）。

(3) 审定号   发明专利经实质审查合格后，公布其审定说明书时给的号码（只有发明专利有此号码）。

(4) 公告号   实用新型专利和外观设计专利经形式审查合格后公布其申请说明书时给的号码（发明专利无此号码）。

(5) 授权公告号   1993 年将审定号和公告号均称为授权公告号。

(6) 专利号   专利申请经审查合格后，国家知识产权局授权时给的号码，是由批准年号、专利申请种类、申请流水号和校验码共同组成，在授权的专利号前面冠以汉语拼音字头"ZL"。

除了手检，还可以选择更加快捷的检索方式——机检，即利用因特网进行专利文献的检索，只要操作计算机的鼠标，就可以通过因特网从全世界任何地方查找到用户所需要的专利。因特网上有很多可以检索专利文献的网站，如：

中华人民共和国知识产权局 http://www.sipo.gov.cn/

中国专利信息网 http://www.patent.com.cn/

SooPAT 专利搜索 http://www.soopat.com/

中国专利技术网 http://www.zlfm.com/

图 2-1 是中国知识产权网的主页，可以进行专利的搜索，点击"高级检索"，会出现如图 2-2 的界面，根据掌握的专利信息，选择合适的检索途径，如 IPC 分类号途径、申请人和专利权人名称途径、专利号途径等，即可进行专利的检索。

2.专利文献检索步骤

专利文献的检索步骤一般可以分为以下几步。

① 分析检索课题，确定检索主题的名称、专利权人名称或专利号。

② 根据检索主题要求，确定国际专利分类号，综合各种条件，最终确定检索标识。

③ 选择检索方式（机检或手检）。

④ 确定检索工具书的类别。

⑤ 初步检索。

⑥ 记录检索结果（各种专利号码、IPC 分类号、国别代码、发明名称及简介）。

⑦ 根据专利号查找专利说明书，阅读并筛选。

⑧ 根据需要可以进一步扩大检索。

⑨ 写出检索总结报告。

图 2-1 中国知识产权网主页面

图 2-2 专利高级检索页面

任务实施

一、制订检索策略

1.分析检索课题

查询"酒糟粗滤液全回流酒精生产工艺"相关的专利，并且是无锡轻工业学院（现为江南大学）章克昌教授发明的。根据发明人和专利权人的概念的区别，分析任务内容，可以确定"无锡轻工业学院"是对专利有独占、使用、处置权的单位名称，是专利权人或者申请人。而"章克昌"则是实际开展工作的人，对专利技术不享有上述权利，是发明人的名称。由职务发明和非职务发明的区别，可以进一步得出该任务是检索章克昌的职务发明。任务中限定了主题范围是"酒糟粗滤液全回流酒精生产工艺"，检索词确定为"酒糟粗滤液"。

2. 选择检索方式

根据上义的讲述，检索方式主要有手检和机检，其中利用因特网进行机检是快速简捷最常用的搜索方式，检索专利的网站有很多，这里以中华人民共和国知识产权局为例，专利的检索入口有快速检索和高级检索两种，其中高级检索提供了多种检索途径，可选择多个检索项同时检索。

3. 初步检索

进入高级检索页面后，选择检索项，直接输入检索提问，点击检索即可。如在本任务中，选择检索项为"专利权人"、"发明人"、"名称"，分别输入的检索提问为"无锡轻工业学院"和"章克昌"，"名称"中输入"酒糟粗滤液"。注意：多个检索词之间用逻辑算符and、or、not连接，并且逻辑算符与检索词之间有空格，不符合要求的输入格式检索不出结果。

4. 记录检索结果

查看检索结果，可以得出该专利的很多相关信息，如专利申请日、公告日、优先权日、申请号、公告号、专利名称、摘要等，通过下载并安装浏览器，即可阅读专利的申请公开说明书和审定授权说明书。

二、操作演示

① 打开中华人民共和国知识产权局网站 http：//www. sipo. gov. cn/，如图 2-3 所示，该网站提供专利电子申请、专利申请指南、专利检索与查询、专利审查高速路等项目服务。点击"专利检索与查询"，得到如图 2-4 所示的页面，该页面提供了 4 个系统：专利检索与服务系统、中国专利查询系统、中国专利检索系统、专利查询，各个系统的功能从该页

图 2-3　中华人民共和国知识产权局页面

面中可以看到，点击"中国专利检索系统"得到如图 2-5 所示的页面，即可进行专利检索。

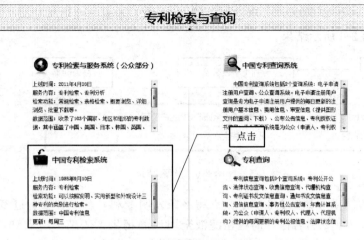

图 2-4 专利检索与查询系统

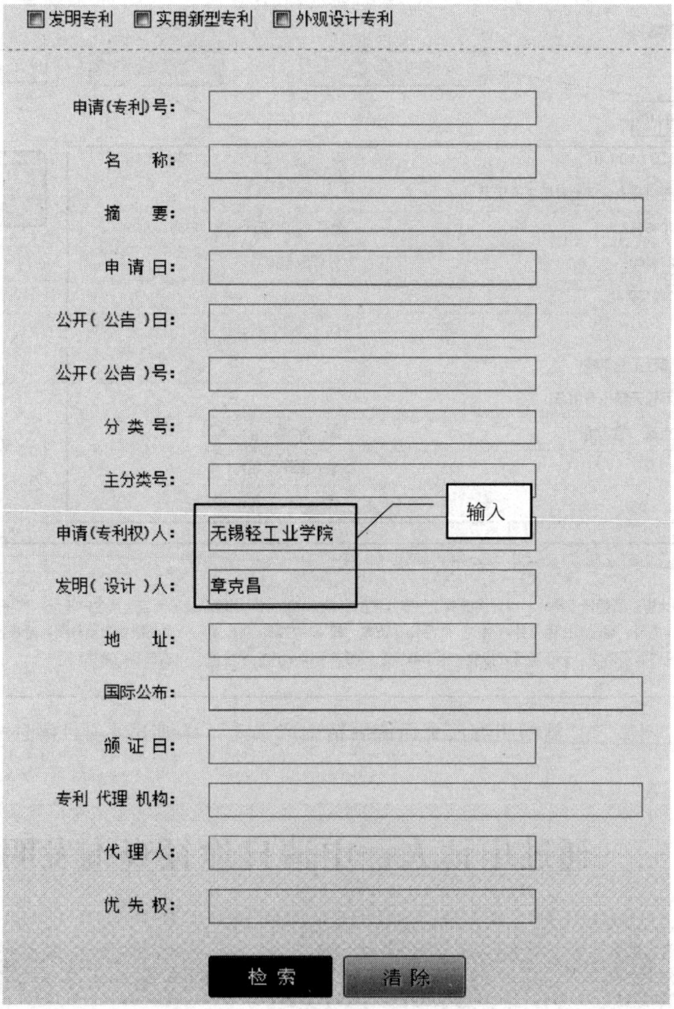

图 2-5 中国专利检索系统页面

② 选择检索途径。根据上面的分析，在相应的检索项中输入检索词。当在"名称"中输入"酒槽粗滤液"、"申请人"中输入"无锡轻工业学院"、"发明人"中输入"章克昌"，点击检索，没有检索到结果时，尝试改变检索策略，去掉"酒槽粗滤液"，如图 2-5，点击检索，得到如图 2-6 所示结果。

序号	申请号	专利名称
1	88101404.4	酒槽粗滤液全回流酒精生产工艺
2	91100779.2	纤维素酶生产及其应用技术

图 2-6 检索结果

③ 浏览检索结果。如图 2-6 所示，获得 2 条发明专利，若专利数量过多，可以通过翻页获得更多专利，点击专利名称"酒槽粗滤液全回流酒精生产工艺"查看详细著录项目信息，如图 2-7，还可以通过下载说明书浏览器查看申请公开说明书和审定授权说明书全文。

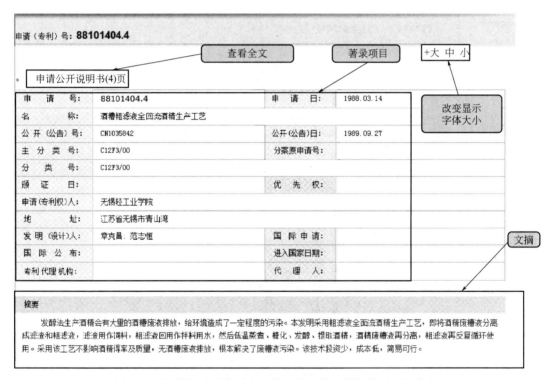

图 2-7 "酒槽粗滤液全回流酒精生产工艺"详细著录项目信息

任务二 通过申请人、申请日途径查询发明专利

要求：查询你所在学校 2009 年申请专利的情况，发明专利和实用新型专利分别统计，分组汇报。

一、专利日期的介绍

（1）申请日 专利机关收到申请说明书之日。

（2）公开日 发明专利申请公开之日。

（3）公告日 实用新型专利和外观设计专利授权公告之日。

（4）优先权日 指专利申请人就同一项发明在一个缔约国提出申请之后，在规定的期限内又向其他缔约国提出申请，申请人有权要求以第一次申请日期作为后来提出申请的日期，这一申请日就是优先权日。

二、职务发明与非职务发明的区别

职务发明是指企业、事业单位、社会团体、国家机关的工作人员执行本单位的任务或者主要是利用本单位的物质条件所完成的职务发明创造。其申请专利的权利属于该单位。申请被批准后，该单位为专利权人；单位应当对发明人或设计人给予奖励。

根据专利法及其实施细则的规定，下列情况下完成的发明创造都是职务发明创造：

① 发明人在本职工作中完成的发明创造；

② 履行本单位交付的与本职工作无关的任务时所完成的发明创造；

③ 主要利用本单位的物质条件（包括资金、设备、零部件、原材料或者不向外公开的技术资料等）完成的发明创造。

非职务发明创造是指没有利用本单位的物质技术条件所完成的发明创造，单位与发明人或者设计人订有合同，对申请专利的权利和专利权的归属作出约定的，从其约定。申请专利的权利属于发明人或者设计人；申请被批准后，该发明人或者设计人为专利权人。

三、如何申请专利

1.专利申请的一般原则

（1）请求原则 必须有人提出专利申请，专利局方能受理。

（2）书面原则 提交的各种手续，应以书面的形式办理，并由申请人签字或盖章；申请文件必须参照专利局规定的统一格式的表格。

（3）先申请原则 两个以上的申请人分别就同样的发明创造申请专利的，专利权授予最先申请人。

（4）优先权原则 指申请人自发明或实用新型在中国第一次提出专利申请之日起12个月内（但没授予专利权），又向专利局就相同的主题提出专利申请的，可享有本国优先权。

（5）单一性原则 不允许将两项不同的发明或实用新型放在同一件专利申请中，也不允许将一种产品的两项外观设计或者两种以上产品的外观设计放在一件专利申请中提出。

2.申请专利需要递交的文件（文件必须参照专利局规定的统一表格样式）

（1）申请发明专利所需文件 发明专利请求书、说明书、权利要求书、说明书摘要，有附图的可同时提交说明书附图和摘要附图。以上文件要求一式两份。

（2）申请实用新型专利所需文件 实用新型专利请求书、说明书、权利要求书、说明书摘要、说明书附图、摘要附图。以上文件要求一式两份。

（3）申请外观设计专利所需文件 外观设计专利请求书、外观设计图或照片（要求保护色彩的应提交彩色和黑白的图或照片）、外观设计简要说明。

3.申请文件的撰写

关于申请文件的撰写可以参考中国国家知识产权局所发布的有关文件表格和指导书，这些资料均可以从中国专利网上下载得到。说明书应当对发明或者实用新型作出清楚、完整的说明，以所属技术领域的技术人员能够实现为准，必要时，应当有附图。摘要应当简要说明发明或者实用新型的技术要点。权利要求书应当以说明书为依据，说明要求专利保护的范围。申请外观设计专利的，应当提交申请书以及该外观设计的图片或者照片等文件，并且应当写明使用该外观设计的产品及所属的类别。

申请专利的具体流程参见图 2-8 中国专利申请流程图。

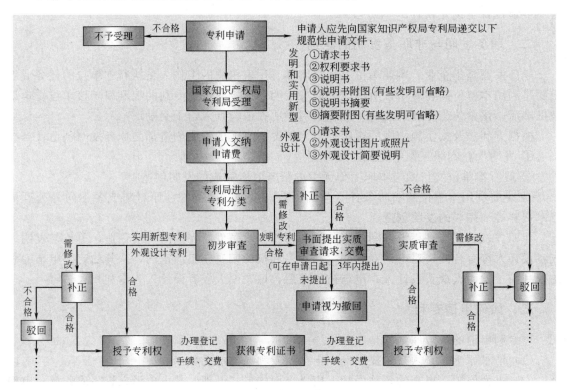

图 2-8　中国专利申请流程图

任务实施

一、制订检索策略（以徐州工业职业技术学院为例）

1.分析检索课题

根据各个专利日期（如申请日、公开日、公告日）的区别，分析任务，可以确定 2009 是申请日，即提交专利或专利机构收到申请说明书的日期。徐州工业职业技术学院是专利的申请人或专利权人，专利类型分别为发明专利和实用新型，即要求检索 2009 年徐州工业职业技术学院申请的发明专利和实用新型专利。

2.选择检索方式

此处仍然选择快捷方便的机检，选择中华人民共和国知识产权局网站，并且选择高级检索入口，利用逻辑"与"检索。

3.初步检索

进入高级检索页面，选择检索项后，直接输入检索信息，点击检索即可。如在本任务中，分别选择检索项为专利权人、申请日，分别输入的检索信息为"徐州工业职业技术学院"和"2009"，同时选择专利类型为发明专利和实用新型。其中申请日由年、月、日三部分组成，输入的格式有多种，如图 2-9 所示。

图 2-9 申请日输入格式

4.记录检索结果

查看检索结果，可以得出该专利的很多相关信息，如专利申请日、公告日、优先权日、申请号、公告号、专利名称、摘要等，通过下载并安装浏览器，即可阅读专利的申请公开说明书和审定授权说明书。

二、操作演示

① 打开中华人民共和国知识产权局网站 http：//www.sipo.gov.cn/，在页面上找到专利检索的位置，选择"高级检索"入口，进入高级检索页面。

② 选择检索途径，"申请人"处输入"徐州工业职业技术学院"，"申请日"处输入"2009"，选择专利类型分别为发明专利、实用新型，如图 2-10 所示，点击检索即可获得检

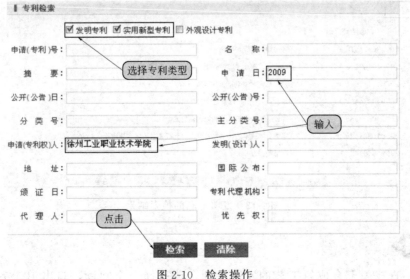

图 2-10 检索操作

索结果（图 2-11）。

③ 浏览检索结果，共获得发明专利 7 条，实用新型专利 31 条，如图 2-11 所示，通过翻页查阅更多专利。也可以分别进行发明专利或实用新型的检索，这样可以更加方便地加以区分，如图 2-12 所示即为发明专利。同样的，可以点击查看更详细的著录项目，也可以查看申请公开说明书和审定授权说明书。

序号	申请号	专利名称
1	200910027572.8	一种吊扇安全保护装置
2	200910182058.1	自动定心、滚动支撑中心架
3	200910182570.6	洋参清肺复方制剂及制备方法
4	200910035657.0	N-取代基-1,2,3,6-四氢吡啶的合成方法
5	200910035658.5	一种轮胎废胶粉活化再利用的新方法
6	200910234428.1	利用类乳液或溶液技术制备有机—无机高分子复合导电涂料的方法
7	200910182434.7	一种橡胶领带
8	200920043787.4	组合菜刀
9	200920232681.9	用于立式车床加工大直径球面的装置
10	200920232686.1	卧式车床加工圆弧的传动装置
11	200920232683.8	易封拆的试卷袋
12	200920232687.6	太阳能热水器满水自动关闭装置
13	200920232674.9	轴承摩擦力矩测量装置
14	200920232585.4	汽车电控发动机故障检测装置
15	200920232589.2	输液流速监控和报警装置
16	200920232590.5	摩托车搜索器
17	200920232588.8	安全节能插座
18	200920232586.9	方便浇水的室内花盆
19	200920232684.2	利用太阳能的组合式水生物培育装置
20	200920049258.5	高楼自助逃生装置

发明专利 (7)条　　实用新型专利 (31)条

◄◄首页　◄上一页　►下一页　►►尾页　页次：1/2 共有38条记录　转到　　　页 GO

图 2-11　检索结果

序号	申请号	专利名称
1	200910027572.8	一种吊扇安全保护装置
2	200910182058.1	自动定心、滚动支撑中心架
3	200910182570.6	洋参清肺复方制剂及制备方法
4	200910035657.0	N-取代基-1,2,3,6-四氢吡啶的合成方法
5	200910035658.5	一种轮胎废胶粉活化再利用的新方法
6	200910234428.1	利用类乳液或溶液技术制备有机—无机高分子复合导电涂料的方法
7	200910182434.7	一种橡胶领带

发明专利 (7)条

◄◄首页　◄上一页　►下一页　►►尾页　页次：1/1 共有7条记录　转到　　　页 GO

图 2-12　发明专利的检索结果

课外任务

任务 1　查找关于合成氨工艺的发明专利，请选择一个阅读，写出 100 字以内的专利介绍。

任务 2 查找 2009 年以来，与俗称植物软黄金"绿原酸"的提取纯化工艺相关的专利，写出 100 字以内的"绿原酸"提取纯化工艺简介。

任务 3 查询你所在学校 2010 年申请专利的数量、授权专利的数量以及历年来所有授权专利的数量。

任务 4 利用相关专利工具，要求至少包含两个主题词、两项检索技术，检索一条关于"全降解植物淀粉餐具"方面的外文专利文献，并做简要介绍。

项目三 标准文献的查询

知识目标：
1. 掌握标准文献的分类（按标准使用范围划分、按标准法规性划分）；
2. 掌握常用检索标准文献的数据库；
3. 掌握 ISO 9000 标准族的内容范畴；
4. 了解中国标准的等级及编号；
5. 了解标准文献的基本知识（定义、性质、特点）；
6. 了解国际标准化组织 ISO。

能力目标：
能使用中国标准服务网等数据库进行标准文献的检索。

标准是科学、技术和实践经验的总结。为在一定的范围内获得最佳秩序，对实际的或潜在的问题制定共同的和重复使用的规则的活动，即制定、发布及实施标准的过程，称为标准化。早在 20 世纪 70 年代，钱学森就提出要加强标准、标准化工作及其科学研究以应对现代化、国际化的发展环境。通过标准及标准化工作，以及相关技术政策的实施，可以整合和引导社会资源，激活科技要素，推动自主创新与开放创新，加速技术积累、科技进步、成果推广、创新扩散、产业升级以及经济、社会、环境的全面、协调、可持续发展。

任务一　检索"农药的测定和分析"相关的标准

要求：利用中国标准服务网检索有关"农药测定和分析方法"的标准，并指出所查出标准文献的类型。

相关知识

一、标准与标准文献

标准是对需要协调统一的技术、概念或重复性的事物所作出的统一规定，其含义包括如下几个方面。

(1) 制定标准的目的　在一定范围内获得最佳秩序，取得最好的效益。

(2) 制定标准的基础　科学性和代表性。

(3) 标准的重复使用性　多次反复地使用。

(4) 标准的统一与通用性　统一的规定应当通用。

(5) 制定标准的程序和特定格式　编写的格式、印刷和编号方法应该统一。

标准化是为了在一定的范围内获得最佳秩序，对实际的或潜在的问题制定共同的和重复使用的规则的活动。标准化的重要意义是改进质量、过程和服务的适用性，防止贸易壁垒，并促进技术合作。

1988 年 12 月 29 日通过的《中华人民共和国标准化法》是国家推行标准化，实施标准化管理和监督的重要依据。该法规对下列需要统一的技术要求制定了标准。

① 工业产品的品种、规格、质量、等级或者安全、卫生要求。

② 工业产品的设计、生产、检验、包装、储存、运输、使用的方法或者生产、储存、运输过程中安全、卫生要求。

③ 有关环境保护的各项技术要求和检验方法。

④ 建设工程的设计、施工方法和安全要求。

⑤ 有关工业生产、工程建设和安全要求。

以上技术标准就构成了标准文献，它是生产技术活动中必须遵循的一种规范性技术文件。

二、标准的作用和意义

标准化的目的是对在经济、技术、科学管理等实践中重复事物和概念通过制定、发布和实施标准，达到统一，以获得最佳秩序和社会效益。在依赖技术的现代经济中，标准构成了重要的技术基础，对经济有着重大而复杂的影响。

1.标准是质量的基础和保证

衡量质量和质量管理水平的尺度是标准。可以说，有什么样的标准就有什么样的质量，一个国家的标准水平就反映了这个国家被规定对象当时当地的技术水平，采用先进标准能够促进质量的提高。

需要注意的是质量的含义不仅是工业产品、农业产品、服务产品的质量，在社会的其他方面（如环境、生态等）都有质量问题，也都要有标准。

2.标准是产品进入市场的通行证

所谓市场准入就是指哪些商品可以进入市场交易规则体系。我国对市场客体准入有严格的规定，其中市场客体的合理性是最基本的内容。如工业品能否进入市场，要看其是否符合国家规定的标准和经检验合格。

标准能够成为市场客体准入的通行证，是因为标准体现了产品质量的具体要求，标准是判定产品是否合格的唯一依据，标准是企业进行质量管理和国家进行市场管理的基础。符合此类标准的企业与产品就可能在市场上立足，反之，就可能被淘汰。

3.标准为国际贸易和技术合作提供技术依据

随着国际经济的一体化，一切经济上对外开放的国家必然要参与国际市场的竞争，建立连接国内市场与国际市场的"技术平台"，此时标准作为调控市场的手段有着重要功能作用。

一是可以推动国际标准贸易（特别是出口）的发展。采用国际标准、国外先进标准是国际贸易市场准入的最主要的标准化战略，被誉为对外贸易的"技术外交"和"共同语言"。这是因为在国际市场流转的商品，其相关标准是现代国际贸易的基本条件之一。国际贸易中很大一部分商品质量是通过技术标准体现的，这不仅可以大大简化国际贸易买卖合同确定商品质量的方法，而且为解决国际贸易纠纷创造了公正的条件。

二是利用标准设置贸易壁垒。不少国家制定出苛刻的技术标准、卫生安全标准、包装和标签规定以及各种强制性的名目繁多的技术法规，这些技术法规是当今世界设置非关税壁垒的重要手段。技术壁垒是国际贸易的"双刃剑",既可以保护本国市场和产品生产,又可以阻止外国产品进入本国市场。因此,研究发达国家在国际贸易中实施的技术壁垒情况,无论是对我国的出口贸易还是对企业的生产,都具有十分重要的意义。

4.标准是发挥市场调控作用的实现形式

标准能够成为市场调控的手段。标准作为对产品、工艺、检验方法等的统一规定,不能够直接干预市场运行,但是它能够影响市场运行的过程与结果。我国于 1993 年开始实行环境标志制度。环境标志是一种产品的证明性商标,它表明该产品不仅质量合格,而且在生产、使用和处置过程中符合特定的环境保护要求,而这些必须落实在产品、环境、工艺等标准上。

标准化工作可以适应新形势的要求,更好地为国民经济和社会发展提供技术支撑。为适应我国加入 WTO 后的需要,应该坚定地推进标准化工作进程。密切关注高新技术的发展动向,积极开展高新技术标准的制定工作,促进高新技术的产业化发展。要及时修改落后的标准,促进传统产业升级,要大力推动企业积极采用国际标准和国外先进标准,提高我国产品在国际市场上的竞争能力,要抓紧研究制定服务标准,推动我国第三产业在高起点上发展。

三、标准的分类

标准的分类与分级是科学管理和信息交流所要求的。为了便于了解标准的类别,更好地开展标准化工作,可以按照标准的使用范围、内容性质等进行分类。

标准按使用范围划分有国际标准、区域标准、国家标准、行业标准、地方标准、企业标准;按内容性质划分有基础标准(一般包括名词术语、符号、代号、机械制图、公差与配合等)、产品标准(产品适用范围、产品品种、规格、等级型号、物化性能、使用特性、检测方法)、方法标准(包括工艺要求、过程、要素、工艺说明等)、安全与环境保护标准、信息标准、管理标准;按成熟程度划分有法定标准、推荐标准、试行标准、标准草案。

国际标准由国际标准化组织(ISO)理事会审查,ISO 理事会接纳国际标准并由中央秘书处颁布;国家标准在中国由国务院标准化行政主管部门制定;行业标准由国务院有关行政主管部门制定;企业生产的产品没有国家标准和行业标准的,应当制定企业标准,作为组织生产的依据,并报有关部门备案。法律对标准的制定另有规定,依照法律的规定执行。制定标准应当有利于合理利用国家资源,推广科学技术成果,提高经济效益,保障安全和人民身体健康,保护消费者的利益,保护环境,有利于产品的通用互换及标准的协调配套等。

四、中国标准文献

(一) 中国标准的分类

1.按我国标准化法划分

中国标准分为国家标准、行业标准、地方标准和企业标准四级。

对需要在全国范畴内统一的技术要求,应当制定国家标准。

对没有国家标准而又需要在全国某个行业范围内统一的技术要求,可以制定行业标准。

对没有国家标准和行业标准而又需要在省、自治区、直辖市范围内统一的工业产品的安全、卫生要求,可以制定地方标准。

企业生产的产品没有国家标准、行业标准和地方标准的,应当制定相应的企业标准。对已有国家标准、行业标准或地方标准的,鼓励企业制定严于国家标准、行业标准或地方标准要求的企业标准。

另外,对于技术尚在发展中,需要有相应的标准文件引导其发展或具有标准化价值,尚不能制定为标准的项目，以及采用国际标准化组织、国际电工委员会及其他国际组织的技术报告的项目，可以制定国家标准化指导性技术文件。

2. 按照标准化对象划分

通常把标准分为技术标准、管理标准和工作标准三大类。

技术标准——对标准化领域中需要协调统一的技术事项所制定的标准。包括基础标准、产品标准、工艺标准、检测试验方法标准，及安全、卫生、环保标准等。

管理标准——对标准化领域中需要协调统一的管理事项所制定的标准。

工作标准——对工作的责任、权利、范围、质量要求、程序、效果、检查方法、考核办法所制定的标准。

（二）中国标准文献的分类

原国家标准局在 1984 年 7 月发布了《中国标准文献分类法（试行）》（China Classification for Standards，简称 CCS），统一全国的标准文献分类。此分类法设 24 个大类，具体见表 3-1。

表 3-1　中国标准文献分类法部分一级类目及对应的二级类目

一级类目			
	A 综合	D 矿业	G 化工
	B 农业、林业	E 石油	H 冶金
	C 医药、卫生、劳动保护	F 能源、核技术	J 机械 ……
二级类目	00/09 标准化管理与一般规定	00/09 矿业综合	00/09 化工综合
	10/19 经济、文化	10/19 地质矿产勘察与开发	10/14 无机化工原料 ……
	20/39 基础标准	20/29 固体燃料矿	15/19 有机化工原料
	40/49 基础科学	30/39 黑色金属矿	20/29 化肥、农药
	50/64 计量	40/49 有色金属矿	30/39 合成材料 ……
	65/74 标准物质	50/59 非金属矿	40/49 橡胶制品及其辅助材料
	75/79 测绘	80/89 地质勘探设备	50/59 涂料、颜料、染料
	80/89 标志、包装、运输、储存	90/99 矿山机械设备	60/69 化学试剂
	90/94 社会公共安全	00/09 石油综合	70/79 化学助剂、表面活性剂、催化剂、水处理剂
	00/09 农业、林业综合	10/19 石油勘探、开发与集输	
	10/14 土壤与肥料	20/29 石油、天然气	80/84 信息用化学品 ……
	15/19 植物保护	30/49 石油产品	85/89 其他化工产品
	20/29 粮食与饲料作物	60/69 石油产品添加剂	90/99 化工机械与设备
	30/39 经济作物	90/99 石油勘探、开发与集输设备	00/09 冶金综合 ……
	40/49 畜牧	00/09 能源、核技术综合	10/19 金属化学分析方法
	50/59 水产、渔业	10/19 能源	20/29 金属理化性能实验方法
	60/79 林业	20/29 电力	30/34 冶金原料与辅助材料 ……
	90/99 农、林机械与设备	40/49 核材料、核燃料	40/59 钢铁产品
	00/09 医药、卫生、劳动保护综合	50/59 同位素与放射源	60/69 有色金属及其合金产品 ……
	10/29 医药	60/69 核反应堆	70/74 粉末冶金
	30/49 医疗器械	70/79 辐射防护与监测	80/84 半金属与半导体材料
	50/64 卫生	80/89 核仪器与核探测器	90/99 冶金机械设备
	65/74 劳动安全技术	90/99 低能加速器	00/09 机械综合
	75/79 劳动保护管理		10/29 通用零部件
	80/89 消防		30/39 加工工艺
	90/99 制药、安全机械与设备		40/49 工艺装备
			50/59 金属切削机床
			60/69 通用加工工艺
			70/89 通用机械与设备
			90/99 活塞式内燃机与其他动力设备

中国国家标准目录专业分类是由中国标准文献分类的一级类目字母加二级类目两位数（代码）组成。各条目录先按 24 个大类归类，再按其二级类目代码的数字（00～99）顺序排列。二级类目代码的排序实质上按专业内容有一定的范围划分，例如化学试剂方面的标准文献是归 60～69 的代码范围。为指导检索者迅速确定查找二级类目代码的范围，在每大类前有"二级类目"分类指导表。

（三）中国标准文献构成

一份文件形式的国家标准文献由封面、正文、附加说明三部分组成。

1.封面的著录项（图 3-1）

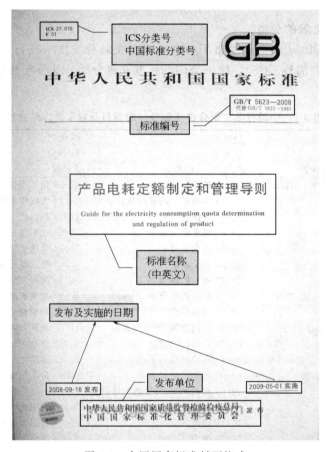

图 3-1　中国国家标准封面格式

① 标准名称（附相应的英文名称）。

② 标准编号：由"GB"＋序号＋制定年份组成。

③ 标准分类号：ICS 分类号。

中国标准分类号（一级类目字母＋二级类目代码）。

④ 标准的发布单位：发布及实施标准的日期（年、月、日），需要注意的是年份的表示方法，我国在 1995 年以前用两位数表示，从 1995 年开始所有的各级各类标准均用四位数字表示。

2.正文部分

主要包括主题内容与适用范围、引用标准、术语或定义、原料要求产品分类、技术要求或质量要求、检验或试验方法、检验或验收的规则、包装标志运输储存等。

3.附加说明

主要包括标准制定的提出单位、技术归属单位、负责起草单位和主要的起草人。

4.中国标准文献编号

中国标准文献编号采用代号加顺序号加发布年份的结构形式，例如：

GB/T　　　　5623—　　　　2008　　　　　　　　产品电耗定额制定和管理导则

国标代号　　　顺序号　　发布年份　　　　　　　　标准名称

说明：

① 该标准是 2008 年发布的顺序号为 5623 的推荐性国家标准。

② 该标准的中国标准分类号为 F01，属于能源、核科技综合类标准。

③ 该标准的国际标准分类号为 ICS 27.010

ICS 是国际标准分类法（International Classification for Standards）的简称，ICS 分类按照三级构成，第一级为标准化领域的 41 个大类，例如：道路车辆工程，农业，冶金。每个大类以两位数字表示，例如：43 道路车辆工程。第二级是把全部大类再分成 407 个二级类，其类号是由三位数组成并与大类号用一个点"."隔开，如 71.040 表示"化工技术"大类中的"分析化学"中类。在 407 个二级类中，有 134 个又进一步分成三级类（896 个三级类目），其类号由两位数字组成，并与二级类目用一个点"."隔开，如 71.040.30 表示"化工技术"大类，"分析化学"中类，"化学试剂盒参考物质"小类。

（四）国家标准

国家标准是指由国家标准化主管机构批准发布，对全国经济、技术发展有重大意义，且在全国范围内统一的标准。不同的国家标准有不同的代号，如美国的国家标准代号为 AN-SI，英国的为 BS。中国的国家标准是指对全国经济技术发展有重大意义而必须在全国范围内统一的标准，由国务院标准化行政主管部门编制计划，协调项目分工，组织制定（含修订），统一审批、编号、发布，其代号为"GB"（即"国家标准"汉语拼音首字母）。法律对国家标准的制定另有规定的，依照法律的规定执行。国家标准的年限一般为 5 年，过了年限后，国家标准就要被修订或重新制定。此外，随着社会的发展，国家需要制定新的标准来满足人们生产、生活的需要。因此，标准是种动态信息。

国家标准分为强制性国标（GB）和推荐性国标（GB/T）。国家标准的编号由国家标准的代号、国家标准发布的顺序号和国家标准发布的年号（采用发布年份的后两位数字）构成。强制性国标是保障人体健康、人身、财产安全的标准和法律及行政法规规定强制执行的

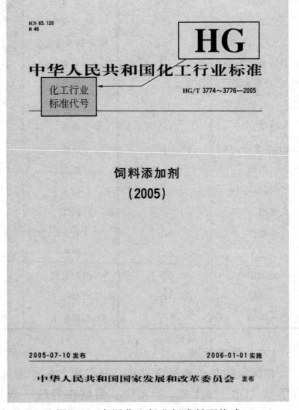

图 3-2　中国化工行业标准封面格式

国家标准；推荐性国标是指生产、检验、使用等方面，通过经济手段或市场调节而自愿采用的国家标准。但推荐性国标一经接受并采用，或各方商定同意纳入经济合同中，就成为各方必须共同遵守的技术依据，具有法律上的约束性。

（五）行业标准

根据《中华人民共和国标准化法》的规定：由我国各主管部、委（局）批准发布，在该部门范围内统一使用的标准，称为行业标准。例如：机械、电子、建筑、化工、冶金、轻工、纺织、交通、能源、农业、林业、水利等，都制定有行业标准。截止到 1992 年 12 月底，完成 51 个行业标准管理范围的划分工作，并相应地授予行业标准的代号。随着国家机构的改革和市场经济体制的完善，现在国家标准的发布与制定由国家质量监督检验检疫局统一管理，先前的行业标准主管部门、代码和内容已经发生比较大的变化（如图 3-2 所示），同时，还会制定其他新的行业标准。具体代号见表 3-2。

表 3-2　我国行业标准代号

标准类别	标准代号	标准类别	标准代号	标准类别	标准代号
安全生产	AQ	机械	JB	电子	SJ
包装	BB	建材	JC	水利	SL
船舶	CB	建筑工业	JG	商检	SN
测绘	CH	建工行标	JGJ	石油天然气	SY
城镇建设	CJ	金融	JR	海洋石油天然气	SY（10000 号以后）
新闻出版	CY	交通	JT	铁道	TB
档案	DA	教育	JY	土地管理	TD
地震	DB	旅游	LB	铁道交通	TJ
电力	DL	劳动和劳动安全	LD	体育	TY
地质矿产	DZ	粮食	LS	物资管理	WB
核工业	EJ	林业	LY	文化	WH
纺织	FZ	民用航空	MH	兵工民品	WJ
公共安全	GA	煤炭	MT	外经贸	WM
建工国标 5 万号以上	GBJ	民政	MZ	卫生	WS
供销	GH	农业	NY	文物保护	WW
国军标	GJB	轻工	QB	稀土	XB
广播电影电视	GY	汽车	QC	黑色冶金	YB
航空	HB	航天	QJ	烟草	YC
化工	HG	气象	QX	通信	YD
环境保护	HJ	国内贸易	SB	有色冶金	YS
海关	HS	水产	SC	医药	YY
海洋	HY	石油化工	SH	邮政	YZ

（六）地方标准

在国家的某个地区通过并公开发布的标准为地方标准。强制性地方标准的代号由汉语拼音字母"DB"加上省、自治区、直辖市行政区划代码前两位数字组成。推荐性地方标准加"T"组成。地方标准的编号，由地方标准顺序号和年份号组成。例如：

DB/T   11   ××× - ××××

推荐性地方标准   地区代码（北京市）   标准顺序号   发布年份

（七）企业标准

企业标准是指企业为生产技术工作的需要而制定的标准。有些产品在没有制定国家标准和行业标准时，为了提高产品质量，企业可以制定比国家标准和行业标准更先进的产品质量标准，即通常所称为"内控标准"。在我国，应该提倡企业尤其是服务业积极参与、制定和实施企业标准，使企业标准高于现在的行业标准，高于国家标准，甚至高于国际标准。这样的企业才有竞争力，这也是服务业发展的一个趋势。

五、中国标准文献的检索

（一）检索工具

1.标准文献手工检索工具

（1）标准的检索期刊   包括定期专门报道一定范围技术的索引、文摘和目录刊物，例如标准化文摘、产品目录。一般用于追溯检索。

（2）标准的参考工具书   一般为不定期连续出版，是把收集、汇总一定时期内颁布的特定范围的技术标准加以系统排列后出版，这类工具书分为目录、文摘和全文多种形式，使用方便，但有一定时滞。

（3）标准的情报刊物   除了及时报道新颁布的有关标准情报，还广泛报道标准化组织、标准化活动和会议、标准化管理与政策等许多有关情报，是检索最新技术标准情报的有效工具。

2.计算机检索工具

（1）网络数据库检索   检索标准文献的数据库有很多，如：

万方数据库—中外标准 http：//c. wanfangdata. com. cn/Standard. aspx

中国标准服务网 http：//www. cssn. net. cn/

中国标准网 http：//www. zgbzw. com

中国标准咨询网 http：//www. chinastandard. com. cn/

标准网 http：//www. standardcn. com/

图 3-3 是中国标准服务网的主页，该数据库提供了国家标准数据共 18901 个，经过加工处理，包括英文标题、中英文主题词、专业分类等信息。行业标准 HB 数据近 50000 个，强制性国家标准数据共 2507 条，是为了便于查询从国家标准数据库提取的全部强制性国标，此外还有单独建成的建设标准数据共 300 条左右，其数据内容同国家标准数据库。

（2）光盘数据库检索   利用标准光盘数据库可以方便地检索到国际标准、许多国家以及欧洲标准组织颁布实施的标准。如：美国 HIS 公司推出的《世界标准光盘数据库》收集了世界上近 400 个主要标准组织的标准。

（二）检索方式

以中国标准服务网为例，标准检索提供四种检索方式：简单检索、分类检索、高级检索和专业检索。

1.简单检索

简单检索功能是简单的模糊检索方式，提供用户按标准号或标准名称对标准信息数据库进行方便快捷的检索。

图 3-3　中国标准服务网的主页面

按"标准号"检索仅对标准号一个字段进行查询，按"关键词"检索可同时对中文标题、英文标题、中文关键词、英文关键词等字段进行查询。

检索入口：在中国标准服务网首页中间位置提供标准模糊检索功能，如图 3-4 所示。

图 3-4　简单检索

需先选择按"标准号"检索还是按"关键词"检索，然后再输入检索条件。检索条件可以是单个词，也可以是多个词，多个词之间应以空格分隔，空格分隔的多个词之间是逻辑"与"的关系，即检索结果中必须同时满足包含有输入的以空格为分隔的词。检索条件不区分大小写。

【示例1】　按标准号检索

如已知标准号"GB/T 1.1—2000"，检索条件可输入："GB 1.1"、"gb 1.1"、"gb/t

1.1"、"GB/T 1.1—2000"等均可查询到该标准。

注意：按标准号检索，检索条件输入时应按标准号的一般写法顺序输入，不清楚的可以以空格分隔，不可以反向输入标准号，如输入"1.1 gb"、"1.1 gb/t"则查不到该标准。

【示例2】　按关键词检索

如需查询"婴儿食品"或"baby foods"，检索条件可输入："婴儿食品"，则可在中文标题及中文关键词中检索出包含"婴儿食品"的标准。

如果检索条件输入："婴儿　食品"（注意此处空格的运用，这是作为两个词输入的），则可在中文标题及中文关键词中检索出同时包含"婴儿"和"食品"的标准。

如果检索条件输入："baby　foods"（注意此处空格的运用，这是作为两个词输入的），则可在英文标题及英文关键词中检索出同时包含"baby"和"foods"的标准。

注意：在应用标准模糊检索方式时，输入的多个检索关键词必须同是中文或同是英文，如果中英文混输，如输入"婴儿 foods"，一般无法检索到想要的标准。

2.分类检索

分类检索又分为按"国际标准分类"和"中国标准分类"两种。可点击自己需要的分类方式，点击后页面会显示当前类别下的明细分类，直到显示该分类下的所有标准列表。中国标准的分类检索如图3-5、图3-6所示。

图 3-5　按"中国标准分类"检索的一级分类

3.高级检索

高级检索界面如图3-7所示。与前两种检索方式相比，标准高级检索提供了可输入多种条件、不同条件进行组合的检索方式，用户能够更准确地查找所需的标准。

4.专业检索

专业检索界面如图3-8所示。专业检索最大的优势在于可以运用逻辑检索式自由组配不同字段的检索词，可以提高检索效率。

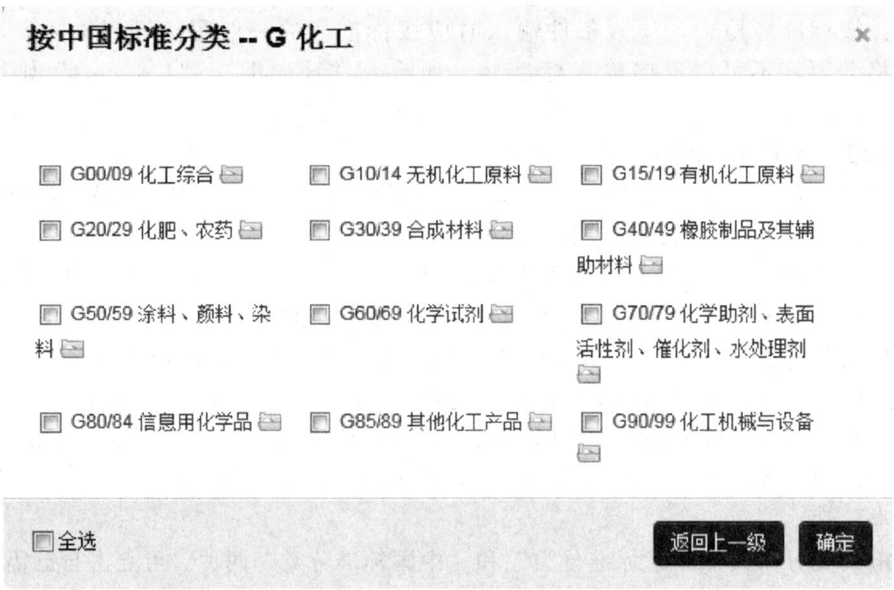

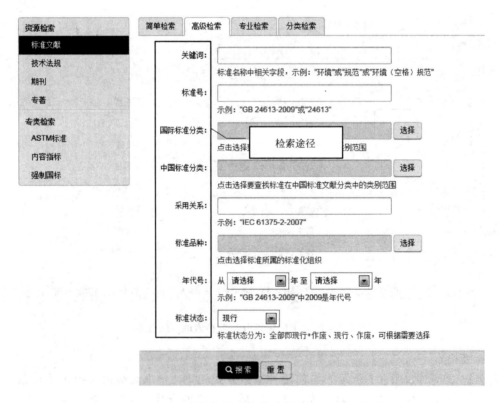

图 3-6 按"中国标准分类"检索的化工类的二级分类

图 3-7 高级检索界面

(三) 检索途径

标准检索的途径主要有号码途径、分类途径、主题途径。如已知一个标准的标准号为

| 简单检索 | 高级检索 | 专业检索 | 分类检索 |

检索公式

| 全部字段 🔳 | | 精确 🔳 ➕ |

| 与 🔳 | (全部字段 🔳 | 精确 🔳) ➕ ➖ |

标准品种

请选择以下发布单位进行筛选。

中国国家标准		
🔳 卫生部国家职业卫生标准	🔳 国家军用标准-国防科工委	🔳 国家质检总局
🔳 国家军用标准-总装备部	🔳 国家农业标准	

中国行业标准

中国地方标准

国外国家标准

国外学协会标准

国际标准

图 3-8 专业检索界面

GB 12996—91，就可以通过号码途径查到该标准。若查找"火腿猪肉罐头"的标准，可以确定该标准为食品类，就可以通过分类途径查找。

任务实施

一、制订检索策略

1. 分析检索课题

利用中国标准服务网检索与"农药的测定和分析"相关的标准，并指出标准类型。由检索课题可以得出检索的工具为计算机检索，并且制订检索的数据库为中国标准服务网http://www.cssn.net.cn/。检索途径可以选择分类途径或主题途径，确定该标准为Z——环境保护类的，或者确定主题词为"农药"、"测定"等。检索方式可以选择标准模糊检索、标准分类检索或标准高级检索。

2. 初步检索

确定一种检索方式，如高级检索，进入高级检索页面，选择检索项后，直接输入检索提问式，点击检索即可。在本任务中，选择检索项为"中文关键词"，输入"农药"、"测定"，点击检索。若选用分类检索，选择"中国标准分类"，然后点击"环境保护"，根据课题要求进一步的检索即可。

3. 记录检索结果

查看检索结果，可以获得某一标准的很多相关信息，如中文题名、英文题名、发布出版日期、实施日期、发布或出版单位、文摘信息、被代替标准信息、相关分类号、相关关键词等。

二、操作演示

① 打开中国标准服务网的网站。

② 选择标准高级检索方式。根据上面分析的结果，在"中文关键词"中输入"农药测定"，点击"开始检索"，如图 3-9 所示。

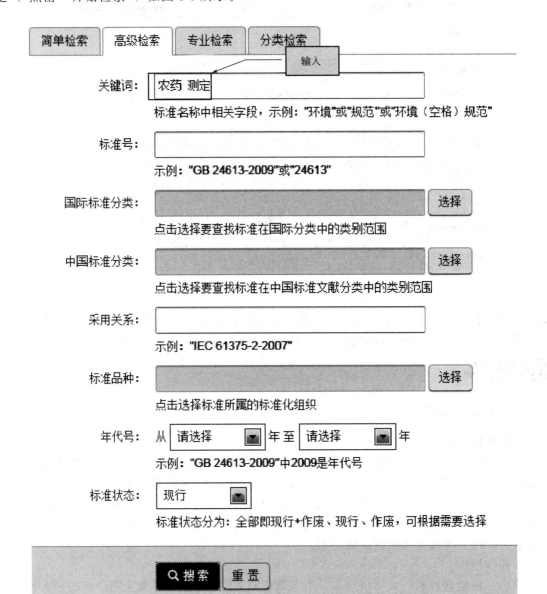

图 3-9　高级检索操作

③ 浏览初步检索结果。结果以列表的形式显示，只显示标准编号和标准题名，符合上述要求的标准共 381 条，如图 3-10，查询到的记录过多，可以点击"按品种筛选"，查看查询到的标准文献属于什么类型，然后根据自己的需要筛选。

④ 优化检索途径，也可通过分类途径进行检索。分析该题目应属于环境类的，选择"中国标准分类"，如图 3-11，在中国标准分类的第一类目中选择"环境保护"，点击"Z10/39

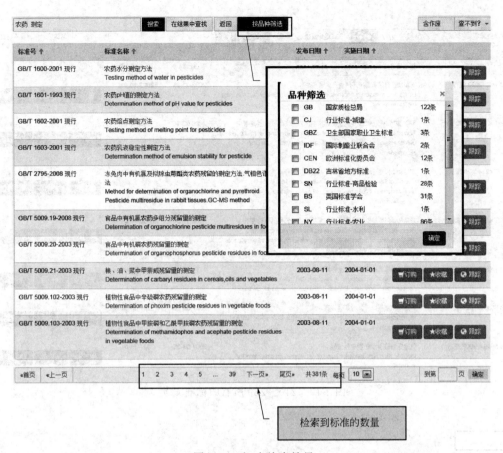

图 3-10 初步检索结果

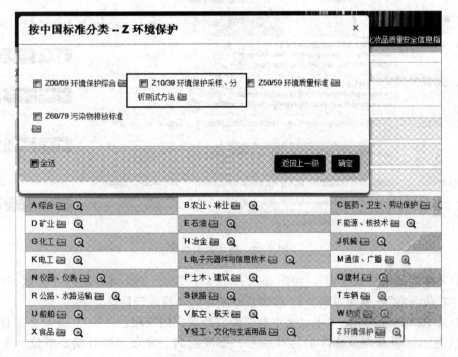

图 3-11 中国标准分类检索

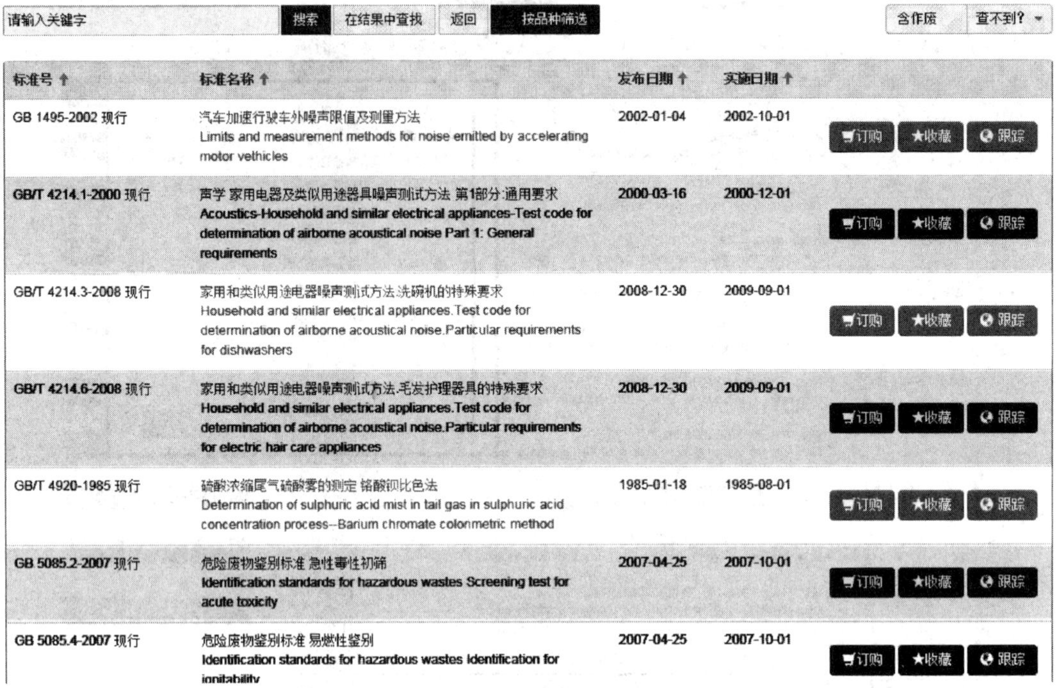

标准号	标准名称	发布日期	实施日期
GB 1495-2002 现行	汽车加速行驶车外噪声限值及测量方法 Limits and measurement methods for noise emitted by accelerating motor vehicles	2002-01-04	2002-10-01
GB/T 4214.1-2000 现行	声学 家用电器及类似用途器具噪声测试方法 第1部分:通用要求 Acoustics-Household and similar electrical appliances-Test code for determination of airborne acoustical noise Part 1: General requirements	2000-03-16	2000-12-01
GB/T 4214.3-2008 现行	家用和类似用途电器噪声测试方法 洗碗机的特殊要求 Household and similar electrical appliances.Test code for determination of airborne acoustical noise.Particular requirements for dishwashers	2008-12-30	2009-09-01
GB/T 4214.6-2008 现行	家用和类似用途电器噪声测试方法 毛发护理器具的特殊要求 Household and similar electrical appliances.Test code for determination of airborne acoustical noise.Particular requirements for electric hair care appliances	2008-12-30	2009-09-01
GB/T 4920-1985 现行	硫酸浓缩尾气硫酸雾的测定 铬酸钡比色法 Determination of sulphuric acid mist in tail gas in sulphuric acid concentration process--Barium chromate colonmetric method	1985-01-18	1985-08-01
GB 5085.2-2007 现行	危险废物鉴别标准 急性毒性初筛 Identification standards for hazardous wastes Screening test for acute toxicity	2007-04-25	2007-10-01
GB 5085.4-2007 现行	危险废物鉴别标准 易燃性鉴别 Identification standards for hazardous wastes Identification for ignitability	2007-04-25	2007-10-01

图 3-12 Z10～Z39 所有的标准文献

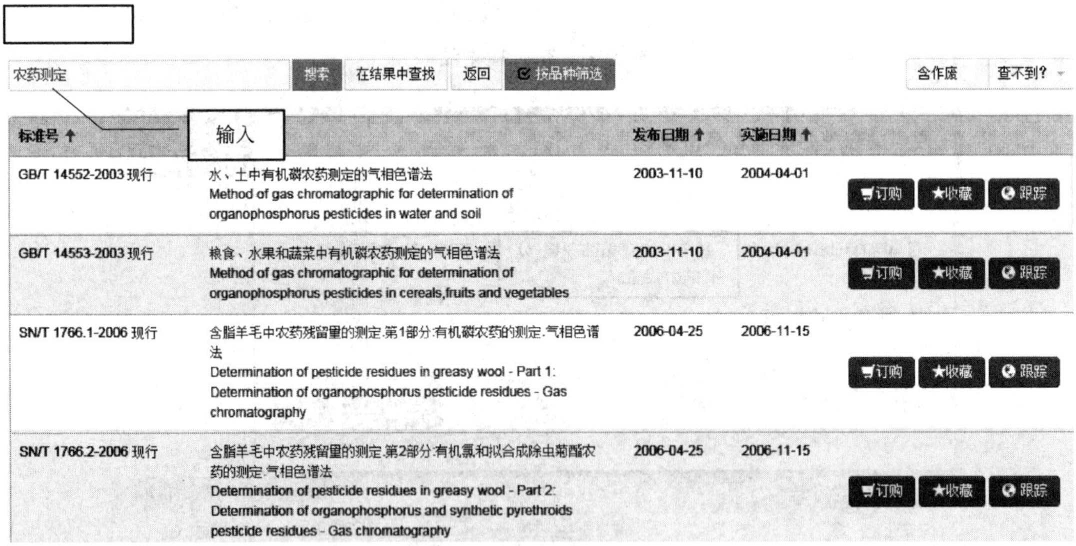

标准号	标准名称	发布日期	实施日期
GB/T 14552-2003 现行	水、土中有机磷农药测定的气相色谱法 Method of gas chromatographic for determination of organophosphorus pesticides in water and soil	2003-11-10	2004-04-01
GB/T 14553-2003 现行	粮食、水果和蔬菜中有机磷农药测定的气相色谱法 Method of gas chromatographic for determination of organophosphorus pesticides in cereals,fruits and vegetables	2003-11-10	2004-04-01
SN/T 1766.1-2006 现行	含脂羊毛中农药残留量的测定.第1部分:有机磷农药的测定.气相色谱法 Determination of pesticide residues in greasy wool - Part 1: Determination of organophosphorus pesticide residues - Gas chromatography	2006-04-25	2006-11-15
SN/T 1766.2-2006 现行	含脂羊毛中农药残留量的测定.第2部分:有机氯和拟合成除虫菊酯农药的测定.气相色谱法 Determination of pesticide residues in greasy wool - Part 2: Determination of organophosphorus and synthetic pyrethroids pesticide residues - Gas chromatography	2006-04-25	2006-11-15

图 3-13 初步检索结果

环境保护采样、分析测试方法”，如图 3-12，显示了 Z10～Z39 所有的标准文献，在检索框中输入“农药测定”，得到如图 3-13 的检索结果，共 4 篇现行标准文献。

点击其中一个标准文献“水、土中有机磷农药测定的气相色谱法”，查看标准详细信息，如图 3-14 所示，可获得该标准的标准编号、标准题名、发布出版日期、单位、文摘信息、被代替标准信息、相关分类号等。

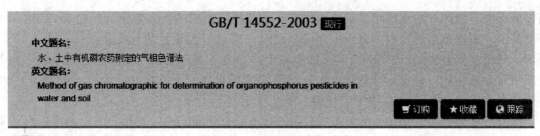

基本信息

发布机构：国家质检总局
发布日期：2003-11-10
实施日期：2004-04-01
确认日期：2004-10-14
全文语种：汉语
全文页数：13P；A4 (仅供参考)

适用范围

本标准规定了地面水、地下水及土壤中速灭磷(mevinphos)、甲拌磷(phorate)、二嗪磷(diazinon)、异稻瘟净(iprobenfos)、甲基对硫磷(parathion-methyl)、杀螟硫磷(fenitrothion)、溴硫磷(bromophos)、水胺硫磷(isocarbophos)、稻丰散(phenthoate)杀扑磷等(methidathion)多组分残留量的测定方法。本标准适用于地面水、地下水及土壤中有机磷农药的残留量分析。

关联标准

⬇ 代替了如下标准	⬇ 被如下标准代替
GB/T 14552-1993 作废 水和土壤质量 有机磷农药的测定气相色谱法 Water and soil quality-Determi...	

标准分类号

中国标准分类号：水环境有毒害物质分析方法（Z16）；
国际标准分类号：水质综合（13.060.01）；

图 3-14　标准详细信息

任务二　查找 GB/T 19000—2000 的内容，及与国际标准 ISO 相关的标准

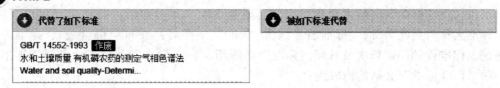

　　要求：利用中国标准服务网查找 GB/T 19000—2000 的内容，并指出它与国际标准 ISO 哪个标准相关。

相关知识

一、国际标准的简介

　　国际标准是指国际标准化组织（ISO）、国际电工委员会（IEC）和国际电信联盟（ITU）制定的标准，以及国际标准化组织确认并公布的其他国际组织制定的标准。国际标准在世界范围内统一使用。

　　1. ISO 简介

　　ISO 标准是指由国际标准化组织（International Organization for Standardization，ISO）

制定的标准。国际标准化组织是一个由国家标准化机构组成的世界范围的联合会，现有 140 个成员国。根据该组织章程，每一个国家只能有一个最有代表性的标准化团体作为其成员，原国家质量技术监督局以 CSBTS 名义国参加 ISO 活动。国际标准化组织涉及除电子、电气外的所有专业领域，制定标准的技术工作均有相应的机构。下设有 212 个技术委员会，600 多个技术委员会分会，2000 多个工作组。

国际标准分类法（International Classification for Standards，简称 ICS）是国际标准化组织正在使用，并建议所有 ISO 成员采用的标准文献分类法。1996 年 11 月 28 日我国决定自 1997 年 1 月 1 日起在国家标准、行业标准和地方标准中采用 ICS 分类法。ICS 是一个等级分类法，包含三个级别。第一级包含 40 个标准化专业领域，各个专业又细分为 407 个组（二级类），407 个二级类中的 134 个又被进一步细分为 896 个分组（三级类）。国际标准分类法采用数字编号。第一级和第三级采用双位数，第二级采用三位数表示，各级分类号之间以实圆点相隔。例如：

71 化工技术

71.040 分析化学

71.040.10 化学实验室，实验设备

ISO 标准文献构成如下。

一份"ISO 标准"文献由封面、正文、附加说明三部分组成，封面主要由以下内容组成：标准名称（英文名称）、标准编号（由"ISO"＋序号：发布年份组成）、标准分类号、主题词、标准件的印刷版次及日期、标准文件所用文种、标准文件的售价等级依据的页码。如一份"ISO 标准"文献的构成为：

ISO   3838、   :   1983

国标代号   序号   发布年份

2. IEC 标准

国际电工委员会简称 IEC，是世界上与 ISO 并列的两大国际性标准化组织之一，专门负责研究和制定电工电子技术方面的国际标准。包括综合性基础标准、电工设备标准、电工材料标准、日用电器标准、仪器仪表及工业自动化有关标准、无线电通信标准等。

二、ISO 9000 族标准的产生及构成内容

（一）ISO 9000 族标准的产生

为了适应世界经济和国际贸易发展的需要，确保消费者的利益，国际标准化组织（ISO）根据英国 BSI 的提议，于 1979 年成立了 ISO/TC 176"质量管理和质量保证技术委员会"，目标是制定一套质量管理和质量保证国际标准，该委员会以英国 BSI 5750 和加拿大 CSAZ-229 这两套标准为基础，并参照其他国家的质量管理和质量保证标准，在总结各国质量管理经验的基础上，经过五年的努力，ISO 于 1986 年完成了 ISO 9000～ISO 9004《质量管理和质量保证》系列标准，并于 1987 年 3 月正式发布。

2000 年 12 月 15 日，国际标准化组织正式发布了新版本的 ISO 9000 族标准，统称为 2000 版 ISO 9000 族标准。该标准的修订充分考虑了 1987 版和 1994 版标准以及现有其他管理体系的使用经验，使质量管理体系更加适合各类企事业的需要。

（二）核心标准

2000 版 ISO 9000 族标准是一个大的标准家族，标准数量较多，而且还在发展之中。核心标准有以下四个。

ISO 9000：2000 质量管理体系—基本原则和术语

ISO 9001：2000 质量管理体系—要求

ISO 9004：2000 质量管理体系—业绩改进指南

ISO 19011：2000 质量和环境审核指南

（三）认证的含义

认证是指由可以信任的第三方证实某一经鉴定的产品或服务符合特定标准或规范性文件的活动。目前各国的质量认证机构主要开展两个方面的认证业务。

1. 产品质量认证

在认证制度产生之前，卖方为了推销其产品，通常采用"产品合格声明"的方式，来博取顾客的信任。这种方式，在当时产品简单、不需要专门的检测手段就可以直观判别优劣的情况下是可行的。但是随着科学技术的发展，产品的结构和性能日趋复杂，仅凭买方的知识和经验很难判断产品是否符合要求；加之卖方的"产品合格声明"并不总是可信的，这种方式的信誉和作用就逐渐下降。在这种情况下，产品质量认证制度就产生了。

产品质量认证包括合格认证和安全认证两种。依据标准中的性能要求进行认证叫做合格认证；依据标准中的安全要求进行认证叫做安全认证。前者是自愿的，后者是强制性的。实施产品质量认证的意义在于通过一个公正的认证机构，经过认证程序，对于产品提供正确、可靠的质量信息，为社会服务，以促进经济的发展。产品质量认证可以有效地维护消费者的利益；可以激发企业竞争，树名牌产品，提高经济效益；可以促进企业加强质量管理和建立质量保证体系；可以推动标准的实施和贯彻；是节约人力、物力、减少重复劳动的有力措施；可以有效地保护消费者的安全和健康；可以提高产品在国际市场上的竞争能力；促进技术进步，加强国家对产品质量的宏观控制。

2. 管理体系认证

管理体系认证制度之所以得到世界各国的普遍重视，关键在于它是以一个公正的第三方认证机构对管理体系作出正确、可靠的评价，而使人们有信任感。这项制度对供方、需方和社会的利益都具有重要的作用。可以提高供方的管理信誉和知名度；促进企业建立和健全管理保证体系；增强国际市场和出口商品的竞争力；通过管理体系认证，为需方选择合格的供方提供了方便。

三、ISO 9000 标准认证适用范围、条件及程序

1. ISO 9000 标准认证适用范围

根据 ISO 9000：2000《基础与术语》标准规定，它适用于提供四类产品的组织。显然，化学化工行业中的焦炭及精炼石油制品、化学品、化学制品及纤维、医药品、橡胶和塑料制品、非金属矿物制品等，以及食品、饮料和烟草等，均可以申请 ISO 9000 族标准的质量认证。

2. 获得 ISO 9000 族标准认证的条件

对于 ISO 9000 族标准认证的条件，不同认证机构在其上级认可机构的要求下会有不同的具体要求，一般来说，获得 ISO 9000 族标准认证需要达到以下条件。

① 建立了符合 ISO 9000：2000 标准要求的文件化的质量管理体系。

② 质量管理体系至少已运行 3 个月以上并被审核判定为有效。

③ 外部审核至少完成了一次或一次以上全面有效的内容审核，并可提供有效的证据。

④ 外部审核前至少完成了一次或一次以上有效的管理评审，并可能提供有效的证据。

⑤ 体系保持持续有效并同意接受认证机构每年的年审和每三年的复审作为对体系是否得到有效保持的监督。

⑥ 承诺对认证证书及认可标志的使用符合认证机构和认可机构的有关规定。

3. ISO 9000 族标准认证程序

图 3-15 是认证机构执行认证工作的典型程序。预评审是若组织需要，认证机构在对组织进行正式的初次审核之前，应组织的要求对组织实施预评审，以确保组织的质量管理体系的适宜性、充分性和有效性，使组织顺利通过认证。

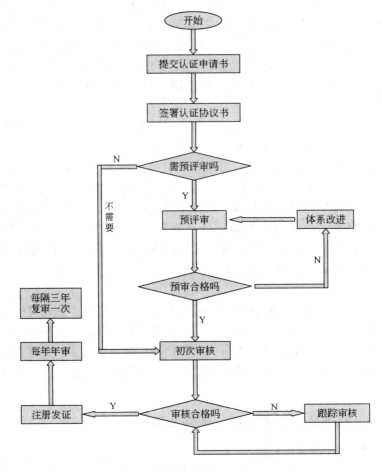

图 3-15　认证机构执行认证工作的典型程序

初次审核即对组织的认证注册审核，通常按以下步骤进行。

（1）文件审核　即对组织的质量管理体系文件的适宜性和充分性进行审核，重点是评价组织的体系文件与 ISO 9000：2000 标准的符合情况。

（2）现场审核　即通过观察、面谈等各种形式对组织实施和保持质量管理体系的有效性进行审核，审核过程将严格覆盖标准的所有要求，审核天数按规定执行。

年审是认证机构每年将对获得认证的组织进行年审，通常只对标准的部分要求进行抽样审核。复审是认证机构每三年将对组织进行复审，复审将覆盖标准的全部要求，复审合格后换发新证。

四、ISO 9000 的检索

首先应该认真阅读 ISO 9000 族标准原文及我国相关的标准，准确把握名词术语的确切含义。然后可以阅读有关书籍和通过网络查询找到有关内容，可以参考下面有关网站。

中国质量认证中心（china quality certification centre，CQC）：www. cqc. com. cn

中国计量在线：www. chinajionline. org

亚太管理训练网：www. longjk. com

东方管理网：www. chinaqg. cn

北京新世纪认证有限公司：www. bcc. com. cn

任务实施

一、制订检索策略

1. 分析检索课题

"查找 GB/T 19000—2000 的内容，及与国际标准 ISO 相关的标准"，已知一个标准的标准号为 GB/T 19000—2000，根据前面讲过的知识可以得出该标准是 2000 年发布的标准顺序号为 19000 的推荐性国家标准，因此可以选择号码途径进行查询，选择标准查询的网站进行计算机检索，如中国标准服务网。国际标准 ISO 涉及了除了电子、电气外的所有专业领域，通过前面的检索可以得到更多与此标准相关的信息，据此可判断与国际标准 ISO 相关的标准。

2. 初步检索

选择标准模糊检索方式，以标准号为检索项，输入标准号，进行检索。输入号码时，需要注意号码输入的格式，如字母的大小写、空格（标准代号与标准顺序号之间）、连接符（顺序号与发布年份之间）、顺序等。另外，有些网站只能查询现在正在使用的标准，而对已经作废的标准，需要通过其他途径查询，如扩大检索范围，已经作废的标准与现行的标准的编号只有发布年份不同，所以可以去掉发布年份，只用编号的前面一部分（如 GB/T 19000）进行模糊检索。

3. 浏览检索结果

可以获得标准的详细信息，如中英文题名、发布出版日期、单位、文摘信息、采用标准信息、代替标准信息、被代替标准信息、相关分类号、相关关键词等。其中可以点击查看采用标准信息、代替标准信息以及被代替标准信息。

二、操作演示

① 打开中国标准服务网的页面。

② 根据前面的分析，选择标准号作为检索途径，如图 3-16，输入"GB/T 19000—2000"，

"标准状态"选择"全部"，点击检索，得到如图 3-17 所示的检索结果，从页面中可以看到该标准已经作废，点击查看详情。

③ 浏览检索结果。如图 3-18 所示，该标准题名为"质量管理体系　基础和术语"，已经作废，被"GB/T 19000—2008"所替代。

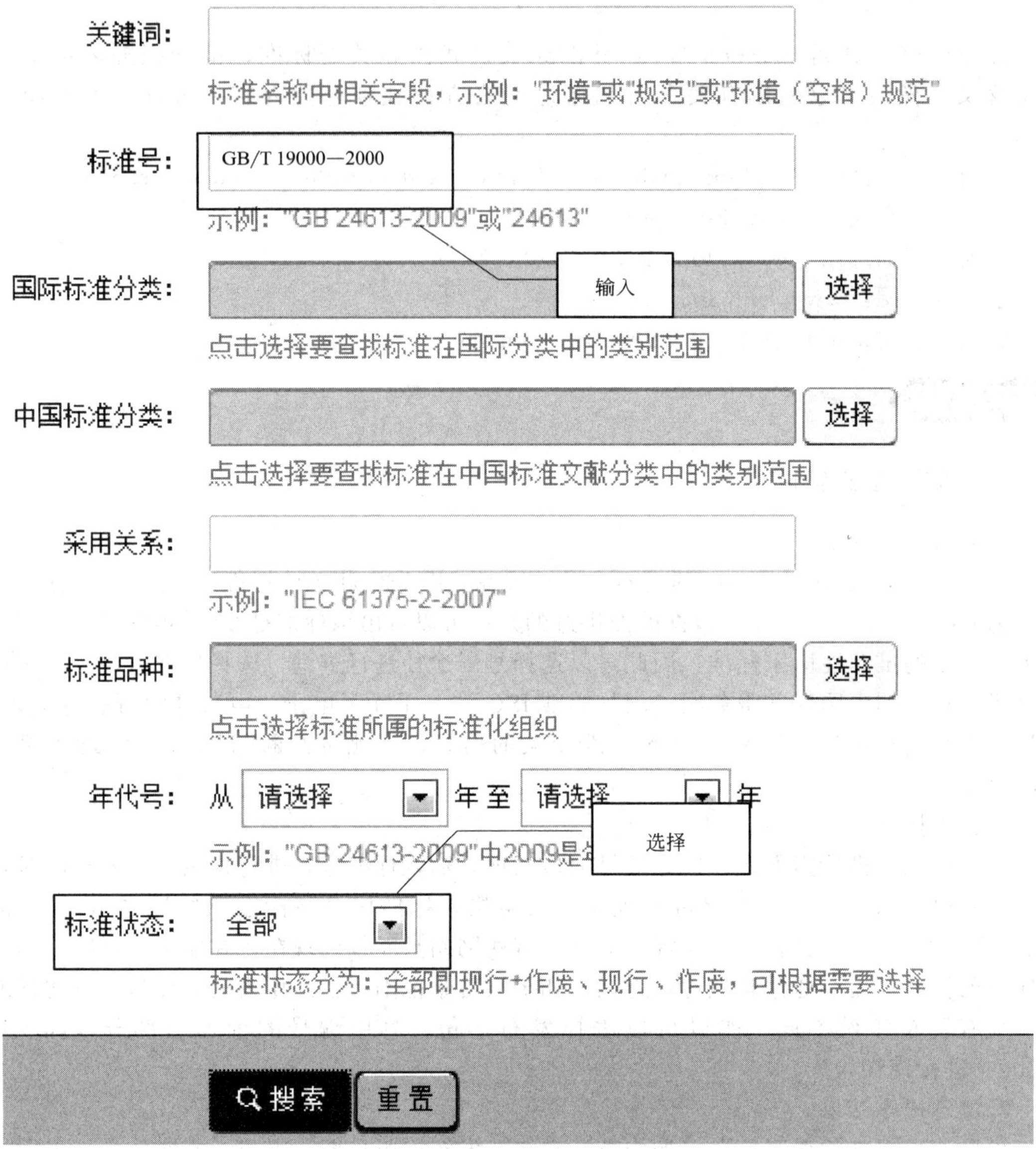

关键词：

标准名称中相关字段，示例："环境"或"规范"或"环境（空格）规范"

标准号： GB/T 19000—2000

示例："GB 24613-2009"或"24613"

国际标准分类： 输入 选择

点击选择要查找标准在国际分类中的类别范围

中国标准分类： 选择

点击选择要查找标准在中国标准文献分类中的类别范围

采用关系：

示例："IEC 61375-2-2007"

标准品种： 选择

点击选择标准所属的标准化组织

年代号： 从 请选择 ▼ 年 至 请选择 ▼ 年

选择

示例："GB 24613-2009"中2009是年

标准状态： 全部 ▼

标准状态分为：全部即现行+作废、现行、作废，可根据需要选择

Q 搜索　重置

图 3-16　检索过程

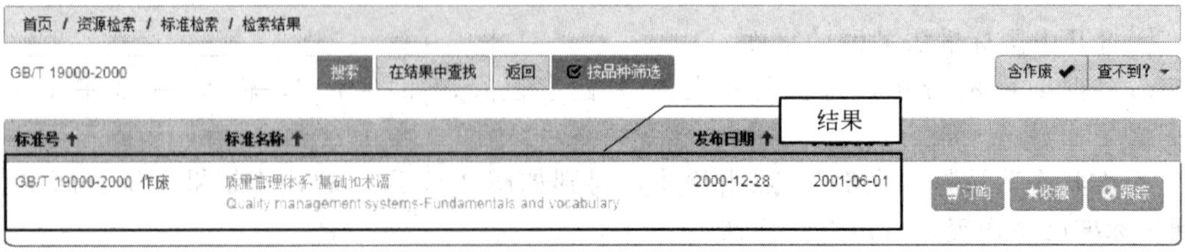

首页 / 资源检索 / 标准检索 / 检索结果

GB/T 19000-2000 　搜索　在结果中查找　返回　按品种筛选　　合作库 ✔　查不到? ▼

结果

标准号 ↑	标准名称 ↑	发布日期 ↑	实施日期 ↑			
GB/T 19000-2000 作废	质量管理体系 基础和术语 Quality management systems-Fundamentals and vocabulary	2000-12-28	2001-06-01	订购	★收藏	跟踪

图 3-17　检索结果

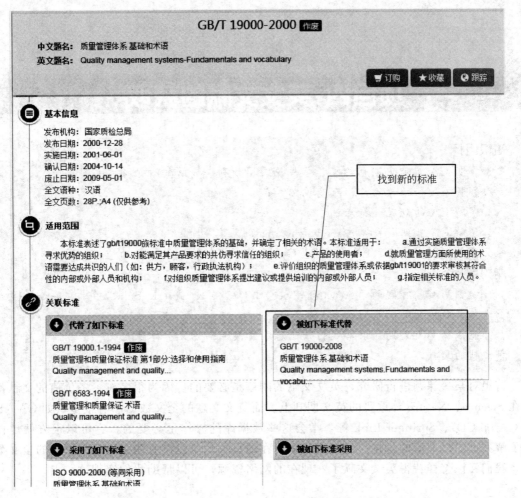

图 3-18 GB/T 19000—2000 标准的详细信息

课外任务

任务 1 查阅标准号为 HG/T 2863—1997 的标准名称是什么？该标准号各部分符号的含义是什么？

任务 2 利用中国标准文献检索有关《化学分析标准格式》的标准，记录标准号，并阅读相关内容。

任务 3 标准号为 ISO 1407：1967 的标准名称是什么？该标准号各部分符号的含义是什么？并指出该标准现行标准还是已作废的标准。

任务 4 查出药品"甲基对硫磷"原药标准。

项目四 英文文献的获取

若想对某一课题进行研究，英文文献的阅读是必要的，因为很多有参考价值的文献都发表在 Science、Nature 等重要的英文期刊上。而英文文献的全文数据库有很多，如 CA（SFS 或 CA on CD）、Springer Link 等，学会这些数据库的操作是必要的，它可以很方便地让我们了解到世界最前沿的科技。但如果我们所在的学校、单位没有购买这些数据库的全文数据库，我们又该怎样获得英文文献了？现在的网络资源，可以帮助我们实现这一点。

任务　利用检索工具查找 "从茶叶中提取咖啡因" 相关英文文献

要求：选择一个英文文献数据库，查询 "从茶叶中提取咖啡因" 相关的英文文献，并能获得文献全文。

相关知识

一、CA 概述

（一）CA 简介

美国《化学文摘》（Chemical Abstracts，简称 CA），是世界最大的化学文摘库。也是目前世界上应用最广泛，最为重要的化学、化工及相关学科的检索工具。创刊于 1907 年，由美国化学协会化学文摘社（Chemical Abstracts Service，简称 CAS）编辑出版，化学文摘社位于美国俄亥俄州哥伦布市，是美国化学会的一个分支机构，负责整理并发行化学文摘及其相关产品。化学文摘社提供世界上最大的公开披露的化学相关信息的数据库，并且提供相关的文献检索软件，为用户提供原始文献的链接。尽管不同的数据库及检索工具有不同的名称，它们通常被统称为"化学文摘"。

CA 被誉为"打开世界化学化工文献的钥匙"。CA 报道的内容几乎涉及了化学家感兴趣的所有领域，其中除包括无机化学、有机化学、分析化学、物理化学、高分子化学外，还包括冶金学、地球化学、药物学、毒物学、环境化学、生物学以及物理学等诸多学科领域。

（二）CA 的特点

1. 收录范围广

期刊种类不断增加。1907 年时收录有 396 种期刊，1972 年达到 12000 种期刊，目前已经增加到 18000 多种世界各国高水平期刊。

相关学科陆续扩大。涉及农业、生物化学、医学、药学、冶金、矿物、地质、原子能、轻工、建材、环境科学等领域。

涉及国家和地区广泛。有 150 多个国家和地区，56 种文字，文摘社人员 1400 多人，还有分布在 70 多个国家中的 3200 多个特约文摘员。

收录文摘数量迅速增长。1907 年创刊时收录有 11847 篇，1972 年达到 34 万篇，目前基本上保持在每年 50 万篇以上。有人称，CA 已经收录到世界化学化工类文献总量的 98%。

2. 独一无二的化学物质登记体系

针对化学物质常常一种物质多种名称，因而存在难以全面检索的问题，CA 对所收录文摘中的具有明确组成和分子式的物质分别给定一个专门登记号（CAS Registry Number，CAS RN）。目前 CAS 登记号数据库的无机物质和有机物质记录总量已超过 3000 万，而这一物质命名方法也被全世界公认并广泛应用。

3. 检索途径多

若从名称上分类，先后出现过十多种索引，经常使用的有 7 种。例如普通主题索引（general subject index）；化学物质索引（chemical substance index）；作者索引（author index）；化学式索引（formula index）；专利索引（patent index）；环系索引（index of ring systems）和索引指南（index guide）。

4. 报道迅速

报道时差短，原始文章发表后，CA 三个月即有报道。美国国内最快一周即可报道。为了时效更快，在周刊之前还先发《化学题录》（Chemical Titles）及磁带（CA Search），它们都收录了索引和题录，但没有文摘。

特别是自 1975 年 83 卷起，它的全部文摘和索引都采用电子计算机进行编排，大大加速了 CA 出版速度。

5. 文摘内容客观公正

CA 除标题摘自原始文献的内容而不一定是原标题外，所摘内容均为原文缩略（忠于原文），也不另作评价，即使原文作者对化合物命名等有不妥之处，文摘中也仅以符号表示。

6. 新刊型的涌现

1971 年 CA 增编《化学工业札记》，收摘世界上百种以上化工经济刊物，以补 CA 不足。

1976 年起根据读者需要，CA 按专题出版化学文摘选辑，如"大气污染"、"太阳能"、"光化学"等 6 个专题，到 1986 年已经发展到 164 个专题文摘。

近年来，随着计算机技术的发展，CA 出版发行光盘版和国际联机在线检索。紧接着，CA 又通过 Internet 网络建立了网站，可以方便查询。

（三）CA 期刊的组织与编排

1. 出版周期和内容类别的变化

从 1967 年至今出版周期的大致变化见表 4-1。

表 4-1　CA 出版周期及类别变化情况表

年份	卷号	出版周期	每年卷数	每年期数	分类在
1907～1944	v.1～v.38	半月刊	1	24	30
1945～1960	v.39～v.54	半月刊	1	24	31
1961	v.55	双周刊	1	26	31
1962	v.56～v.57	双周刊	2	13	73
1963～1966	v.58～v.65	双周刊	2	13	74
1967～1981	v.66～v.95	周刊	2	26	旧 80
1982～现在	v.96～	周刊	2	26	新 80

1997 年以前对收录的内容基本上分为五大部 80 大类，按照单双号分别出版。

1997 年以前单号期：

生物化学部（Biochemistry Sections）20 大类；

有机化学部（Organic Chemistry Sections）14 大类。

1997 年以前双号期：

大分子化学部（Macromolecular Chemistry Sections）12 大类；

应用化学和化学工程部（Applied Chemistry and Chemical Engineering Sections）18 大类；

物理、有机和分析化学部（Physical，Inorganic，and Analytical Chemistry Sections）16 大类。

从 1997 年第 126 卷开始，为了方便读者的查阅，每期均包含 80 个大类的全部内容。如生物化学部包含的 20 大类的内容如下：

① 药理（物）学；

② 哺乳动物激素；

③ 生物化学遗传学；

④ 毒物学；

⑤ 农业化学的生物调节剂；

⑥ 普通生物化学；

⑦ 酶；

⑧ 放射生物化学；

⑨ 生物化学方法；

⑩ 微生物生物化学；

⑪ 植物生物化学；

⑫ 非哺乳动物生物化学；

⑬ 哺乳动物生物化学；

⑭ 哺乳动物病理生物化学；

⑮ 免疫化学；

⑯ 发酵和生物工业化学；

⑰ 食品和饲料化学；

⑱ 动物营养；

⑲ 肥料、土壤和植物营养；

⑳ 历史、教育和文献工作。

2. 每期的编排结构

1997 年以前，每卷首期首页是 CAS 各派出机构人员名单，接着是导言。导言中介绍的六点内容是资料来源索引内容的缩影，便于使用者查找原始文献。

（1）前言　单号期包括本期类目（1～34 类名称）；CA 引用的缩略语含义。双号期包括本期类目（35～80 类的名称）。

（2）文摘　按类别顺序排列。每类所含内容的说明。文摘部分按序号顺序排列，文摘内容分为四个部分：

① 期刊论文，会议录，学位论文，技术报告；

② 新书及试听资料；

③ 专利文献；

④ 相关内容见其他部分。

（3）期索引　期索引主要有关键词索引、专利索引和作者索引三种。

（4）附记　CA 所收录文摘的出版物增加和变化的情况。

3. 计算机核对字母的确定方法

从 1967 年 v.66 开始，每个文摘号后有一个英文字母，供计算机核对文摘之用。因为一条文摘可有许多条索引，若错一个数字，便很难找到原文献。有了核对字母便可防止排错号码，因为核对字母是由卷号和文摘号按公式计算出来的，核对字母只与前面的文摘号有关，与文摘内容无关。

（四）CA 文摘的著录格式

CA 文摘内容一律用英文表示。CA 中的每条文摘都有一定的著录格式，熟悉文摘的著录内容，有助于文摘的取舍和原文的查找。经常查阅的 CA 中的文献种类主要有期刊论文、专利资料和会议录等。

CA 文摘的著录一般有以下几部分组成：标题（篇名）、作者、作者单位、文献来源、各类编号、文种、文摘正文。但文献类型不同，著录的形式也略有区别。

CA 文摘内容为原始论文基本思想的缩影，既反映原文的基本精神内容，又不能代替原文。

1. 期刊论文的文摘标题（Journal Article Abstract Heading）

（1）特定标志　主要有刊名（斜体字）和期刊的卷（期）号码。

（2）著录格式

[1]129：346820h [2]Processing and stability of the treatment of leading-containing wastewater by liquid surfactant membranes. [3]Wei, Zhenshu; Yuan, Ping; Jiang, Yuanli ([4]Dept. of Chem. Eng., Zhongzhou Univ., Zhengzhou, Peop. Rep. China 450052) [5]Huaxue Yanjiu [6]1998，9（2），[7]45-49 [8]（Ch），[9]Huaxue Yanjiu Bianjibu. [10]In this paper, the removal of Pb from the wastewater by liq. membrane method was carried out. The effects on the extn. of Pb^{2+} by the compn. of the membrane phase, the concn. of the carrier, and that of

the surfactant, and the compn. of the inner phase were studied resp. Then was obtained an optimum operation condition under which the concn. of Pb^{2+} in the outer phase can be lowered by 99%. In the meantime, the effects on the stability of the liq. surfactant membranes were in consideration. The breakage of the membranes was therefore decreased to the lowest extent.

（3）说明

① 卷号＋本卷文摘号（黑体字）＋计算机核对字母（黑体字），每卷连续编号，每卷从 1 号开始。末尾字母为计算机核对字母（check letter）。

② 论文题目（黑体字），各文种均译为英文。

③ 作者姓名。中文作者应用汉语拼音，港、台、侨等用威氏拼音法，姓前名后；欧美等国家常用名前姓后，在 CA 中均应交换过来；社会团体等集团型单位若为个人姓名，也应改为姓前名后；多名作者之间用";"隔开，顺序与原文排列相同；作者不能超过 10 人，若超过，第九人后用 et. al 表示。

④ 作者工作单位及地址（置于圆括弧内）。常用大量缩略语。

⑤ 刊物名称（斜体字）。

⑥ 出版年份（黑体字），卷（期）。

⑦ 页码。

⑧ 原文文种（置于圆括号内）。

⑨ 期刊编辑出版单位。

⑩ 英文文摘。

2. 会议录和资料汇编的文摘标题（Proceeding and Edited-Collections Abstracts Heading）

（1）特定标志

proc.（proceeding）：会刊、会议录、学报。

inst.（institute）：学会、学院、协会。

symp.（symposium）：论文集、论丛、讨论会、座谈会。

conf.（conference）：会议、讨论会。

（2）著录格式

[1]127：148555w [2]Application of fermented flour to optimize production of premium crackers and bread. [3]Moonen, Hans ([4]Food Science and Technology Centre, Quest International, 1400 CA Bussum, Neth.) [5]Cereals：Novel Uses Processes, ［Proc. Int. Conf. ］ [6]1996 (Pub. 1997), [7]247-250 [8]（Eng）. [9]Edited by Campbell, Grant M. ; Webb, Colin; M cKee, Stephen L. Plenum; [10]New York, N. Y. [11]A novel ingredient, Hy-Bake PCM, was developed to facilitate the baking of crackers and other bakery products. Hy-Bake PCM contains acid and flavor precursors of the type produced during sponge fermn. Hy-Bake PCM is produced by fermn. of wheat fractions by using lactobacilli and yeast. Processing time for cracker prodn. can thus be greatly reduced.

（3）说明

① 卷号＋本卷文摘号（黑体字）＋计算机核对字母（黑体字）。

② 论文题目（黑体字）（本例论文题目为：优质点心和面包优化生产中发酵面粉的应用）。

③ 作者姓名。

④ 作者工作单位及地址（置于圆括弧内）。

⑤ 会议名称（斜体字）。

⑥ 会议时间，后面括号中为实际出版时间，如与会议时间相同，出版时间略去。

⑦ 起止页码。

⑧ 文种（英文）。

⑨ 汇编者姓名。一般仅列主编，如有多名，最多列 3 人；合卷著作中，分卷汇编者姓名如原文有登录，也可列出。

⑩ 出版者及其所在地的市、州及国名。

⑪ 文摘内容。

3. 技术报告的文摘标题（Technical Report Abstract Heading）

（1）定义　是科研工作的正式成果报告，是某项课题研究进展情况的实际记录。

（2）美国四大技术报告

PB 报告（Publication Board），产生于二战结束之后，当时美国政府为了整理和利用从战败国获得的数以千吨计的秘密科技资料，于 1945 年 6 月成立了一个专门的出版局，即美国商务部出版局（Publication Board），负责收集、整理、报导利用这些资料。

AD 报告（Armed Services Technical Information Agency Document），原为美国武装部队技术情报局收集、出版的科技报告，始于 1951 年。现为美国陆海空三军科研机构的报告，也包括公司企业及外国的科研机构和国际组织的研究成果及一些译自苏联等国的文献。AD 报告的内容不仅包括军事方面，也广泛涉及许多民用技术，包括航空、军事、电子、通讯、农业等 22 个领域。

NASA 报告（National Aeronautics and Space Administration，简称 NASA），美国国家航空和宇航局的缩写，NASA 报告的内容侧重于航空和空间技术领域，同时广泛涉及许多基础学科和技术学科。

DOE 报告（Department of Energy），美国能源部的缩写，收录能源部部属科研机构和各大学等一切与能源有关的科技文献，但以科技报告为主。

（3）特定标志

report（斜体字）、报告号。

（4）著录格式

[1]107：16427h [2]Study of materials having significance for high energy magnet production and for hydrogen storage. [3]Wallace，W. E. [4]（Dep. Chem.，Univ. Pittsburgh，PA USA）. [5]Report[6]1983，[7]ARO-17165. 42-MS；Order No. AD-A130900. [8]14pp. [9]（Eng）.

[10]Avail. NTIS. [11]From Gov. Rep. Announce. Index（U. S.）[12]1983，83（23），5638[13]…

（5）说明

① 卷号＋本卷文摘号（黑体字）＋计算机核对字母（黑体字）。

② 文摘标题（黑体字）。

③ 作者姓名。

④ 作者工作单位及地址。

⑤ 技术报告丛书标记。

⑥ 发表年份（黑体字）。

⑦ 技术报告编号。

⑧ 总页码。

⑨ 原文文种。

⑩ 原始报告来源的供应代号标志（即报告收藏单位）。

⑪ 原始报告二次来源。本文摘转摘自美国《政府报告通报与索引》。

⑫ 报告年份（黑体字），卷（期）和页码。

⑬ 文摘部分（省略）。

4.学位论文的文摘标题（Dissertation Abstract Heading）

（1）特定标志

Diss.（斜体字）

（2）著录格式

[1]127：155848x [2]Iron and copper complexes of a binucleating pyrazole ligand：biologically relevant models for the diiron centers in metallopropeins [3]Hahn, Carl William [4]（Princeton Univ.，Princeton，NJ USA）.[5]1997.[6]244pp.[7]（Eng）.[8]Avail. UMI，Order No. DA9721541.[9]From Diss. Abstr. Int.，B [10]1997，58（2），692

（3）说明

① 卷号＋本卷文摘号（黑体字）＋计算机核对字母（黑体字）。

② 学位论文题目（黑体字）。

③ 作者姓名（仅有一人）。

④ 作者工作单位及地址。

⑤ 发表年份（黑体字）。

⑥ 页码。

⑦ 论文文种。

⑧ 学位论文来源及顺序号。

⑨ 资料来源。

⑩ 资料来源刊物出版年份（黑体字），卷号，期号和页码。

5.新书和视听资料的文摘标题（New Book and Audio-Visual Material Announcement Heading）

（1）特定标志

pp（页码）；货币代号及价格。

（2）著录格式

[1]129：332550h [2]Texture and Anisotropy Preferred Orientations in Polycrystals and Their Effect on Materials Properties. [3]Kocks，U. F.；Tome，C. N.；Wenk，H. R. [4]（Cambridge Univ. Press：Cambridge，UK）.[5]1998.[6]700pp.[7]（Eng）

（3）说明

① 卷号＋本卷文摘号（黑体字）＋计算机核对字母（黑体字）。

② 书名（黑体字）。

③ 作者或编（译）者姓名。

④ 出版社缩写及所在地（城市和国家）。

⑤ 出版年份（黑体字）。

⑥ 页码。

⑦ 著作文种。

6.专利的文摘标题（Patent Abstract Heading）

（1）特定标志

CI（international classification）分类；Appl.（application）申请。

（2）著录格式

[1]130：4916d [2]Production of carbon black with fine and uniform particle size. [3]Susuki, Hiroaki；Takizawa，Yasuhiro；Misono，Shinji [4]（Tokai Carbon Co.，Ltd.，Japan）. Jpn Kakai Tokkyo Koho [5]JP10 292，126［98 292，126］[6]（CI. C09C1/48），[7] 4 Nov 1998，[8]Appl. 97/114，428，916，Apr 1997，107pp. 11（Japan）12The title process consists of heating liq. or solid hydrocarbon（e. g.，benzene，naphthalene，anthracene）to gas，introducing to a thermal decompn. Furnace together with carrier gas（e. g.，N，H，inert gases）at 0.01-2.0 Vol. ％，and thermal decompg. at 1600-1800.

（3）说明

① 卷号＋本卷文摘号（黑体字）＋计算机核对字母（黑体字）。

② 专利题目（黑体字）。

③ 专利发明人（个人或团体）的姓名或名称。

④ 专利发明人所在单位和专利权人（个人或团体）的姓名或名称。即按法律程序被指定为受让人的单位或个人名称，放在括号内。

⑤ 专利号（黑体字，包括国别代码和顺序号两部分）。

⑥ 专利分类号（IPC）。位于专利号后的括号内，以 CI 为标志，美国专利在本国分类号后还列出国际专利分类号，此两项用分号分开，其他国家只列国际专利分类号。

⑦ 专利出版日期。位于分类号项下。

⑧ 专利申请号。前面有"Appl"标志。

⑨ 专利申请日期。位于专利申请号后，有优先权的他国，其申请日期也列入。

⑩ 专利文献总页码，包括没有页号的页（扉页）。图片和插图包括在内。

⑪ 专利文种（日文）。

⑫ 专利摘要。

7.交叉参考（又称相互参照）（Cross-Reference or see also）

（1）含义 当一篇论文同时属于几种类目时，可以将其放在一个主类目中，而在另外相关类目的交叉参考中写出该文的文摘号和题目。

（2）分类

永久性参照：两个类之间，无文摘号。

针对性参照：以篇为单位，有具体文摘号。

（3）说明

参照类号：由小到大顺序排列。

同类中：按文摘号由小到大顺序排列。

（五）CA 的索引

美国 CA 的检索系统相当完备，对于一个欲检索的主题可以通过很多检索途径查阅到所需的文献资料。从时间上说，其中最重要的是卷索引。从检索标识上说，最重要的是普通主题索引和化学物质索引。以下对 CA 的各种索引作简单介绍。

1.关键词索引（keyword index）

关键词索引是每期文摘中所附的一种主要索引。在普通主题索引和化学物质索引出版以前，它是检索每期文摘的主要工具。用关键词索引的优点是选词比较自由，所选词可以出现在文献题目和全文中。但缺点是学名、俗名、商品名、同义词及相关的各种名词都可能作为关键词，有时还会因时间而产生变化。因此使用关键词索引时，要充分考虑所要查找的课题可能会有哪些词，从多方面进行检索，避免漏检。

2. 专利索引（patent index）

专利索引在 1980 年第 93 卷以前分成专利号索引（numerical patent index）和专利号对照索引（patent concordance），从 1981 年第 94 卷开始，两者合并改称为专利索引（patent index）。这三种索引均按国名的字顺排列，同一国名按专利号大小的顺序排列。同一件专利，可以在不同国家申请和发表，但 CA 只摘录报道一次，除非它是基本专利的一个分支，或续篇，或内容有所增新，否则只列专利号码。这样，此索引对我们来说就有这样的用处，即假如你查到一件日本专利，因不懂日文，当然无法参考，但你可以通过该索引，查一查这一件专利，是否在其他国家申请了，如果查到在英、美、法、德等国都申请了，那么你就可以根据你所掌握的语言，索取以上任何一个国家的专利说明书。此外，读者可以借此了解某一发明专利在国际上的专利范围，评价它的使用价值。

3. 作者索引（author index）

要了解国内外同行的科研活动和成果，通过作者索引检索是最快的方法。作者索引中包括研究机构和工厂企业。因此通过企业名称检索有关专利文献，也是一条捷径。CA 每期的作者索引，只有姓名和文摘号，但每卷的作者索引和累积索引都著录论文题目。

查找作者索引要注意以下规则。

① 姓名顺序：一般人署名的习惯是名在前姓在后，如 H. F. Mark；但在编制索引时，为了便于检索，一律用姓在前名在后，因此，在查作者索引时，应注意这一规则。

英美团体企业，凡以个人姓名开头的，也用姓在前名在后编排，如：John W. Williams Co. 改为 Williams, John W. Co.。

② 同姓同名者列全称，名不用缩写。查阅时要注意，否则容易弄错。只是姓按字母顺序排列，名字不管缩写与否按带头字母（即缩写字母）字顺排列，如 Walson Donald A 排在 Walson Denton B 之前。

③ 苏联女作者，婚前婚后姓不同，婚后用夫姓。CA 中两个姓都分别列出，如：Petrova A. I.（婚前姓）see Lvanova A. I.（婚后姓）；拉丁语系非英语的姓氏不译，照原样刊登；中国人的姓名据称是按 Wade-Giles 法音译；日本人姓氏按 Hepburn 法音译，有些日本人的姓名比较特殊，有时日本人也读不出，则可按照《日本化学总览》作者索引中的"难读姓氏一览表"，查出日本的读法，拼成英语，再查 CA 作者索引。也可查日本 Rengo Press 出版的 "Japan Biographical Encyclopedia and who's who"（日本姓名大全）一书。

4. 主题索引（subject index）

主题索引是查找 CA 最主要的检索工具。主题索引后来分为三种单独出版的索引，索引指南（1968 年 68 卷起）、普通主题索引和化学物质索引（1972 年 76 卷起）。该索引是把某一个时期内分散于 CA 各期和各类目中所有出现的有关同一个主题的文献，按照主题词之间的关系组成索引标题，再按照英文字母顺序编排而成的较为详细的主题索引。

凡是新化合物或旧化合物的新发展（如制备、来源、性能、用途等）都可以作为主题。它可能不是原始论文题目中的词语，而是编者把原文中某些化合物或词选出来作为索引标题，当然，一篇论文的题目中可能会包含主题词，甚至一篇论文题目就是主题词的罗列，例如"双酚 A 的钠盐与 4,4-二氯二苯砜缩聚反应制备聚砜"，这些就是主题。

5. 化学物质索引（chemical substance index）和普通主题索引（general subject index）

化学物质索引和普通主题索引是原主题索引分编的两种索引。它们创刊于 1972 年 76 卷，是姊妹篇。化学物质索引是主题索引中组成明确的各类物质，即可以用分子式表示的化合物。它所包括的主题内容有：各种元素；化合物及它们的衍生物；各种金属的合金；各种矿物；各种化合物的混合物和聚合物；各种抗生素、酶、激素、蛋白质及多糖；基本粒子；用代号和商品名称定名的物质等。凡登录号索引中有的物质均列入本索引。

普通主题索引包括所有不适合列为特定化学物质的主题词。例如某一类物质、组成不完全明确的物质和材料，物理化学概念和现象、性质、反应，工艺设备和操作、应用、生物化学、动物和植物的普通科学名词等。

从 1972 年 76 卷开始，化学文摘的检索系统有很大的变动。各类主题词的选择规则、化合物命名原则都有新的规定。很多课题按照老方法查不到了，就从各个角度查，才不至于遗漏。

使用这两种索引，最好先看 76 卷索引指南（inderguide）。当翻开 76 以后的各卷索引时，每一页的右上角都有用黑框框起来的醒目提示：

| Consult index guide before using index | 或 | Consult Vol. 76 index guide and most recent supplement before using index |

意思是提醒读者在查索引前要参见索引指南或最新索引指南的补篇。

6. 索引指南（guide index）

索引指南是 1968 年第 69 卷起创刊的，它是主题索引的辅助工具，76 卷以后，则是化学物质索引和普通主题索引的辅助工具。由于化学文献数量剧增，CA 主题索引也随之增多。为了压缩主题索引的篇幅和便于使用。将其中的参见、同义词、说明语、结构式抽出，编成"索引指南"单独出版。

凡在主题索引中找不到的名称，或者要查找相关（内容相近）的主题，可使用索引指南。

7. 分子式索引（formula index）

分子式索引是根据化学符号检索的一种索引，CA 的分子式索引创建于 1920 年第 14 卷。其作用也和主题索引大致相同，可以用来直接检索文摘号。如果对某种化学物质只知其分子式或元素组成，不知英文名称，通过分子式索引是最简单的途径。但是分子式索引比较粗略，不及化学物质索引详尽。

CA 分子式索引的排列顺序采用 Hill 系统，即最先排 C 原子，其次排 H 原子，其他原子按拉丁字母顺序排列。因此，查找该索引时，首先需确定化学物质的完整分子式或分子式母体。再将分子式重新排序，使之符合 Hill 系统，然后再查。

8. 环系索引（index of ring system）

环系索引是根据化合物母体骨架结构编制的一种索引，1957 年第 51 卷开始刊行。有机化合物中，环状化合物的比例很大，而环状化合物的命名较复杂。CAS 为了解决此问题，出版了环系索引，环系索引不提供文摘号，必须与化学物质索引配合使用，是一个辅助性的索引。它是主题索引和化学物质索引的辅助工具，但它又不同于索引指南，索引指南指出完整的主题词，环系索引仅指出主题词的母体骨架部分，即环的部分，不包括 H 和取代基团。

查找已知环状结构化合物时，如果不知道确切的主题词，最好先使用本索引，查到母体名称，再根据此名称去查主题索引或化学物质索引就比较方便了。

二、CA 检索实例策略分析

课题：含甲醇的废水处理

某同学为该课题制订的检索策略为"carbinol and waster water"。检索结果：在 CA 第 12 次累积索引中检中篇数为 0。

诊断：检索词选择不当。甲醇常用的英文表达是"methanol"，而不是"carbinol"。废水除了"waster water"还有"wasterwater"。

① 甲醇：methanol，carbinol，CAS 登记号 [67-56-1]。

② 废水：waster water，wasterwater。

新检索策略 1：methanol and（waster water），检索结果为 1 篇。

新检索策略 2：methanol and（waster water or wasterwater），检索结果为 94 篇。

新检索策略 3：[67-56-1] and（waster water or wasterwater），检索结果为 255 篇。

新检索策略 3 由于使用了 CAS 登记号，检索效果最好。因此对于物质确定的课题，用 CAS 登记号作为检索入口是最佳方式。

注：如何查 CAS 登记号？一般有利用词典、手册，如国内出版的《英汉精细化学品辞典》；利用国内网站，如世易化工网（http://china.echinachem.com）是一个专门针对中国化学品贸易度身制作的专业化学品交易网站；利用 Google，直接用化学物质名＋CAS，即可搜出。

三、SciFinder 的应用

SciFinder Scholar（SFS）是美国化学学会（ACS）旗下的化学文摘服务社 CAS（Chemical Abstract Service）所出版的化学资料电子数据库学术版。它是全世界最大、最全面的化学和科学信息数据库，也是化学和生命科学研究领域中不可或缺的参考和研究工具。网络版化学文摘 SciFinder Scholar，更整合了 Medline 医学数据库、欧洲和美国等 30 几家专利机构的全文专利资料，以及化学文摘 1907 年至今的所有期刊文献和专利摘要，以及四千多万的化学物质记录和 CAS 注册号。

数据库涵盖的学科包括应用化学、化学工程、普通化学、物理、生物学、生命科学、医学、聚合体学、材料学、地质学、食品科学和农学等诸多领域。

它有多种先进的检索方式，比如化学结构式（其中的亚结构模组对研发工作极具帮助）和化学反应式检索等。它还可以通过 Chemport 链接到全文资料库以及进行引文链接。其强大的检索和服务功能，可以让你了解最新的科研动态，帮助你确认最佳的资源投入和研究方向。根据统计，全球 95％以上的科学家们对 SciFinder 给予了高度评价，认为它加快了他们的研究进程，并在使用过程中得到了很多启示和创意。

若想访问 SFS 数据库，需要购买该数据库的使用权，下载、安装、配置客户端软件，并安装 ViewerLite，访问 SciFinder Scholar 数据库时需要网络账号登录（国内），运行 SciFinder Scholar 客户端程序：开始→程序→SciFinder Scholar 2007→SciFinder Scholar，然后开始检索。国内很多高校都购买了 SFS 数据库客户端软件，该软件为校内科研工作者提供了一个很好的检索平台。在没有安装客户端软件时，我们可以访问化学文摘社主页（英文）（http://www.cas.org/）进行一些相关信息的检索，但获得的信息量与 SFS 数据库是无法相比的。

（一）SciFinder Scholar——CA 网络版的应用

1. SFS 的应用

当运行 SciFinder Scholar 客户端程序进行检索时，会看到如图 4-1 所示的对话框，"Explore"、"Locate"、"Browse" 三个图标分别表示检索科技信息；定位查找某一参考文献或物质；按刊名浏览。点击第一个图标 "Explore"，出现图 4-2 所示的对话框，其中每个图标的含义见图 4-2 中的注释。

如检索主题为 "active"、"nature product" 的文献，则选择主题索引，点击第一个图标 "Research Topic"，在出现的对话

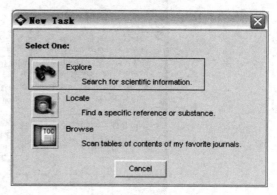

图 4-1 SFS 检索功能

框中输入 "active with nature product"，如图 4-3 所示。注意有多个主题词时，要选用介词 of、with、by、beyond 连接关键词，不要使用布尔逻辑符。点击 "OK"，就会出现相关的结果，如图 4-4 所示。选择有 "Concept" 和 "closely associated" 字样的检索结果，会获得

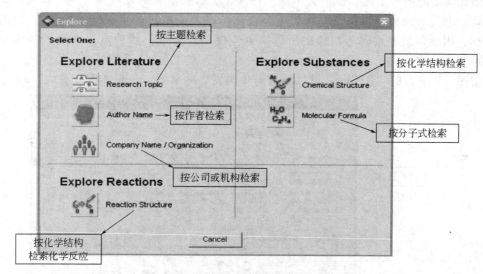

图 4-2 Explore 的检索途径

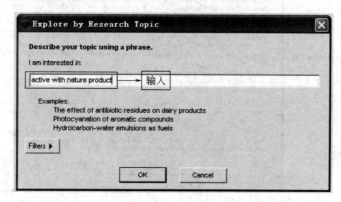

图 4-3 Research Topic（主题检索）检索举例

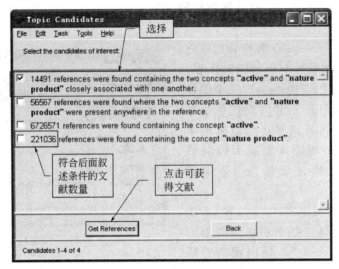

图 4-4　符合检索条件的文献情况

准确性更高的文献。

　　点击图 4-4 的第一个选择框，会出现如图 4-5 所示的检索结果，共 14491 篇文献，每页显示 8 篇，通过右边的下拉按钮，翻看更多文献，这些文献只显示了作者姓名、文献标题、刊物名称、出版年份、页码等，选中所需文献左侧的选择框，然后点击右侧的查看全文按钮，即可获得全文。

　　点击图 4-5 下方的"Refine"可以限定为中国发表的文献。出现如图 4-6 的（a）所示的

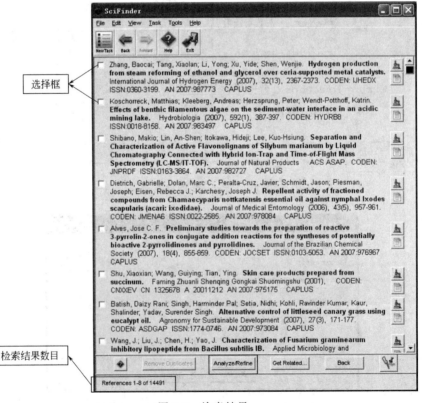

图 4-5　检索结果

对话框，点击"Refine"，再点击图（b）中的"Company Name"，在出现的对话框（c）中输入"china"，点击"OK"，即可得到图（d）的含有主题词的中国发表的文献。

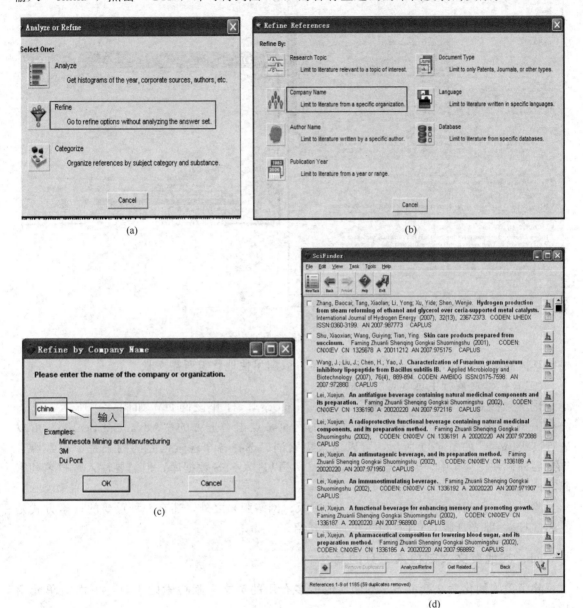

图 4-6　限定为中国发表的文献的操作过程

2. 存储文件

点击图 4-6（d）中"File"，在下拉菜单中选择"Save As"，如图 4-7（a）所示，在出现的对话框［图 4-7（b）］中选择要存储的文件类型，如果存储为 rtf 文件，可打印、修改类似 word 文档，存储文献数量要≤50；如果存储为 sfr 文件，要在 scifinder 中查看，文献数量要≤10000。

3. 其他查询途径

除了上述的主题检索以外，还有其他的检索途径，如图 4-8 中（a）图为按出版年限检索，（b）图为按文献类型检索，（c）图为按刊名检索，（d）图为按机构名称检索。读者可以

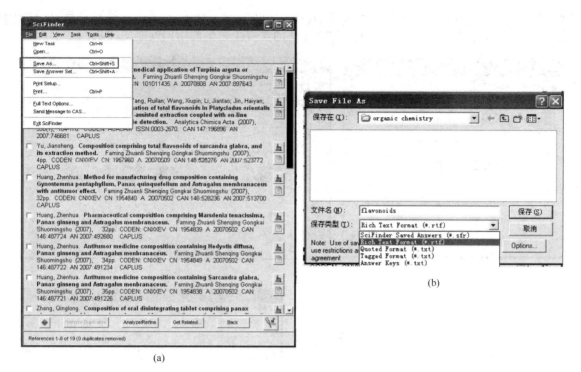

(a)

(b)

图 4-7　存储文献的操作

根据具体的检索条件，选择合适的检索途径，以期尽快地获得所需文献。

（二）化学文摘社主页（英文）的简介

化学文摘社主页网址是 http://www.cas.org/，打开该网页，如图 4-9 所示，点击 "SciFinder" 图标，即可打开图 4-10 所示的网页，点击右上方的 "Advanced Search" 可以进行高级检索，如图 4-11 所示，可以输入检索词、选择各个检索词之间的关系、检索语言等。另外，在图 4-9 中，通过点击 "Sign in" 可以进入 SFS 数据库，但需要输入账户名和密码才能使用。

除了上面介绍的 CA 的检索方式（纸质版、网络版）之外，还有一种重要的检索方式是 CA on CD，即光盘版 CA，这里不再详细介绍。

四、其他英文文献检索工具的简介

除了美国的化学文摘 CA，还有其他很多有用的英文文献检索的工具，下面简单介绍几种。

（一）国外英文文献检索工具

1. SCI——Science Citation Index（科学引文索引）

科学引文索引（Science Citation Index，简称 SCI）是美国科学情报研究所（Institute Scientific Information，简称 ISI，http://www.isinet.com）出版的一种世界著名的综合性科技引文检索刊物。该刊于 1963 年创刊，原为年刊，1966 年改为季刊，1979 年改为双月刊。多年来，SCI 数据库不断发展，已经成为当代世界最重要的大型数据库，被列在国际著名检索系统之首。成为目前国际上最具权威性的、基础研究和应用基础研究成果评价的重要工具。一个国家、一个科研机构、一所高校、一种期刊乃至一个研究人员被 SCI 收录的数量及被引用次数，反映出这个国家、机构、高校、期刊及个人的研究水平与学术水平，尤其

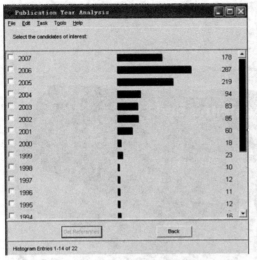

(a) 按出版年限

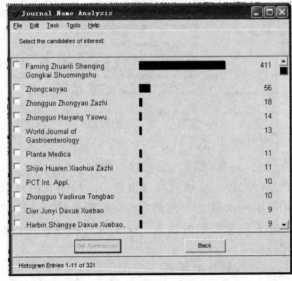

(c) 按刊名

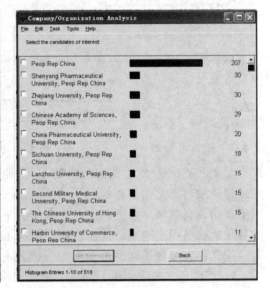

(b) 按文献类型

(d) 按机构名称

图 4-8 其他检索途径

是基础研究的水平。

SCI 报道的核心内容不是原始文献，而是原始文献所附的参考文献。它通过先期的文献被当前文献的引用，来说明文献之间的相关性及先前文献对当前文献的影响力。主要由"引文索引"（citation Index）、"来源索引"（source index）、"轮排主题索引"（permuterm subject index）等部分组成。它收录全世界出版的数学、理物、化学、农业、林业、医学、生物、环境、材料、工程技术、行为科学等自然科学领域的核心期刊约 3500 余种，扩展版收录期刊 5800 余种。其中物理、化学和生物学方面的文献量较大。

SCI 有自己严格的选刊标准和评估程序，每年对入选的期刊进行评价和调整，从而做到其收录的文献能全面反映全世界最重要、最有影响力的研究成果。收录的文献类型包括：期刊、会议录、图书、科技报告和专利文献。

SCI 每年还出版"期刊引用报告"（Journal Citation Reports 简称 JCR）。JCR 对包括

图 4-9 化学文摘社主页

SCI 收录的 3500 种核心期刊在内的 4700 种期刊之间的引用和被引用数据进行统计、运算，并按每种期刊定义的"影响因子"（Impact Factor）等评价指数加以报道。一种期刊的影响因子，指该刊前两年发表的文献在当年的平均被引用次数。一种刊物的影响因子越高，即刊载的文献被引用率越高，说明这些文献报道的研究成果影响力越大，反映该刊物的学术水平高。论文作者可根据期刊的影响因子排名决定投稿方向。

　　2. SSCI——Social Sciences Citation Index（社会科学引文索引）

　　SSCI 即社会科学引文索引（Social Sciences Citation Index，http：//sunweb. isinet. com），为 SCI 的姊妹篇，亦由美国科学信息研究所创建，是目前世界上可以用来对不同国家和地区的社会科学论文的数量进行统计分析的大型检索工具。1999 年 SSCI 全文收录 1809 种世界最重要的社会科学期刊，内容覆盖包括人类学、法律、经济、历史、地理、心理学等 55 个领域。收录文献类型包括研究论文、书评、专题讨论、社论、人物自传、书信等。

　　SCI、SSCI 交叉关系：SSCI 对其收录期刊范围的说明中明确告知该数据库中有一部分内容与 SCI 重复，这是因为学科之间本身有交叉，是社会科学与自然科学相结合的跨学科的研究在文献中的自然反映。

　　另外，SSCI 从 3400 余种自然科学期刊中，通过计算机检索文章主题和引文后，生成一个与社会科学有关的文献目录，此目录再经 ISI 编委会审核，选择与社会科学密切相关的文献加入 SSCI。因此 SSCI 也收录了相当数量的自然科学文献，二者的交叉关系更为密切。

　　3. EI——Engineering Index《工程索引》

　　《工程索引》（The Engineering Index，简称 EI）创刊于 1884 年，是美国工程信息公司

图 4-10　SciFinder 网页

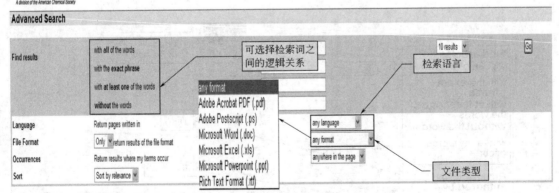

图 4-11　高级检索页面

（Engineering information Inc.）出版的著名工程技术类综合性检索工具。EI 每月出版 1 期，文摘 1.3 万~1.4 万条；每期附有主题索引与作者索引；每年还另外出版年卷本和年度索引，年度索引还增加了作者单位索引。出版形式有印刷版（期刊形式）、电子版（磁带）及缩微胶片。EI 选用世界上工程技术类几十个国家和地区 15 个语种的 3500 余种期刊和 1000

余种会议录、科技报告、标准、图书等出版物。年报道文献量 16 万余条。收录文献几乎涉及工程技术各个领域。例如：动力、电工、电子、自动控制、矿冶、金属工艺、机械制造、土建、水利等。它具有综合性强、资料来源广、地理覆盖面广、报道量大、报道质量高、权威性强等特点。

图 4-12　Google Scholar 简单检索页面

4. ISTP——Index to Scientific & Technical Proceedings（科技会议录索引）

科技会议录索引（Index to Scientific & Technical Proceedings，简称 ISTP）创刊于 1978 年，由美国科学情报研究所编辑出版，是美国科学情报研究所的网络数据库 Web of Science Proceedings 中两个数据库（ISTP 和 ISSHP）之一。该索引收录生命科学、物理与化学科学、农业、生物和环境科学、工程技术和应用科学等学科的会议文献，包括一般性会议、座谈会、研究会、讨论会、发表会等。其中工程技术与应用科学类文献约占 35％，其他涉及学科基本与 SCI 相同。

ISTP 收录论文的多少与科技人员参加的重要国际学术会议多少或提交、发表论文的多少有关。我国科技人员在国外举办的国际会议上发表的论文占被收录论文总数的 64.44％。

在 ISTP、EI、SCI 这三大检索系统中，SCI 最能反映基础学科研究水平和论文质量，该检索系统收录的科技期刊比较全面，可以说它是集中各个学科高质优秀论文的精粹，该检索系统历来成为世界科技界密切注视的中心和焦点。

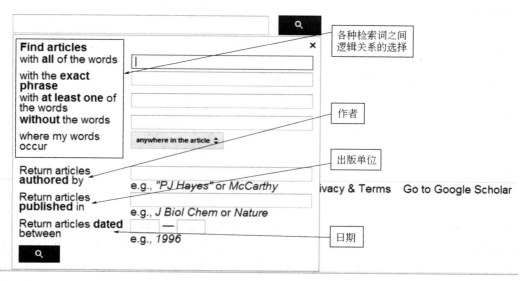

图 4-13　Google Scholar 高级检索页面

（二）Google Scholar（谷歌学术搜索）

Google 是全球最大的搜索引擎，主要的搜索服务有：网页搜索、图片搜索、视频搜索、地图搜索、新闻搜索、购物搜索、博客搜索、论坛搜索、学术搜索和财经搜索等。2004 年 11 月，Google 发布"Google Scholar"，这是一个学术文献资源搜索引擎。搜索结果根据"相关性"排列，这与 Google 网站使用的 PageRank 非常类似。2006 年 1 月 11 日，Google 公司宣布将 Google 学术搜索扩展至中文学术文献领域。我们可以利用 Google Scholar 进行中英文文献的检索，并可免费获得部分文献的全文（如标注了 PDF 格式的）。如图 4-12 所示，可以进行简单检索，也可进行高级检索，图 4-13 即为高级检索页面。

任务实施

一、制订检索策略

1.分析检索课题

利用英文文献数据库查询"从茶叶中提取咖啡因"相关的英文文献。从已知信息，可以确定选择主题词或关键词检索。根据前面学过的知识，主题词的确定，按照切分、删除、补充的操作步骤，确定最终的检索词为：茶叶、提取、咖啡因，三者之间的逻辑关系为"并且"。需要将这些主题词翻译成英文：tea、extract、coffee 或者 caffeine。

2.选择检索方式

课题中要求检索英文文献，根据上面英文文献检索的数据库的介绍，可以选择 SFS、EI、Googl Scholar 等多种检索工具。若有条件，选用 SFS 或者 CA on CD 进行检索，会得到更多有价值的文献。若不能使用这些工具，Google Scholar 也是不错的选择。

3.初步检索

在所选数据库的检索界面的检索框中输入检索词，各检索词之间的逻辑关系为"并且"，进行初步的检索，根据检索结果调整检索策略。

4.记录检索结果

从检索结果中选择可以看到全文的文献进行阅读，获得自己所需的信息。得不到全文的，可根据文摘部分显示的某些文献的作者及联系方式或出版单位，通过其他途径获取全文。

二、操作演示

1.用 CA 的 SciFinder 检索

打开化学文摘社主页 http://www.cas.org/，按照上面介绍的 CA 的 SciFinder 检索步骤，点击"SciFinder"，打开一个新的界面，点击"Advanced Search"，进入图 4-14 所示的界面。在检索项"with all of the words"对应的检索框中输入"tea extract"，在"with at least one of the words"中输入"coffee caffeine"，对应的检索式为 tea extract coffee OR caffeine。点击"Go"，进入如图 4-15 所示的界面。结果检索到两篇相关文献。

2.用 Google Scholar 检索

① 打开 Google Scholar 高级检索的页面 http://scholar.google.com/，选择学术高级检索，在"with all of the words"对应的检索框中输入"tea extract"，在"with at least one of the words"中输入"coffee caffeine"，对应的检索式为"tea extract coffee OR caffeine"，如图 4-16 所示。这里可以发现，Google Scholar 的高级检索项设置与 CAS 高级检索项设置

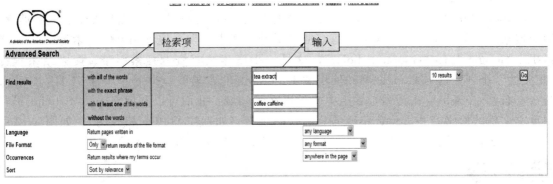

图 4-14　CA SciFinder 的高级检索过程

图 4-15　检索结果

图 4-16　Google Scholar 高级检索页面输入检索词

极其相似。

　　② 点击 "search scholar"，得到检索结果，如图 4-17 所示。标注［HTML］的为网页文档，标注［PDF］的为可移植文档格式，一般情况下，标注这两种标识的均可以获取全文，若没有任何标识的只能看到文摘部分，若想获取全文需要登录用户名或付费。

　　③ 以标注有［PDF］的为例，点击文献标题后，可连接到载有该文献的页面，如图 4-18 所示。可以阅读该文献的 Abstract（文摘），以及获得题目、作者姓名、工作单位、出版单位、出版时间等信息。并且通过右侧的 "Full text" 进行全文的在线阅读，或者通过 "Download PDF" 可以下载 PDF 格式的全文，如图 4-19 所示。

　　由于国外论文大部分是 PDF 格式，因此，在 Google 中用 "篇名" ＋文件格式为 "PDF" 的检索策略同样可以搜索到国外原始文献，效果非常好。

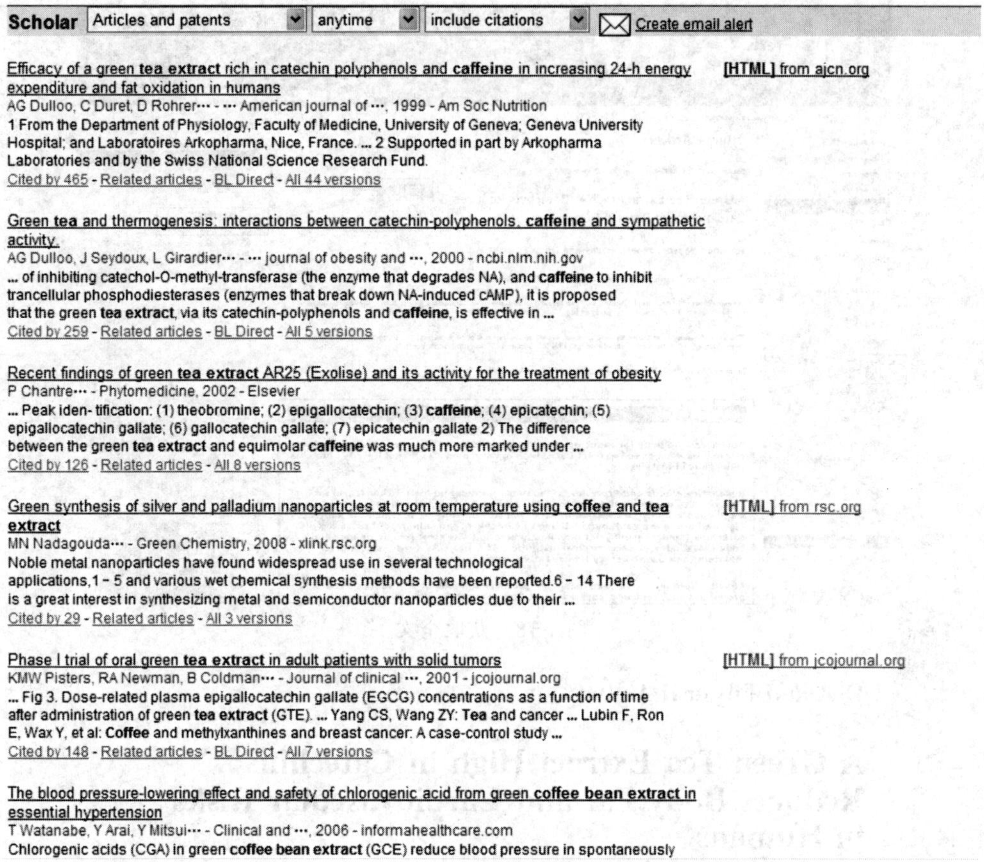
Scholar | Articles and patents | anytime | include citations | Create email alert

Efficacy of a green **tea extract** rich in catechin polyphenols and **caffeine** in increasing 24-h energy expenditure and fat oxidation in humans [HTML] from ajcn.org
AG Dulloo, C Duret, D Rohrer… - … American journal of …, 1999 - Am Soc Nutrition
1 From the Department of Physiology, Faculty of Medicine, University of Geneva; Geneva University Hospital; and Laboratoires Arkopharma, Nice, France. ... 2 Supported in part by Arkopharma Laboratories and by the Swiss National Science Research Fund.
Cited by 465 - Related articles - BL Direct - All 44 versions

Green **tea** and thermogenesis: interactions between catechin-polyphenols, **caffeine** and sympathetic activity
AG Dulloo, J Seydoux, L Girardier… - … journal of obesity and …, 2000 - ncbi.nlm.nih.gov
... of inhibiting catechol-O-methyl-transferase (the enzyme that degrades NA), and **caffeine** to inhibit trancellular phosphodiesterases (enzymes that break down NA-induced cAMP), it is proposed that the green **tea extract**, via its catechin-polyphenols and **caffeine**, is effective in ...
Cited by 259 - Related articles - BL Direct - All 5 versions

Recent findings of green **tea extract** AR25 (Exolise) and its activity for the treatment of obesity
P Chantre… - Phytomedicine, 2002 - Elsevier
... Peak iden- tification: (1) theobromine; (2) epigallocatechin; (3) **caffeine**; (4) epicatechin; (5) epigallocatechin gallate; (6) gallocatechin gallate; (7) epicatechin gallate 2) The difference between the green **tea extract** and equimolar **caffeine** was much more marked under ...
Cited by 126 - Related articles - All 8 versions

Green synthesis of silver and palladium nanoparticles at room temperature using **coffee** and **tea extract** [HTML] from rsc.org
MN Nadagouda… - Green Chemistry, 2008 - xlink.rsc.org
Noble metal nanoparticles have found widespread use in several technological applications,1 - 5 and various wet chemical synthesis methods have been reported.6 - 14 There is a great interest in synthesizing metal and semiconductor nanoparticles due to their ...
Cited by 29 - Related articles - All 3 versions

Phase I trial of oral green **tea extract** in adult patients with solid tumors [HTML] from jcojournal.org
KMW Pisters, RA Newman, B Coldman… - Journal of clinical …, 2001 - jcojournal.org
... Fig 3. Dose-related plasma epigallocatechin gallate (EGCG) concentrations as a function of time after administration of green **tea extract** (GTE). ... Yang CS, Wang ZY: **Tea** and cancer ... Lubin F, Ron E, Wax Y, et al: **Coffee** and methylxanthines and breast cancer: A case-control study ...
Cited by 148 - Related articles - BL Direct - All 7 versions

The blood pressure-lowering effect and safety of chlorogenic acid from green **coffee bean extract** in essential hypertension
T Watanabe, Y Arai, Y Mitsui… - Clinical and …, 2006 - informahealthcare.com
Chlorogenic acids (CGA) in green **coffee bean extract** (GCE) reduce blood pressure in spontaneously

图 4-17 检索结果

如果你检索到的文章 Google 无法提供原文，则可以采用直接求助原文著者的方法，作者收到信一般都愿意向你提供。

通过摘要中作者姓名、单位及研究领域的信息到网上找到他的主页，得到 E-mail 地址，便可以直接与作者联系了。以下是一封索要原文的模板，仅供参考。

Dear Dr. / Prof. / Mr. / Mrs. : ________（作者姓）

I am a graduate student of University of ________（你的学校）in China. My research area is ________（你的专业）. Recently, I found one of your paper titled ________（篇名）in ________（什么杂志，哪年、哪卷、哪页）. The abstract makes the paper sound very interesting. I would appreciate it very much if you could send me a reprint of it in your convenient way.

I am looking forward to hearing from you!

Sincerely yours

________（你的名字）

Department of ________

________ University

City name, Zip code

P. R. China

E-mail Address

图 4-18　获取全文

Diet and Physical Activity

A Green Tea Extract High in Catechins Reduces Body Fat and Cardiovascular Risks in Humans

Tomonori Nagao, Tadashi Hase, and Ichiro Tokimitsu

Abstract

NAGAO, TOMONORI, TADASHI HASE, AND ICHIRO TOKIMITSU. A green tea extract high in catechins reduces body fat and cardiovascular risks in humans. *Obesity*. 2007; 15:1473–1483.

Objective: The body fat reducing effect and reduction of risks for cardiovascular disease by a green tea extract (GTE) high in catechins was investigated in humans with typical lifestyles.

Research Methods and Procedures: Japanese women and men with visceral fat-type obesity were recruited for the trial. After a 2-week diet run-in period, a 12-week double-blind parallel multicenter trial was performed, in which the subjects ingested green tea containing 583 mg of catechins (catechin group) or 96 mg of catechins (control group) per day. Randomization was stratified by gender and body mass index at each medical institution. The subjects were instructed to maintain their usual dietary intake and normal physical activity.

Results: Data were analyzed using per-protocol samples of 240 subjects (catechin group; $n = 123$, control group; $n =$ decreased to a greater extent in the catechin group. No adverse effect was found.

Discussion: The continuous ingestion of a GTE high in catechins led to a reduction in body fat, SBP, and LDL cholesterol, suggesting that the ingestion of such an extract contributes to a decrease in obesity and cardiovascular disease risks.

Key words: tea polyphenol, adiposity, serum cholesterol, blood pressure, metabolic syndrome

Introduction

Tea is traditionally used as a medication based on experience, and the physiological activities of components of tea have been extensively described in Asian countries, mainly in Japan and China.

Green tea contains catechins, a class of low molecular weight polyphenols that consist mainly of flavan-3-ol monomers; catechins are present mainly as catechin (C),[1] catechin gallate (CG), gallocatechin (GC), gallocatechin gallate (GCG), epicatechin (EC), epicatechin gallate (ECG),

图 4-19　PDF 格式的全文

课外任务

任务 1　利用 SFS 数据库查询碳纳米管的制备与研究方面的英文文献，记录获取的文献数目并获取其中一篇全文。

任务 2　利用 Google Scholar 查询从茶叶中萃取茶多酚的研究方面的英文文献，获取其中一篇全文。

任务 3　请选择其他英文文献检索的工具，试着检索你所感兴趣的研究课题的英文文献，并做检索过程的报告。

项目五 普通网络资源的应用

知识目标：

1.掌握专业数据库的查询方法；

2.掌握免费获取科技文献资源的方法；

3.了解综合学术资源的网上检索；

4.了解常用搜索引擎（谷歌、百度）的高级检索方法。

能力目标：

1.能通过校内电子图书馆资源查询与自己所选毕业专题相关的参考文献；

2.能通过普通网络免费资源查询与自己所选毕业专题相关的参考文献；

3.能利用网络资源解决日常学习、生活中常见的一些问题。

随着计算机技术、远程通讯技术和信息存储技术的飞速发展，信息检索由手工检索过渡到了计算机信息检索。计算机检索的成功应用，为我们更为及时、准确、全面地继承、利用和发展人类的科研成果提供了先进的手段。在信息时代的今天，掌握计算机信息检索方法已成为每个科研工作者必备的基本技能。

利用普通网络资源检索出我们所需要的专业文献，可以为我们的学习、工作带来方便，当然，这种检索技术可以迁移到去解决日常生活中的一些问题，这样便能大大提高自己处理问题的能力，而做到真正利用网络资源为自己服务，充分发挥网络资源的益处。

任务一 通过普通网络资源查询指定毕业专题的参考文献

要求：利用普通网络资源（中国知网、中国知识产权网、中国标准服务网等）查找2000年到2011年发表的与毕业专题"碳纳米管的制备及性能研究"相关的文献。

相关知识

一、计算机信息检索

计算机信息检索（computer information retrieval）是利用计算机系统有效存储和快速查找的能力发展起来的一种计算机应用技术。它与信息的构造、分析、组织、存储和传播有关。计算机信息检索系统是信息检索所用的硬件资源、系统软件和检索软件的总和。它能存储大量的信息，并对信息条目（有特定逻辑含义的基本信息单位）进行分类、编目或编制索引。它可以根据用户要求从已存储的信息集合中抽取出特定的信息，并提供插入、修改和删除某些信息的能力。

（一）计算机检索系统的发展阶段

1.脱机检索阶段（Offline Retrieval）：即批处理检索（20世纪50～60年代）

1954 年美国海军兵器研究中心首先将计算机应用于文献信息的处理，建立了利用计算机存储、检索文献的情报检索系统。由于当时计算机设备条件的限制，需由系统人员对用户的检索需求进行成批处理即批处理检索。

批处理检索主要存在三点不足：①地理上的障碍，指用户与检索人员距离较远时，不便于检索要求的表达，也不便于检索结果的获取；②时间上的迟滞，指检索人员定期检索，用户不能及时获取所需信息；③封闭式的检索，指检索策略一经检索人员输入系统就不能更改，更不能依据机检应答来修改检索式。

2. 联机检索阶段（Online Retrieval）：（20 世纪 60～80 年代）

主要经历了三个时期：20 世纪 60 年代对联机信息检索进行了研究开发试验；70 年代末进入了联机检索地区性应用阶段；80 年代以后，随着空间技术和远程通讯技术的发展，使计算机检索进入信息—计算机—卫星通信三位一体的新阶段，即以信息、文献不受地区、国家限制而真正实现全世界资源共享为目的的国际联机信息检索阶段。

著名的国际联机检索系统有美国的 DIALOG 系统、ORBIT 系统、BRS 系统以及 MEDLARS 系统，还有欧洲的 ESA/IRS 系统、英国的 BLAESE 系统等。这些系统很快发展成为国际性情报检索系统，数据库种类及其检索存储记录都在迅速增加，如：美国的 DIALOG 系统，1984 年就有 200 多个数据库，其中包括美国的《医学索引》、荷兰《医学文摘》、美国《生物学文摘》、美国《化学文摘》等，如今此联机检索系统仍然是世界上最有影响的联机检索系统。

3. 光盘检索阶段

1983 年，出现了一种新的存储器，CD-ROM 光盘。光盘检索具有储量极大而体积微小，要求设备简单，可随地安装，使用方便、易于操作，检索费用低（不需要昂贵的联机检索通讯费用），因可随时修改检索策略而具有很高的查全率和查准率等优点，因而至今仍被世界各地广泛应用。

4. 网络检索阶段

进入 20 世纪 90 年代，随着卫星通讯、公共数据通讯、光缆通讯技术以及信息高速公路事业在全世界的迅猛发展，计算机情报检索走向了全球大联网。网上资源具有信息的时效性、内容的广泛性、访问的快速性、搜索的网络性和资源的动态性五大特点，那么要及时、准确、有效地获取与自身需求相关的实用信息，对所有网络用户都非常具有挑战性。

INTERNET（国际互联网）就是这个时期的最杰出代表。它是一个联结了一百多个国家、几万个信息网络、几百万台主机、几千万个终端用户，并能够跨越时空，进行实时信息检索、资源共享的国际性超级计算机网络。

目前，90% 的国际联机检索系统都已进入 INTERNET，世界上许多国家（包括中国）都从 INTERNET 上获取重要的科技和经济信息资源，在促进本国科学技术和经济的发展上取得了极大的经济效益和社会效益。INTERNET 作为"信息高速公路"的雏形得到了飞速的发展，网络规模不断扩大，网上信息资源无限增长，网络传输速度不断提高，已成为人们进行全球范围的合作、信息交流与资源共享的不可替代的通讯交流方式。随着计算机技术的进一步智能化、数据库载体的进一步高密度化和多媒体化、通讯技术的进一步网络化，计算机情报检索将走向办公室化、家庭化。

（二）计算机信息检索系统

计算机信息检索系统可分为：一次性信息检索系统和二次性信息检索系统。前者适合于单个条目，即信息量不大而需要经常修改的情况，如航空公司订票系统。后者适合于信息条目本身信息量较大而不常修改的情况，如图书或文献检索系统。

计算机信息检索主要有脱机处理和联机检索两种检索方式。对于前者，用户提交书面检索要求，操作员按期打印出结果交付用户。对于后者，用户通过联机终端输入检索命令，系统当时给出回答。通过计算机网络，用户还可以进行远程脱机处理或远程联机检索。计算机检索流程见图 5-1 所示。

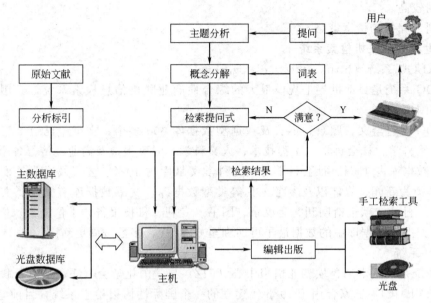

图 5-1 计算机检索流程图

用户与系统的接口是检索语言，通过它提出检索要求。检索语言通常包括检索命令和提问逻辑表达式两个部分。命令传达用户对系统的请示，逻辑表达式则提供执行该命令时的逻辑条件。逻辑表达式是逻辑运算符（与、或、非）、逻辑关系符和不同属性的主题词的组合。系统提供一组程序来解释和执行检索语言。

计算机信息检索系统的效能通常根据漏检率、误检率、查全率、查准率和响应时间（对联机检索）等来衡量。关键词本身错误或使用的查找方法不对会引起漏检。关键词的二义性会造成误检。查全率和查准率主要针对二次信息检索系统而言的。查全率指检出的相关信息条目数与信息库中的相关条目数之比。查准率指检出的相关条目数与所有检出的条目数之比。这二者是相互制约的。一般认为一个系统查全率在 60%～70%，查准率在 40%～50% 即能满足需要。响应时间的快慢不仅与软件设计的好坏有关，而且与硬件的性能有关。

计算机信息检索最初用于图书、文献检索方面，后已用在军事、工业、医疗、航空、政府机关等各个方面。有的只作信息检索用，有的则是将信息检索技术应用在其他综合的管理信息系统之中，如用于辅助决策的军事情报检索系统；航空公司自动订票系统，医疗情报系统（包括病历管理、预约登记、通知、病名检索、病床管理等）；旅馆床位管理系统；检索型的辅助设计系统等。此外，政府部门或企业的档案管理、科研或工程项目管理、基本建设投资管理等都可应用信息检索技术。

二、国际联机检索系统

国际联机检索是指用户利用国际联机信息检索系统网络的终端设备，通过通信网络与国外的大型计算机信息检索系统的主机进行直接的人机对话式的联机检索过程。

（一）国际联机检索特点

① 检索速度快，一般课题均可以在几分钟之内完成联机过程。

② 资源丰富，四大情报检索系统具有丰富的情报源。

③ 可及时得到最新信息。一些大型数据库更新速度极为迅速，如 CA、BA 等均是每周更新，联机数据库的信息至少比书本式工具书快一至两个月。

④ 费用较高。

⑤ 需制定完备的检索策略。

（二）世界著名联机检索系统

1. DIALOG 系统（http://www.dialog.com）

DIALOG 系统是目前世界上规模最大的综合性商业联机信息检索系统，其用户遍布世界 100 多个国家。

DIALOG 现有全文、题录、事实及数据型数据库 600 多个，文献量已近 3 亿篇。专业内容覆盖自然科学、社会科学、工程技术、人文科学、时事报道及商业经济等各个领域，其中科技文献数据库占 40%、社会科学与人文科学文献库占 10%、公司及产品等商情数据库占 24%，其他为新闻、媒体以及参考工具等类型数据库。文献数据库有题录、文摘及全文等多种形式，科技文献包括期刊、会议录、图书、专利、科技报告、学位论文、标准、产品手册等各种类型。数据库中的数据最早可回溯至 60 年代，多数按周更新。

2. STN 系统

STN 系统是德国卡斯鲁埃专业情报中心（FIZ）与美国化学会（CAS）以及日本国际化学情报协会（JAICI）三家合用于 1983 年建立的一个国际性情报检索系统，目前它拥有 220 多个数据库。STN 是一个先进的高效率的情报系统，也是一个范围极广的国际情报网络，它基本上可以满足用户对自然科学和技术科学文献情报的需求。

3. BRS 系统

原由美国书目检索服务公司建于 1976 年，1988 年 BRS 被收购，改名为 BRS Information Technologies。BRS 现有数据库 160 个，有 40 个私人数据库，文献存储量 8000 多万篇，用户达 4000 多家，主要对象是科技图书馆以及医学界的用户。

收录文献范围涉及医学、生物科学、教育、健康、商务、政治、物理和应用、社会科学、人文学，以及其他综合性学科，尤以产品信息、工业标准和技术规范的数据库独具特色。

三、因特网文献检索

（一）因特网简介

因特网（internet）是国际计算机互联网的英文称谓。其准确的描述是：因特网是一个网络的网络（a network of network）。它以 TCP/IP 网络协议将各种不同类型、不同规模、位于不同地理位置的物理网络连接成一个整体。它把分布在世界各地、各部门的电子计算机存储在信息总库里的信息资源通过电信网络连接起来，从而进行通信和信息交换，实现资源共享。"Internet" 在中国称为 "中国公用计算机互联网"，英语称谓 Chinanet，Chinanet 是全球 Internet 的一部分。中国公用计算机互联网（Chinanet）在全国各城市都有接入点。

1. 因特网的产生

1969 年 9 月 2 日，两台计算机第一次被连接在一起，构成阿帕网。这原本是美国国防部先进研究项目局的研究项目，而后发展成为因特网的基础。

美国加利福尼亚大学的莱恩·克莱恩罗克教授指着身边的第一台阿帕计算机说："就是从这个盒子中跳出了因特网这个神奇的家伙。这就是因特网起家的地方。"30 年前，科学家在克莱恩罗克教授的实验室里完成了历史性的计算机连线试验。

然而，因特网的另一位先驱、美国 MCI Worldcom 公司现任副总裁文顿·瑟夫却认为：1969 年的连线是出色的，但不能作为因特网的诞辰，即使现在因特网的基础上仍部分保留着当时的一些连接原则。

20 世纪 70 年代初，阿帕网已经由分散于全美的 10 个地址组成。但它连接的仅是不同的计算机，而不是"因特网"所指的不同的网络。那时能不能算作因特网的出生日呢？美国国家研究咨询公司总裁鲍勃·卡恩说："这就像有人在 1776 年提问，'你能不能想象西雅图将成为 1999 年的城市模样？'那时西雅图还不是美国的领土，因此回答上面的问题太困难了。"

卡恩和瑟夫于 1974 年提出一组网络通信协议的建议，这就是著名的 TCP/IP 协议。这项协议使阿帕网能够与其他网络相通，并形成今天的因特网。1983 年 1 月 1 日，TCP/IP 成为网络标准，因此这一天也可能成为因特网的生日。

不过，不论因特网的生日最终定在何年何月何日，它给人类社会带来的变化却是有目共睹的。自 1993 年起，因特网面向商业用户并向普通公众开放，用户数量开始滚雪球式地增长，各种网上服务不断增加，接入因特网的国家也越来越多。全球因特网用户每年增长率都超过 15％，目前全世界上网的总人数已远远超过 1 亿。

北京作为中国公用计算机互联网（Chinanet）的一个大节点，用户在任何地方接入中国公用计算机互联网（Chinanet），就可以与接入国际计算机互联网中的世界任何国家、单位、部门进行通信和信息交换，享用到各种通信服务和丰富的信息资源。

因特网优点：①国际计算机互联网（Internet）是一个开放的网络，不为某个人或某个组织所控制，人人都可自由参与；②信息量大、内容丰富；③不受时间、空间的限制；④入网方便，操作简单；⑤可以迅速、便宜地实现通信和信息交换，资源共享。

2.因特网的功能

（1）电子邮箱（E-mail） 电子邮箱是 Internet 的一个基本服务。通过电子邮箱，用户可以方便、快捷地交换电子信件，提取信息，加入有关的公告、讨论等。

（2）浏览检索（Browing） 利用相应的软件，通过电子计算机的屏幕可看到各种各样的信息，内容涉及教育、科研、军事、医学、体育、音乐、美术、摄影、音像、旅游、烹饪、时装、游戏等，包罗万象。应用此项服务时，不但可以浏览文字内容，还可按需提取图像和声音。

（3）远程访问（Telnet） 它是一个允许用户本身的计算机访问远端的另一台计算机的软件程序。用户可以通过应用这个软件，使自己的计算机成为远程计算机的一个终端。目前，最普遍的应用是接入世界各地的大学的数据库，查阅图书馆的卡片目录。

（4）大众论坛（Newsgroup） 是一个交流信息的场所，人们可以根据各自的兴趣爱好参加不同的小组讨论，提出问题或解答问题。

（5）文件传递（FTP） 可以用这项功能将国际计算机互联网上感兴趣的信息（包括各种免费软件）拷贝（复制）到自己的电脑中来。

（6）信息服务（HomePage） 是一种可以让政府、企业、工厂和商家等单位、部门接入国际计算机互联网发布信息的服务。政府、企业、工厂和商家可以在国际计算机互联网上建立自己的信息窗，使其有机会以较低的成本向国际市场发布信息、做广告、做宣传，以最直接的方式建立一条通向国际的信息高速公路，从而扩大自己的影响。信息服务内容非常丰富，范围涉及人类生活的各个方面：邮电业务查询，如电话号码查询、电信业务费用查询、邮政业务咨询等；文化教育，包括网上学校、科技资料、网上书店、各高校网站、科研机构等；新闻报道，联结各大新闻媒体，及时报道国内外新闻，提供深层次的新闻背景分析；影音点播，可以在网上点播视频、音频节目，甚至可以实时地控制节目的内容，参与节目的制作；其他内容，如餐饮旅游、网络技术、网络游戏、天气预报等。

（7）多媒体通信　多媒体通信的具体应用可分为以下几个大类：

① 科学计算及信息处理。利用异地主机的 FTP 文件交换或用 TELNET 仿真终端接入，完成远程异地科学计算及信息处理，实现世界范围的计算机资源共享。

② 网上通讯。包括收发电子邮件、网上可视电话、网上会议等。网上通信的推出，极大地丰富了人们的联络方法，大幅度降低了通信费用，是对传统通信的强劲挑战。

③ 电子商务。可广泛应用于房租、水、电、暖、电信、罚款、税务等费用的在线查询、在线征收。

④ 多媒体远程医疗。如远程医疗手术示范、远程专家会诊、高清晰医疗图像传送、讨论处方等。

⑤ 事务处理。应用于证券行情查询和交易、外汇行情查询和交易各种订票业务、客房预约、房地产交易等。

因特网在中国的发展也非常迅速，目前我国已拥有中国公用计算机互联网（CHINANET，163）、中国教育和科研计算机网（CERNET）、中国金桥信息网（CHINAGBN）、中国公众多媒体通信网（CNINFO，169）、中国科技网（CSTNET）等骨干网，因特网用户已超过一千万。

（二）网上搜索引擎

现代意义上的搜索引擎的祖先，是 1990 年由蒙特利尔大学学生 Alan Emtage 发明的 Archie。随着互联网的迅速发展，使得检索所有新出现的网页变得越来越困难，因此，在 Matthew Gray 的 Wanderer 基础上，一些编程者将传统的"蜘蛛"程序工作原理作了些改进。其设想是，既然所有网页都可能有连向其他网站的链接，那么从跟踪一个网站的链接开始，就有可能检索整个互联网。到 1993 年底，一些基于此原理的搜索引擎开始纷纷涌现，其中以 JumpStation、The World Wide Web Worm（Goto 的前身，也就是今天的 Overture）和 Repository-Based Software Engineering（RBSE）Spider 最负盛名。

最早现代意义上的搜索引擎出现于 1994 年 7 月。当时 Michael Mauldin 将 John Leavitt 的蜘蛛程序接入到其索引程序中，创建了大家现在熟知的 Lycos。同年 4 月，斯坦福（Stanford）大学的两名博士生，David Filo 和美籍华人杨致远（Gerry Yang）共同创办了超级目录索引 Yahoo，并成功地使搜索引擎的概念深入人心。从此搜索引擎进入了高速发展时期。目前，互联网上有名有姓的搜索引擎已达数百家，其检索的信息量也与从前不可同日而语。

搜索引擎的分类如下。

1. 全文搜索引擎

全文搜索引擎是名副其实的搜索引擎，国外具代表性的有 Google、Fast/AllTheWeb、AltaVista、Inktomi、Teoma、WiseNut 等，国内著名的有百度（Baidu）。它们都是通过从互联网上提取的各个网站的信息（以网页文字为主）而建立的数据库中，检索与用户查询条件匹配的相关记录，然后按一定的排列顺序将结果返回给用户，因此他们是真正的搜索引擎。

2. 目录索引

目录索引虽然有搜索功能，但在严格意义上算不上是真正的搜索引擎，仅仅是按目录分类的网站链接列表而已。用户完全可以不用进行关键词（Keywords）查询，仅靠分类目录也可找到需要的信息。目录索引中最具代表性的是 Yahoo（雅虎）。其他著名的还有 Open Directory Project（DMOZ）、LookSmart、About 等。国内的搜狐、新浪、网易搜索也都属于这一类。

3. 元搜索引擎（META Search Engine）

元搜索引擎在接受用户查询请求时，同时在其他多个引擎上进行搜索，并将结果返回给用户。著名的元搜索引擎有 InfoSpace、Dogpile、Vivisimo 等，中文元搜索引擎中具代表性的有搜星搜索引擎。在搜索结果排列方面，有的直接按来源引擎排列搜索结果，如 Dogpile，有的则按自定的规则将结果重新排列组合，如 Vivisimo。

著名搜索引擎简介：

（1）国外英文目录索引

Yahoo——最著名的目录索引，搜索引擎开山鼻祖之一。

Dmoz. com/ODP——由义务编辑维护的目录索引。

Ask Jeeves——著名的自然语言搜索引擎，2002 年初收购 Teoma 全文搜索引擎。

LookSmart——点击付费索引目录，2002 年收购 WiseNut 全文搜索引擎。

About. com——有其自身特色的目录索引。

（2）国外英文搜索引擎

Google——是搜索精度高、速度快、应用最广泛的搜索引擎，是目前搜索界的领军人物。

Fast/AllTheWeb——总部位于挪威的搜索引擎后起之秀，风头直逼 Google。

AltaVista——曾经的搜索引擎巨人，目前仍被认为是最好的搜索引擎之一。

Overture——最著名的搜索引擎广告商，竞价排名的始作俑者，也是全文搜索引擎。

Lycos——发源于西班牙的搜索引擎，网络遍布世界各地。

（3）国内目录索引

搜狐（Sohu）——国内三大门户之一，最早在国内推出搜索引擎收费登录服务。

新浪（Sina）——最大的中文门户网站，同样也推出了搜索引擎收费索引项目。

网易（Netease）——网易搜索是 ODP 的国内翻版，其目录由志愿管理员维护，是 Google 的网页搜索用户。

（三）如何快速地在网上查找信息

目前，日趋完美的网页检索工具也层出不穷，每人都有自己的所喜欢使用的网页检索工具，每人的检索方式也大相径庭，这就像每人的生活方式不同一样，我们不可强求统一。但是，我们如果能从众多的检索工具中摸索出一些规律，我们就能提高检索质量、节省时间和精力。

1. 要熟悉了解所检索的主题

我们要确切了解我们自己所想要查询的内容。如果我们键入的检索式不正确，有可能导致许多无用信息的产生。当然我们也可以边查边修改我们的检索策略，有时这也是我们的唯一选择，但是，如果我们相当了解我们自己学科的主题，熟悉常用的术语，那么，我们的检索进展就会要顺利得多。举例来说，我们想查找有关因特网方面的信息，这种信息网上太多，如果我们能知道再具体一点的信息，如我们知道要查的因特网是属于哪种范畴（10Mbps 和 100Mbps）的因特网，这样，我们就能更有的放矢地进行检索。另外，还注意专有名词要大写。

2.要明确网上的局限性

我们知道所有网页检索工具就其检索所要求的查准率和查全率来说是不太高的，同时也不是一上网就可以查到有关学科方面的最新信息，这只是相对而言，有些检索工具还是能检索到一些较新的信息，但网上的信息一般也都滞后，因为检索工具一般也得花数月时间在网上搜寻新资料，而有些动态的网址就其本身性质来说就难以被编成索引。

3.正确使用布尔逻辑组合式

在网上所有一流的网址都容许使用布尔逻辑式，我们一般常用四种布尔逻辑运算符来进行检索：首先是"And"，如当我们在一个检索式中使用 A AND B 时，我们实际上是通知我们所选择的检索工具在我们所要查找的文献中既要有 A 也要有 B。举例来说，我们要检索与 Java 有关的数据库，我们就应该这样输入检索式：Java AND database。我们要注意的是有些检索工具的缺省值就是使用 AND（yahoo），但并非所有的检索工具都如此，因此，我们在使用每一检索工具之前最好读一读相关的帮助信息，以进一步了解该检索工具的具体特性。在我们上网进行检索时，"OR"可能是用处最少的布尔逻辑运算符，因为它检索出来的信息太多，有许多网上服务器甚至不对带有这种逻辑运算符检索式的请求进行加工。还有些词如"计算机"，太多太泛，失去了检索的价值，我们称这种词为"禁用词"，网上每个检索服务器一般都有自己的禁用词表，如果我们在检索前对此有所了解，我们就有可能避免不必要的误检。另一个比较有效的逻辑运算符是"Not"，我们可以用 Not 来排除在检索中同名但不同义的词组。但是，我们要注意的是有些检索服务器，如 Yahoo 和 Lycos，不能执行 Not 逻辑运算符，我们在检索时要考虑这些问题。

（四）Internet 上的化学化工信息资源

目前，因特网上很多网站可以提供各类有关化学化工方面的信息。有各种期刊论文、学位论文；科技图书；技术报告、会议文献；各国标准和专利文献；产品样本、化工经济信息和化工科技信息；各类化学化工数据库（如 CA 化学物质登录数据库、化学品安全信息数据库、物理性质数据库、热力学数据库、化工产品目录数据库、中国化工产品供需厂商数据库等）；各类化学化工工具书（如综合性、无机化学化工、有机化学化工、分析化学、实验室化学、高分子化学化工、农业化学品、精细与专用化学品、化工过程、化学工程、生产工艺、化学物质毒性及化工安全和防护工具书）。

有关的化工技术人员查询使用可获取大量的学术资料、科技成果。现将部分有名的站点介绍如下。

1.化工"虚拟图书馆"（http://www.che.ufl.edu/www-CHE/outline.html）

该网站由美国佛罗里达大学建立，主要为用户提供化工、生物、环境、给排水、能源等方面的技术资料，同时还提供有关标准、专利以及化学制品的价格、制造商和相关服务信息，用户还可免费订阅"化学品交易信息"。该网站连接了许多著名化工站点，通过它可进一步搜寻有关化工信息。

2. OCLC（http://www.oclc.org）

世界上最大的为读者提供文献信息服务的机构，通过它可方便地检索大量学术资源。

3.环境信息（http://envirolink.org）

4.美国化学工程师协会（http://www.che.ufl.edu/~aiche/）

介绍部分化工论文及该协会有关活动。

5.美国化学学会（http://www.acs.org）

主要内容有美国化学文摘、教育、公共事物、出版物、计算机软件、会议等。

6. DIALOG 系统 （http://www.dialog.com/）

提供相关领域的论文、新闻、统计等在线服务，以及全球 100 多种报纸及数千种杂志。

7. 美国化学学会化学文摘 CA （http://info.cas.org/ONLINE/）

世界著名科技文摘，提供科技信息的在线检索服务，但需付费建立合法账号方可使用。

（五）利用因特网进行文献检索

因特网的检索可同时使用网上多个主机，甚至所有主机的某种资源，而并不需要用户预先知道它们的具体地址。这就极大扩宽了其检索的空间和信息量，包括各种文献信息资源及其指向的网络页面。而传统的联机检索、光盘检索只局限在对一台或几台主机上的特定数据库的检索。但在另一方面，互联网信息庞杂，正式与非正式信息及其交流渠道共存，信息缺乏有效的组织管理，因此很难用一般意义上的查全、查准这些概念来衡量其检索。目前还没有一个对所有在线服务行之有效的简单检索模式。

网络信息检索与联机信息检索最根本的不同在于网络信息检索是基于客户机/服务器的网络支撑环境的，客户机和服务器是同等关系，而联机检索系统的主机和用户终端是主从关系。在客户机/服务器模式下，一个服务器可以被多个客户访问，一个客户也可以访问多个服务器。因特网就是该系统的典型，网上的主机既可以作为用户的主机里的信息，又可以作为信息源被其他终端访问。

Internet 网络上蕴藏着非常丰富的信息资源，从电子期刊、电子工具书、商业信息、新闻、大学和专业机构介绍、软件、数据库、图书馆资源、国际组织和政府出版物，到娱乐性信息等等。它已经成为全球范围内传播科研、教育、商业和社会信息的最主要的渠道。但要从这个信息海洋中准确迅速地找到并获得自己所需的信息，却往往比较困难。正是为了解决这个问题，从 20 世纪 80 年代起人们就开发了各种网络信息检索工具。

根据检索工具检索网络资源类型的不同，可以将其分为万维网检索工具和非万维网检索工具。万维网检索工具主要检索万维网站点上的资源，它们常被称为搜索引擎，而且由于万维网资源常以网页的形式存在，它们的检索结果常常被称为网页。非万维网检索工具主要检索特殊类型的信息资源，如 Archie——检索 FTP 文件；Veronica——搜索 Gopher 服务器；WAIS——检索全文信息；Deja News——检索新闻组等。不过越来越多的万维网搜索引擎具备了检索非万维网资源的功能，使它们成为检索多类网络信息资源的集成化工具。

1. 常见中西方搜索引擎和综合网站

（1）Google 搜索引擎（http://www.google.com.） Google 是目前世界上最大的搜索引擎，如图 5-2，它为互联网用户提供了最便捷的网上信息查询方法，有 35 种语言的多语种搜索引擎，其中分中文简、繁体，并能自动转换，通过对 30 多亿网页进行整理，Google 每天需要提供 2 亿次查询服务。随着互联网的迅猛发展，各家搜索引擎服务商之间的竞争日趋激烈。2004 年下半年，Google 又推出了中英文字典、查询天气预报、查询邮政编码或长途区号、股票查询和查询手机号归属地等新业务。

Google 有 2 种检索方式，即基本检索和高级检索。对于基本检索，检索词不分大小写，检索结果一致，采用布尔逻辑检索。逻辑"与"——检索词间用空格；逻辑"或"——检索词间用"OR"；逻辑"非"——检索词间用减号，如："＋图书 －情报"（＋表示后面的词必须出现，减号前须加空格）。由于 Google 只搜索包含全部查询内容的网页，所以缩小搜索范围的简单方法就是添加搜索词。使用高级检索添加词语后，查询结果的范围就会比原来的"过于宽泛"的查询小得多。

另外，Google 提供了学术搜索功能，在图 5-3 中的"专业搜索"中点击进入"学术搜

图 5-2　Google 主页面

图 5-3　Google 的检索类型

索"页面，鼠标放到检索框右侧的下拉箭头上，会显示"学术高级搜索"，如图 5-4 为 Google 学术高级搜索主页。Google 学术搜索是一个可以免费搜索学术文章的 Google 网络应用。该项索引包括了世界上绝大部分出版的学术期刊，可广泛搜索学术文献。可以从一个位置搜索众多学科和资料来源：来自学术著作出版商、专业性社团、预印本、各大学及其他学术组织的经同行评论的文章、论文、图书及摘要。

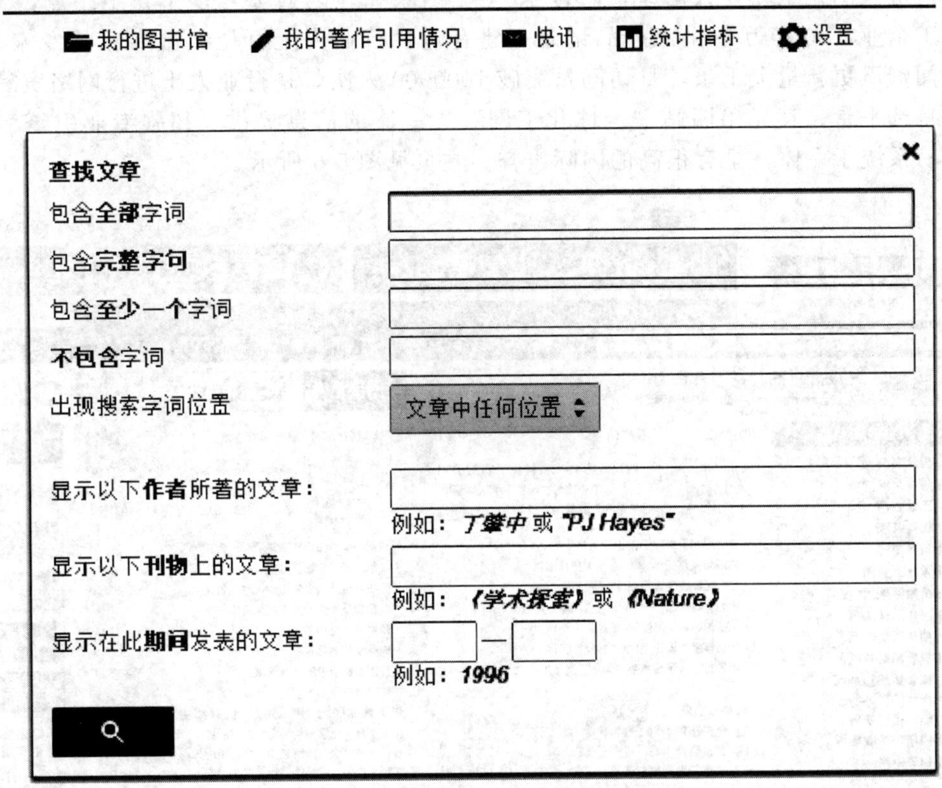

■ 我的图书馆　✎ 我的著作引用情况　■ 快讯　■ 统计指标　✿ 设置

查找文章　✕

包含**全部**字词

包含**完整**字句

包含至少**一个**字词

不包含字词

出现搜索字词位置　　文章中任何位置 ⬍

显示以下**作者**所著的文章：

例如：*丁肇中* 或 *"PJ Hayes"*

显示以下**刊物**上的文章：

例如：*《学术探索》* 或 *《Nature》*

显示在此**期间**发表的文章：　☐ — ☐

例如：*1996*

🔍

图 5-4　Google 学术高级搜索主页

（2）百度搜索（http://www.baidu.com）　百度公司结合世界先进的网络技术、中国语言特色以及中国互联网经济发展的现状，开发出了中国互联网信息检索和传递基础设施平台，并且运用最先进的商业模式，直接为整个中国的互联网提供高价值的技术性服务产品，是中国最优秀的互联网技术提供商。百度主页见图 5-5 所示。

图 5-5　百度主页面

2.化学化工类专业网站

（1）中国化工网　　中国化工网是由网盛科技创建并运营的，中国化工网是国内第一家专业化工网站，也是目前国内客户量最大、数据最丰富、访问量最高的化工网站。中国化工网建有国内最大的化工专业数据库，内含 40 多个国家和地区的 2 万多个化工站点，含 25000 多家化工企业，20 多万条化工产品记录；建有包含行业内上百位权威专家的专家数据库；每天新闻资讯更新量上千条，日访问量突破 1000000 人次，是行业人士进行网络贸易、技术研发的首选平台。其兄弟网站"全球化工网"集一流的信息提供、超强专业引擎、新一代 B2B 交易系统于一体，享有很高的国际声誉。主页见图 5-6 所示。

图 5-6　中国化工网主页面

（2）中国化工信息中心网（http://www.cncic.gov.cn/）　　中国化工信息中心是全国化工行业综合性信息研究、信息服务、统计分析和计算机应用技术开发中心，1999 年经国务院批准转制为科技型企业。它是国家工程技术图书馆的参建单位，是化工系统专利服务中心、展览中心、音像出版中心和节能中心。可以提供行业、专业和产品的市场调研、预测分析、可行性研究报告等。编辑出版十多种国内外公开发行的期刊、专题资料及内部出版物，报道大量有价值的国内外信息和研究成果等。该中心出版的《中国化学化工文摘》重点收录报道中国化学化工期刊及有关高校的学报中发表的文献及化工专利，是国内重要的化学化工文献检索期刊。其主页面如图 5-7 所示。

（3）中国化工设备网（http://www.ccen.net/）

（4）中国化工企业互联网（http://www.cpcp.com.cn）

（5）中国石油和化工文献资源网（http://www.chinarank.org.cn）

（6）中国食品网（http://www.cnfoodnet.com）

图 5-7　中国化工信息中心网主页面

(7) 中国环境保护网（http://www.sepa.gov.cn）

3. 专利技术网上信息

(1) 美国专利及商标局（http://www.uspto.gov）

(2) 美国专利数据库检索系统（http://patents.cndir.org/access）

(3) 欧盟专利机构（http://www.europa.com）

(4) 日本专利局（http://www.jpo.go.jp）

(5) 中国专利信息网（http://www.patent.com.cn）

(6) 中国知识产权网（http://www.cnipr.com）

(7) 中国国家知识产权局（http://www.sipo.gov.cn）

4. 标准文献信息资源

(1) 世界标准服务网（http://www.wssn.net）

(2) 国际标准化组织（http://www.iso.ch）

(3) 美国国家标准系统网（http://www.nssn.org）

(4) 中国重要标准服务网站　主要有中国标准服务网（http://www.cssn.net.cn）、中国标准网（http://www.zgbzw.com）和中国质量信息网（http://www.cqi.gov.cn）。

5. 化学化工类图书资料的检索

主要可以通过以下几类网站进行查询检索：

(1) OCLC（Online Computer Library Centre，即联机计算机图书馆中心系统）（http://www.oclc.org）　OCLC 是当今世界上最大的图书信息网络，向全世界 76 个国家和地区的 35917 个图书馆提供信息服务。该系统有强大的信息资源支持，有 80 多个数据库，其中 30 多个可检索到全文。主要可以提供委托和技术服务、参考服务、资源共享等。

(2) 国家图书馆（http://www.nlc.gov.cn）　国家图书馆是综合性研究图书馆，是国家总书库。目前，馆藏文献已达 2 千多万册，居世界国家图书馆第五位，并以每年 60 万～

70 万册的速度增长。用户可以通过读者指南对图书进行浏览，也可以通过作者名、书名或关键词对图书进行检索。

（3）上海图书馆（http://www.library.sh.cn） 通过搜索引擎查找各类馆藏图书和众多的中西文期刊。

（4）中国高校教材网（http://www.sinobook.com.cn）

（5）中国图书网（http://www.bookschina.com）

（6）化学工业出版社（http://www.cip.com.cn）

任务实施

一、制订检索策略

1. 分析检索课题

利用普通网络资源（中国知网、中国知识产权网、中国标准服务网等）查找 2000 年到 2011 年发表的与毕业专题"碳纳米管的制备及性能研究"相关的文献。根据毕业专题的题名，可以确定检索途径为关键词检索，并根据"切分、删除、补充"等过程确定关键词为"纳米材料"、"性能"、"制备"，三个关键词之间的逻辑关系为"并且"。时间条件为 2000～2014 年。

2. 选择检索工具

做毕业设计之前很重要的一个任务就是完成关于该毕业课题的参考文献的检索工作，完成开题报告，可以避免重复研究或少走弯路。所以科研人员在选题阶段就应该进行必要的文献检索，从中了解到该项目提出的原因、历史状况、目前的进展情况等，只有这样，科技人员才可以借鉴别人的劳动成果，直接进入实质性的研究阶段，避免重复研究，提高工作效率。所以为了达到这个目的，科研人员在定题之前就应该全面、准确的进行文献检索。为了更好地了解课题，需要检索多种文献类型，如期刊论文、专利、标准、学位论文、图书等，根据前面的介绍，每种文献类型都有特定的检索的数据库或网站。如检索期刊论文，我们可以选择中国知网、维普资讯网或者万方数据库等；检索专利，我们可以选择中国国家知识产权局、中国知识产权网等；检索标准，可以选择中国标准服务网、中国标准网；检索图书，可以选择超星数字图书馆等；检索英文文献，可以选择 CA、EI、Google 等。

3. 初步检索

选择数据库，打开该数据库的普通网络的网页，点击进入高级检索的界面，输入检索词，并选择检索词之间的逻辑关系，点击文献检索，得到检索的结果。

4. 记录检索结果

记录文献数量，并对文献进行筛选，阅读摘要，必要时获得全文进行精读。若检索结果不满意（查全率或查准率不能满足要求），可以修改检索策略，提高查全率和查准率，然后进一步的检索，直到得到满意的结果为止。

二、操作演示

以维普资讯网（http://2010.cqvip.com/）为例。

① 打开维普资讯网 http://2010.cqvip.com/。

② 点击"高级检索"，进入该界面。

③ 选择关键词为检索项，分别输入"纳米材料"、"性能"、"制备"，选择检索词之间的逻辑关系为"并且"，选择时间条件为 2000 年至 2014 年，如图 5-8 所示。

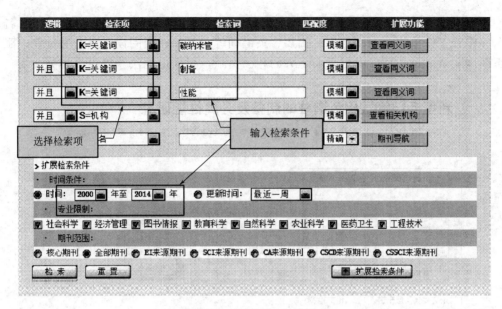

图 5-8　检索条件的输入

④ 点击"检索"，得到如图 5-9 所示的检索结果，共得到 71 篇与上述检索条件相符的相关文章。

图 5-9　检索结果

⑤ 点击第一篇文章的题目，如图 5-10 所示，即可看到该文章的更多信息，如题名、作者姓名、作者工作单位、刊物名称、摘要、关键词等，可以在线阅读，或者通过登录账号和密码下载该文章。另外可以根据页面下方的相关文献，根据追溯法获得更多相关文章。

新型毛细管气相色谱柱的制备及分离性能研究

《高师理科学刊》2013年 第2期 | 孙澈 郑永杰 田景芝　齐齐哈尔大学化学与化学工程学院 黑龙江齐齐哈尔161006

在线阅读　　下载全文　　　　　　　　　购物车　| ★ 收藏　| 分享 ＋

第1页　　第2页　　第3页　　第4页　　论文在线投稿 点击进入

论文发表（点击进入）　　论文检测

摘　要：以聚乙二醇共价键接枝多壁碳纳米管（PEG-g-MWCNTs）作为色谱分离介质，采用溶胶-凝胶法制备了一种新型的毛细管气相色谱柱。考察了PEG-g-MWCNTs溶胶-凝胶固定相的热稳定和柱效的影响因素以及对芳香烃、酯等有机混合物分离性能。结果表明，该柱在180℃柱温下，固定流失很少，具有较好的热稳定性。实验以辛醇作为测试物，测得柱与柱之间（n=5）保留时间的RSD小于4.5％。使用6个月后保留时间的RSD小于1.30％。

【分　类】　【数理科学和化学】 ＞ 化学 ＞ 分析化学 ＞ 仪器分析法（物理及物理化学分析法）＞ 毛细管分析、电毛细管分析

【关键词】　毛细管气相色谱柱 分离性能 制备 溶胶-凝胶 多壁碳纳米管 热稳定性 保留时间 有机混合物

【出　处】　《高师理科学刊》2013年 第2期 57-60页 共4页

【收　录】　中文科技期刊数据库

图 5-10　文献信息

我们还可以根据前面讲过的知识对专利、标准、图书等文献类型进行检索，得到更多信息。

任务二　利用网络资源查询就业信息

> 要求：利用搜索引擎查找大学生就业信息，每个城市的职业供求信息等。

前面已经介绍了如何利用普通网络资源查询文献，为科研工作所用，其实，搜索引擎除了能进行学术搜索以外，还有很多其他方面的应用，如查询天气、图片、歌曲、网页、车票等，大大地方便了我们的生活，可以说只需轻轻点击鼠标，就可以获得自己想要的信息，丰富我们的知识，扩大我们的视野。

任务实施

一、制订检索策略

（1）分析任务要求　目的是查找大学生就业的信息，换句话说就是大学生求职的信息，

那么为了得到更多有用的信息，我们在确定检索词的时候要考虑到大学生就业和大学生求职两个方面。

（2）通过搜索引擎查找大学生就业（或者求职）信息的网站　就如我们若想查询某一个专利，首先找到专利查询的网站一样，面对上述任务，我们首先应该查找大学生就业（或求职）信息的网站，而这些网站是可以以百度等搜索引擎为起点来查询的。

（3）通过大学生就业（或求职）的网站查询到企业的校园招聘信息　根据自己的兴趣和专业筛选信息，找到合适的招聘信息，网上投简历或参加招聘会，最终找到满意的工作。

二、操作演示

① 打开百度在检索框中输入"大学生就业网站"或者"大学生求职网站"，如图 5-11，例如点击"中国大学生就业信息网"，得到如图 5-12(a)所示的网页，中国教育在线校园招聘频道推出中国大学生就业信息网，为大学生提供全面的就业平台，更多更新的招聘信息、招聘就业指导，在如今就业形势严峻的情况下，为更多的大学生带去福音，希望可以助高校大学生一臂之力。该网站为大学生提供了各个省市及大学校园的就业信息网的链接、如何制作简历、大学生创业及就业的指导、2014 年校园招聘会信息、培训信息等等，通过点击这些内容，可以获得更多我们需要的信息。图 5-12(b)为江苏省毕业生就业网。

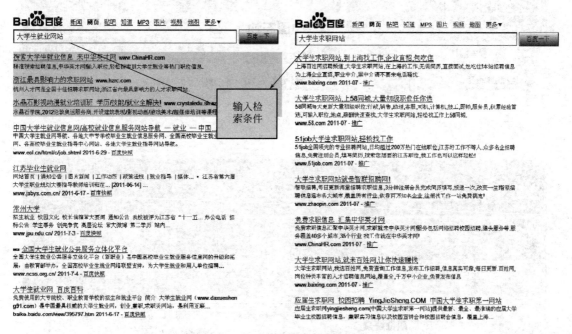

图 5-11　以百度为检索起点查询网站

② 如点击图 5-12 中的"全国大中型企业与 2014 届高校毕业生网上双选月"，可以得到如图 5-13 所示的网页，在该页面上为大家提供了招聘企业名称及职位名称，可以点击进入自己感兴趣的企业，查看招聘信息。该网页的招聘信息每天都在更新，毕业生只要耐心关注，并及时地对感兴趣的职位提出申请、发出简历，相信终究会找到满意的工作。

利用好网络资源还可查询每个城市的工资指导价位、社会保障政策、技能鉴定等方面的内容，可以让学生更好地了解职业的发展，更好的规划自己的职业。

(a)

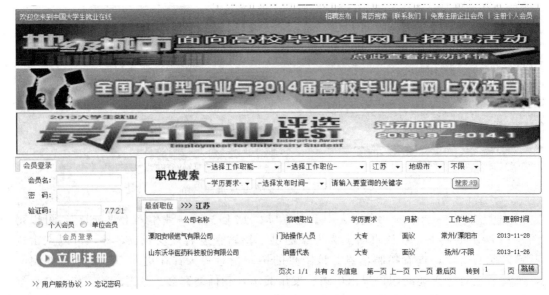

(b)

图 5-12　中国大学生就业信息网

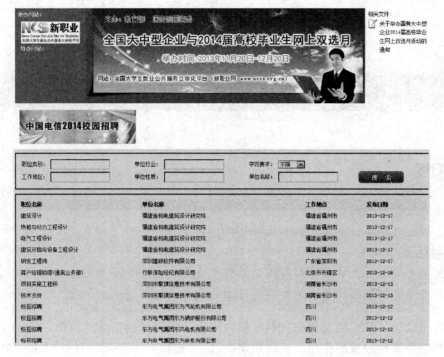

图 5-13 2014届高校毕业生网上双选月信息

课外任务

任务 1 利用普通网络资源，如中国知网、维普等，查找常州工程职业技术学院刘承先为第一作者发表的文章，并对这些文章按照学科类别分组。

任务 2 利用计算机上网查找"石墨烯"相关的资料，再从查出的资料中分别输入第二关键词"制备"、"性能"，查找该课题相关资料。

任务 3 如果你想继续深造，要了解某校具体招生情况和学校概况，你应该如何办？请写一份检索计划。

任务 4 查询你毕业当年与专业对口企业的所有招聘信息。

项目六 科技论文的撰写

知识目标：

1. 掌握科技论文（毕业论文）的格式；

2. 了解文摘的作用；

3. 了解撰写毕业论文时常犯的几种错误。

能力目标：

1. 能依据科技论文的标准撰写简单的科技论文（包括毕业论文）；

2. 能按照文摘的格式要求撰写科技论文的文摘。

一项科研成果，从它的选题到资料收集，从科研的设计到论文的写作，每一步对于整个科研活动都起着举足轻重的作用。爱因斯坦说过："提出一个问题往往比解决一个问题更重要，因为解决一个问题也许仅是一个科学上的实验技能而已，而提出新的问题、新的可能性，以及从新的角度看旧的问题，都需要有创造性的想象力，而且标志着科学的真正进步。"这体现了科研选题的重要意义。检索和利用文献是科技工作者获取文献信息、创造成果的最重要的手段，而撰写各种类型的学术文献则是一个科技工作者总结科研成果、增添科学知识、交流学术思想、探讨学术问题、活跃学术气氛、显示个人成就的重要途径。因此，科技工作者与文献信息的关系是互相紧密结合的两个方面，相辅相成。熟练地掌握科技论文的写作格式对于一个科技工作者来说是至关重要的一件大事。

一个科技论文作者应有的基本素养是：专业知识（包括具有相应专业的一般知识；具备所写科技论文内容的专业知识；熟悉相关的专业知识）、文献资料的查阅技能、信息积累、通晓科技论文写作的理论和格式、有一定的语法和文字修辞上的素养、了解期刊编辑知识、善于对读者对象分析研究。

撰写论文前的准备知识

一、科技论文基本知识

1. 科技论文的概念

科技论文在情报学中又称为原始论文或一次文献，它是科学技术人员在科学实验（或试验）的基础上，对自然科学或工程技术领域里的现象（或问题）进行科学分析、综合和阐述，从而揭示现象（或问题）的本质与规律的学术论文。科技论文是科学技术研究成果的书面表达形式。

2. 科技论文的分类

科技论文有多种类型。

　　按照写作目的不同，科技论文可分为学术论文和学位论文两类，学术论文是为了在学术会议或学术刊物上发表；学位论文是为了申请相应学位，以表达作者的研究成果，体现作者的科研能力。学位论文根据所申请的学位不同，又可分为学士论文、硕士论文、博士论文三种。

　　(1) 学士论文　学士论文是合格的本科毕业生撰写的论文。毕业论文应反映出作者能够准确地掌握大学阶段所学的专业基础知识，基本学会综合运用所学知识进行科学研究的方法，对所研究的题目有一定的心得体会，论文题目的范围不宜过宽，一般选择本学科某一重要问题的一个侧面或一个难点，选择题目还应避免过小、过旧和过长。

　　(2) 硕士论文　硕士论文是攻读硕士学位研究生所撰写的论文。它应能反映出作者广泛而深入地掌握专业基础知识，具有独立进行科研的能力，对所研究的题目有新的独立见解，论文具有一定的深度和较好的科学价值，对本专业学术水平的提高有积极作用。

　　(3) 博士论文　博士论文是攻读博士学位研究生所撰写的论文。它要求作者在博导的指导下，能够自己选择潜在的研究方向，开辟新的研究领域，掌握相当渊博的本学科有关领域的理论知识，具有相当熟练的科学研究能力，对本学科能够提供创造性的见解，论文具有较高的学术价值，对学科的发展具有重要的推动作用。

　　按照研究方法不同，科技论文可分理论型、实验型、描述型三类，理论型论文运用的研究方法是理论证明、理论分析、数学推理，用这些研究方法获得科研成果；实验型论文运用实验方法，进行实验研究获得科研成果；描述型论文运用描述、比较、说明方法，对新发现的事物或现象进行研究而获得科研成果。

　　按照研究领域不同，科技论文又可分自然科学学术论文与工程技术学术论文两大类，这两类论文的文本结构具有共性，而且均具有长期使用和参考的价值。

　　3.科技论文的特点

　　(1) 学术性　学术性是科技论文的主要特征，它以学术成果为表述对象，以学术见解为论文核心，在科学实验（或试验）的前提下阐述学术成果和学术见解，揭示事物发展、变化的客观规律，探索科技领域中的客观真理，推动科学技术的发展。学术性是否强是衡量科技论文价值的标准。

　　(2) 创新性　科技论文必须是作者本人研究的，并在科学理论、方法或实践上获得新的进展或突破，应体现与前人不同的新思维、新方法、新成果，以提高国内外学术同行的引文率。

　　(3) 科学性　论文的内容必须客观、真实，定性和定量准确，不允许丝毫虚假，要经得起他人的重复和实践检验；论文的表达形式也要具有科学性，论述应清楚明白，不能模棱两可，语言准确、规范。

　　4.科技论文的基本要求

　　(1) 学术性要求　科技论文不是科研工作总结，不能写成总结汇报的形式；科技论文不是统计报表，不能写成数字的堆积；科技论文不是文学作品，不能写成文学体裁。如："加入面粉改良剂后，面包变得又大又白，色泽艳丽，美味可口，令人垂涎欲滴。"应改为："添加面粉改良剂后，烘焙出的面包体积增大，表皮隆起，面皮和面瓤变白，内部呈蜂窝状结构。"

　　(2) 真实性要求　科技论文的真实性体现在四个方面。其一，科研方法真实可信，经得起论证。不论是引用参考文献或者是自己设计的试验方法都应该是真实和可靠的。其二，试验数据真实可靠，经得起复核。其三，客观讨论不作夸张，经得起推敲。不夸大或缩小客观试验，避免"填补某领域空白"、"处于国内外领先水平"等语言。其四，所作结论站得住脚，经得起提问。

（3）逻辑性要求　培根说过："写作使人严谨。"科技论文的逻辑性，要求作者在撰写论文的过程中要经过周密的思考，严谨而富有逻辑效果的论证。

（4）规范性要求　我国对于科技论文的格式要求制订有十分详细的标准，在写作中必须了解这些要求才能写出符合规范要求的好文章。

二、科研选题

（一）选题的重要意义

所谓选题，顾名思义，就是选择论文的论题，即在写论文前，选择确定所要研究论证的问题。在论述选题问题时，我们首先应当把课题、论题、题目三个概念搞清楚。这三者同属于某一学科中的学术问题，但又有所区别。首先，论题不同于课题。课题通常是指某一学科重大的科研项目，它的研究范围比论题大得多。其次，论题又不同于题目。题目是指论文的标题，它的研究范围一般比论题要小。题目相当于论文的"眼睛"。读者和检索机构通常根据题目来考虑是否需要阅读或摘录。题目如果表达不当，就有可能使许多读者错失阅读的机会，使许多检索刊物错失检索的机会，从而发挥不了论文应有的作用。选题是论文撰写成败的关键。因为，选题是论文撰写的第一步，它实际上就是确定"写什么"的问题，亦即确定研究的方向。如果"写什么"都不明确，"怎么写"就无从谈起。题目的好坏不能离开一定时代的社会需要和作者自身的主客观条件，做到量力而行、量体裁衣。通过选题，可以大体看出作者的研究方向和学术水平。提出问题是解决问题的第一步，选准了论题，就等于完成论文写作的一半，题目选得好，可以起到事半功倍的作用。

（二）选题的原则

1.科学性

所谓科学性就是指以科学理论为依据，以客观事实为基础，坚持以科学和严肃的态度从事研究工作，实事求是地探索和发展真理。科学性是衡量科学研究工作的重要标准，因为科学研究的任务在于揭示客观世界的发展规律，正确反映人们认识世界和改造世界的客观实际情况，探索和发现真理。选择研究课题也必须符合这一标准，不能违背这一原则而靠个人主观臆想甚至凭空妄想确定课题。否则，研究工作就会因选题没有客观依据，违背了科学性的原则而失败。

2.创造性

对于那些别人已经研究过并且已经得出了正确结论、没有进一步研究余地的课题，一般不再考虑选择。所以在确定研究课题之前，一定要进行必要的调查研究，了解有关问题是否已经有人研究过了，得出了何种结论，这种结论是否与自己的认识一致，自己有无可能超过别人的研究成果，取得更高水平的成果。如果没有这种可能，而只是完全机械地重复别人的研究，则应放弃从这样的范围选题。因为，尽管对于同一课题可以从不同角度、用不同资料论据进行论证，但若确实没有特别新鲜的东西，单纯进行重复研究是没有意义的。当然，如果自己准备对已有人研究过的问题提出与别人相反的观点，或使用不同的理论与方法进行研究，便可以考虑选择。

3.可行性

在选择课题时，要考虑个人所具备的主客观条件。在主观上，要实事求是地评价自己的优势和长处，要选择自己专业知识较为深厚、理论基础扎实、形成较为系统成熟的个人见解的课题。若对于所选课题平时就比较感兴趣，留心较多，对课题的发展状况、涉及范畴和使用的理论与方法较为明确，自己也知道从何入手开展研究，并且自己也有话可说，这样就会产生研究探索的欲望，具有进行研究的能力，写作起来也会得心应手，易于阐发出较为精彩的见解，也能够经得起困难和挫折的考验，最终充分发挥自己的主动性和创造性，写出水平、价值和质量俱佳的学术论文来。

题目的难易要适中。选题既要有"知难而进"的勇气和信心，又要做到"量力而行"。许多人在选择论文题目时，跃跃欲试，想通过论文的编辑，将自己几年来的学习所得充分地反映出来，因此着眼于一些学术价值较高、角度较新、内容较奇的题目，这种敢想敢做的精神是值得肯定的，但如果难度过大，超过了自己所能承担的范围，一旦盲目动笔，很可能陷入中途写不下去的被动境地，到头来迫使自己另起炉灶、更换题目，这样不仅造成了时间、精力的浪费，而且也容易使自己失去写作的自信心。反之，自己具备了一定的能力和条件，却将论文题目选得过于容易，这样也不能反映出自己真实的水平，而且也达不到通过撰写论文锻炼自己，提高自己的目的。

4. 必要性

人们从事科学研究活动，为的是认识世界，探索真理，目的在于解决现实世界客观存在的实际问题。任何学科的发展和研究工作的开展，归根到底都是出于客观实际的需要，这是人类科学技术不断进步的动力。因此，选择科研课题一定要遵循符合客观实际需要的原则，不能选择华而不实的课题。当前我国化学化工事业的发展面临着许多新问题、新情况，迫切需要研究人员脚踏实地地研究、探索和论证各种现象发展变化的客观规律，以促进我国化学化工事业健康稳步地发展。因此，选择课题时，应当把具有现代意义的课题放在首位，而不能脱离客观需要，封闭式地选择研究课题，否则也容易失败。

（三）选题的方法

17世纪法国著名的思想家笛卡尔曾经说过："最有价值的知识是关于方法的知识。"要选好毕业论文的题目，只了解选题原则还不够，还需要了解和掌握选题的一些具体方法。下面介绍两种常用的选题方法。

1. 浏览捕捉法

这种方法就是通过对占有的文献资料快速地、大量地阅读，在比较中来确定题目的方法。浏览捕捉法一般可按以下步骤进行。

第一步，广泛地浏览资料。在浏览中要注意勤作笔录，随时记下资料的纲目，记下资料中对自己影响最深刻的观点、论据、论证方法等，记下脑海中涌现的点滴体会。当然，手抄笔录并不等于有言必录，有文必录，而是要做细心的选择，有目的、有重点地摘录，当详则详，当略则略，一些相同的或类似的观点和材料则不必重复摘录，只需记下资料来源及页码就行，以避免浪费时间和精力。

第二步，是将阅读所得到的方方面面的内容，进行分类、排列、组合，从中寻找问题、发现问题，材料可按纲目分类，如分成：

系统介绍有关问题研究发展概况的资料；

对某一个问题研究情况的资料；

对同一问题几种不同观点的资料；

对某一问题研究最新的资料和成果等。

第三步，将自己在研究中的体会与资料分别加以比较，找出哪些体会在资料中没有或部分没有；哪些体会虽然资料已有，但自己对此有不同看法；哪些体会和资料是基本一致的；

哪些体会是在资料基础上的深化和发挥等。经过几番深思熟虑的思考过程，就容易萌生自己的想法。把这种想法及时捕捉住，再作进一步的思考，选题的目标也就会渐渐明确起来。

2. 追溯验证法

这是一种先有拟想，然后再通过阅读资料加以验证来确定选题的方法。这种选题方法必须先有一定的想法，即根据自己平素的积累，初步确定准备研究的方向、题目或选题范围。但这种想法是否真正可行，心中没有太大的把握，故还需按着拟想的研究方向，跟踪追溯。追溯可从以下几方面考虑：

① 看自己的"拟想"是否对别人的观点有补允作用，自己的"拟想"别人没有论及或者论及得较少。如果得到肯定的答复，再具体分析一下主客观条件，只要通过努力，能够对这一题目作出比较圆满的回答，则可以把"拟想"确定下来，作为论文的题目。

② 如果自己的"拟想"虽然别人还没有谈到，但自己尚缺乏足够的理由来加以论证，考虑到写作时间的限制，那就应该中止，再作重新构思。

③ 看"拟想"是否与别人重复。如果自己的想法与别人完全一样，就应马上改变"拟想"，再作考虑；如果自己的想法只是部分的与别人的研究成果重复，就应再缩小范围，在非重复方面深入研究。

④ 要善于捕捉一闪之念，抓住不放，深入研究。在阅读文献资料或调查研究中，有时会突然产生一些思想火花，尽管这种想法很简单、很朦胧，也未成型，但千万不可轻易放弃。因为这种思想火花往往是在对某一问题做了大量研究之后的理性升华，如果能及时捕捉，并顺势追溯下去，最终形成自己的观点，这是很有价值的。

追溯验证的选题方法，是以主观的"拟想"为出发点，沿着一定方向对已有研究成果步步紧跟，一追到底，从中获得"一己之见"的方法。但这种主观的"拟想"绝不是"凭空想象"，必须以客观事实、客观需要等作为依据。

三、文献资料的收集

（一）资料搜集的范围

撰写毕业论文必须详尽地检索资料，一篇五千字左右的论文，可能要搜集到几万、甚至几十万字的资料。资料是论文编辑的基础，没有资料，"巧妇难为无米之炊"，研究无从着手，观点无法成立，论文不可能形成。所以，详尽地占有资料是毕业论文编辑之前的一项极重要的工作。

毕业论文编辑之前，至少应当拥有如下两个方面的材料。

第一，第一手资料。第一手资料包括与论题直接有关的文字材料、数字材料（包括图表），譬如：统计材料、典型案例、经验总结等等，还包括自己在实践中取得的感性材料。这是论文中提出论点、主张的基本依据。没有这些资料，撰写的论文就只能成为毫无实际价值的空谈。对第一手资料要注意及早收集，同时要注意其真实性、典型性、新颖性和准确性。

第二，他人的研究成果。这是指国内外对有关该课题学术研究的最新动态。撰写论文不是凭空进行的，而是在他人研究成果的基础上进行的，因此，对于他人已经解决了的问题就可以不必再花力气重复进行研究，但人们可以以此作为出发点，并可以从中得到有益的启发、借鉴和指导。对于他人未解决的，或解决不圆满的问题，则可以在他人研究的基础上再继续研究和探索。切忌只顾埋头写，不管他人研究，否则，撰写的毕业论文的理性认识会远远低于前人已达到的水平。

（二）资料搜集和分类的方法

搜集资料的方法很多，常用的主要有以下方法：

第一，做卡片。使用卡片搜集资料，易于分类、易于保存、易于查找，并且可分可合，可随时另行组合。一个问题通常写在一张卡片上，内容太多时也可以写在几张卡片上，当然，在搜集资料的过程中，要不要做卡片，可根据各人习惯，不必有死板规定。

第二，做笔记。做笔记这是任何一个论文撰写者都必要的，好记性不如烂笔头，阅读书报杂志时，搞调查研究时，要随身带笔和纸，随时记下所需资料的内容，或有关的感想体会，理论观点等。在做笔记时，最好空出纸面面积的三分之一，以供写对有关摘录内容的理解、评价和体会。

第三，剪贴报刊。将有用的资料从报纸、刊物上剪下来，或用复印机复印下来，再进行剪贴。把应剪贴的资料分类贴在笔记本、活页纸或卡片上，这种方法的优点是可以节省时间。

无论是用卡片收集资料，还是摘录资料，还是剪贴资料，都必须注明出处。如果是著作，则要注明作者、书名、出版单位、发行年月；如果是报纸，则要注明作者、篇名、版次、报纸名称、发行年月日；如果是杂志，则要注明作者、篇名、杂志名称、卷（期）号、页码等，以便附录在论文的后面。

（三）如何阅读文献资料

1. 多数文章看摘要，少数文章看全文

掌握了一点儿查全文的技巧，往往会以搞到全文为乐，以至于没有时间看文章的内容，更不屑于看摘要。真正有用的全文并不多，过分追求全文是浪费，不可走极端。当然只看摘要也是不对的。

2. 集中时间看文献

看过总会遗忘。看文献的时间越分散，浪费时间越多。集中时间看更容易联系起来，形成整体印象。

3. 做好记录和标记

复印或打印的文献，直接用笔标记或批注。pdf 或 html 格式的文献，可以用编辑器标亮或改变文字颜色。这是避免时间浪费的又一重要手段，否则等于没看。

4. 准备引用的文章要亲自看过

转引造成的以讹传讹不胜枚举。

5. 注意文章的参考价值

刊物的影响因子、文章的被引次数能反映文章的参考价值。但要注意引用这篇文章的其他文章是如何评价这篇文章的：支持还是反对，补充还是纠错。

阅读文献以追踪当前发展动态时，必须切记发挥自己判断力，不可盲从，即使是知名科学家和教科书有时也会有错误。古人说得好："尽信书不如无书。"在追踪当前发展的重要方向时切记，你看到的问题别人也同样会看到，越是重要的问题竞争必然越是激烈，在研究条件不如人时，如果没有创新的研究思想、独到的研究方案是不可能超越他人得到成功的。创新思想来自何处，虽然灵机一动也产生了重要的创新思想，在科学史上确实有所记载，但这毕竟是比较罕见的，而往往更为常见的是天才出于勤奋，创新出于积累，积累可以是个人积累，也可以是本人所在单位的长期积累。只有勤奋努力才能不断有优秀工作经验的积累，才可能在工作中逐渐产生真正的创新，才有可能在重大问题上取得突破。

四、如何写开题报告

开题报告是指开题者对科研课题的一种文字说明材料。开题报告是由选题者把自己所选的课题的概况（即"开题报告内容"），向有关专家、学者、科技人员进行陈述，然后由他们对科研课题进行评议。开题报告作为毕业论文答辩委员会对学生答辩资格审查的依据材料之一。

开题报告的基本内容及其顺序：论文的目的与意义；国内外研究概况；论文拟研究解决的主要问题；论文拟撰写的主要内容（提纲）；论文计划进度；其他。其中的核心内容是"论文拟研究解决的主要问题"。在撰写时可以先写这一部分，以此为基础撰写其他部分。具体要求如下。

1. 论文拟研究解决的问题

主要包括以下四个方面：

① 明确提出论文所要解决的具体学术问题，也就是论文拟定的创新点；

② 明确指出国内外文献就这一问题已经提出的观点、结论、解决方法、阶段性成果等；

③ 评述上述文献研究成果的不足；

④ 提出你的论文准备论证的观点或解决方法，简述初步理由。

你的观点或方法正是需要通过论文研究撰写所要论证的核心内容，提出和论证它是论文的目的和任务，因而并不是定论，研究中可能推翻，也可能得不出结果。开题报告的目的就是请专家帮助判断你所提出的问题是否值得研究，你准备论证的观点方法是否能够研究出来。

一般提出 3 个或 4 个问题，可以是一个大问题下的几个子问题，也可以是几个平行的相关问题。

2. 国内外研究现状

只简单评述与论文拟研究解决的问题密切相关的前沿文献，其他相关文献评述则在文献综述中评述。

3. 论文研究的目的与意义

主要包括以下三个方面：

① 简介论文所研究问题的基本概念和背景；

② 简单明了地指出论文所要研究解决的具体问题；

③ 简单阐述如果解决上述问题在学术上的推进或作用。

4. 论文研究主要内容

初步提出整个论文的编辑大纲或内容结构。由此更能理解"论文拟研究解决的问题"，不同于论文主要内容，是论文的目的与核心。

5. 参考文献

开题报告中应包括相关参考文献的目录

6. 其他要求

开题报告应有封面页，总页数应不少于 4 页。

【示例】　开题报告一般版面格式如下：

一、开题报告封面：论文题目、系别、专业、年级、姓名、导师

二、目的意义和国内外研究概况

三、论文的理论依据、研究方法、研究内容

四、研究条件和可能存在的问题

五、预期的结果

六、进度安排

五、科技论文写作格式

(一) 科技论文的撰写步骤

① 整体构思打腹稿。构思是对文稿的设想和设计，对内容的论点、论据、论证、立意、内容层次和布局进行反复的推敲，勾勒出一个写作轮廓。

② 拟定提纲搭框架。列出写作提纲可以起到一个备忘录的作用，以便于随时修改、增减和调整。

③ 起草行文写初稿。

④ 反复修改细加工。主要验证选题是否恰当；论点是否鲜明；内容是否合适；资料是否齐全；参考文献是否正确。

⑤ 适当闲置冷处理。

⑥ 最终定稿。

在具体论文的写作过程中，会因为原始资料的情况不同而使写作程序发生一些变化，这是正常现象，但是，基本的写作步骤应当有以上所说的几步。

(二) 论文写作格式

一篇完整的科技论文应包括题目、摘要、关键词、论文的内容、参考文献。

1. 题目

题目是科技论文的必要组成部分。它要求用简洁、恰当的词组反映文章的特定内容，论文的主题明白无误地告诉读者，并且使之具有画龙点睛，启迪读者兴趣的功能。一般情况下，题目中应包括文章的主要关键词。题名像一条标签，切忌用较长的主、谓、宾语结构的完整语句逐点描述论文的内容，以保证达到"简洁"的要求；而"恰当"的要求应反映在用词的中肯、醒目、好读好记上。当然，也要避免过分笼统或哗众取宠的所谓简洁，缺乏可检索性，以至于名实不符或无法反映出每篇文章应有的特色。题名应简短，不应很长，一般不宜超过 20 个汉字。必要时可加副题名，题名要符合编制题录、索引和检索的有关原则，应以简明、准确的词语反映文章特定内容，并有助于选定关键词。应避免使用非公知公用的缩写词、字符、代号，尽量不出现数学式和化学式。

【示例 1】　降解环氧丙烷废水优势菌的筛选研究

改为：废水中环氧丙烷降解菌株的培养及降解效果研究

【示例 2】　浅谈濑溪河泸县段流域水资源现状

改为：濑溪河泸县段流域水环境污染现状评价

【示例 3】　地震的生态破坏及其治理研究进展

改为：地震的生态破坏及其恢复重建研究进展

【示例 4】　花卉植物受硫氧化物混合气体污染的伤害症状及其抗性表现

改为：13 种花卉植物受硫氧化物混合气体污染的伤害症状及其抗性表现（说明：题目用"花卉"太大，文中仅有 13 种，因此归类花卉范围。）

【示例 5】　金属陶瓷材料的制备及电解腐蚀性初步研究

应改为："金属陶瓷材料的制备及其电解腐蚀性"

【示例 6】　拱坝应力的特点和分布规律的探讨

应改为：拱坝应力的特点和分布规律（说明："探讨" 2 字属多余）

2. 署名

著者署名是科技论文的必要组成部分。著者系指在论文主题内容的构思、具体研究工作的执行及撰稿执笔等方面的全部或局部上做出主要贡献的人员，能够对论文的主要内容负责答辩的人员，是论文的法定权人和责任者。署名人数不该太多，对论文涉及的部分内容作过咨询、给过某种帮助或参与常规劳务的人员不宜按著者身份署名，但可以注明他们曾参与了哪一部分具体工作，或通过文末致谢的方式对他们的贡献和劳动表示谢意。合写论文的著者应按论文工作贡献的多少顺序排列。著者的姓名应给全名，一般用真实姓名。同时还应给出著者完成研究工作的单位或著者所在的工作单位或通信地址。

作者姓名署于题名下方，团体作者的执笔人也可注于首页页脚或文末，作者署名是文责自负和拥有著作权的标志。对作者应标明其工作单位全称及邮编，工作单位和邮编之间空一个字。

【示例 1】 同一单位：

孙小静，马利民，梁小超，崔程颖

（同济大学，污染控制与资源化国家重点实验室，上海，200092）

SUN Xiao-jing, MA Li-min, LIANG Xiao-chao, CUI Cheng-ying

(State Key Laboratory of Pollution Control & Resources Reuse,

Tongji University, Shanghai 200092 China)

【示例 2】 不相同单位：

李才良[1]，蒲冰远[2]，唐应辉[2]，喻国建[2]，刘燕[2]

（1. 达县师范专科学校数学系 四川达州 635000；

2. 电子科技大学应用数学学院 成都 610054）

LI Cai-liang[1], PU Bing-yuan[2], TANG Ying-hui[2], YU Guo-jian[2], LIU Yan[2]

(1. Dept. of Mathematic, Daxian Teacher's College, Dazhou 635000 China ;

2. School of Applied Mathematics, UEST of China, Chengdu 610054 China)

3. 文摘

文摘是现代科技论文的必要附加部分，只有极短的文章才能省略。摘要主要讲述本论文的要点。一般是结论写完以后再写文摘，要给人"第一口苹果"的品尝效果。文摘是以提供文献内容梗概为目的，不加评论和补充解释，简明确切地记述文献重要内容的短文，应包括目的、方法、结果、结论。

文摘有两种写法：报道性文摘——指明一次文献的主题范围及内容梗概的简明文摘也称简介；指示性文摘——指示一次文献的陈述主题及取得的成果性质和水平的简明文摘。介乎其间的是报道、指示性文摘——以报道性文摘形式表述一次文献中信息价值较高的部分，而以指示性文摘形式表述其余部分的文摘。

一般的科技论文都应尽量写成报道性文摘，而对综述性、资料性或评论性的文章可写成指示性或报道、指示性文摘。文摘可作者自己写，也可由编者写。编写时要客观、如实地反映一次文献；要着重反映文稿中的新观点；不要重复本学科领域已成常识的内容；不要简单地重复题名中已有的信息；书写要合乎语法，尽量同文稿的文体保持一致注意表述的逻辑性；尽量使用指示性的词语来表达论文的不同部分（层次）：如，使用"研究表明……"、"发现……"表示结果；使用"通过对……的分析，认为……"、"基于……提出……"表示讨论等。结构要严谨，表达要简明，语义要确切；要用第三人称的写法。摘要字数一般在

300 字左右。

【示例 1】

文摘：<u>本文首次</u>提出了一种基于网格的现代设计框架，其基本原理是：×××。研究结果表明：×××。<u>该研究对×××的研究具有重大的指导意义。</u>

应删除"本文首次"和最后一句，改为：

文摘：提出了一种基于网格的现代设计框架，其基本原理是：×××。研究结果表明：×××。

【示例 2】

文摘中不应含一般性的背景知识。如：

文摘：<u>短时交通流预测是交通控制与交通诱导系统的关键问题之一。随着预测时间跨度的缩短，交通流量的变化显示出越来越强的不确定性，使得一般的预测方法难以奏效。</u>本文针对 BP 神经网络运行的特点，提出了用隔离小生境遗传算法优化传统的 BP 网络。实例证明，该神经网络的进化建模方法设计简单，全局搜索效率较高，能有效地用于短时交通流量的预测。

应删除文摘中划横线部分，余下部分就是一个好的摘要。

4. 关键词

关键词是科技论文的文献检索标识，是表达文献（论文）主题概念的自然语言词汇，科技论文的关键词是从其题名、层次标题和正文中选出来的，能反映论文主题概念的词或词组。

为了便于读者从浩如烟海的书刊中寻找文献，特别是适应计算机自动检索的需要，应在文摘后给出 3～8 个关键词。选能反映文献特征内容，通用性比较强的作为关键词。首先要选用规范性词。可从题名、摘要中选出，也可以把重要术语和地区、人物、文献、产品及重要数据名称作为关键词标出。

注意：

① 无检索价值的词语不能作为关键词，如"技术"、"应用"、"观察"、"调查"等；

② 化学分子式不可作为关键词；

③ 未被普遍采用或在论文中未出现的缩写词、未被专业公认的缩写词，不能作为关键词；

④ 论文中提到的常规技术，内容为大家所熟知，也未加探讨和改进的，不能作为关键词；

⑤ 每篇论文标引的关键词一般为 3～8 个，不要超过 10 个；

⑥ 英文关键词：中英文关键词相互对应，且数量完全一致。

5. 绪论

绪论又称前言或引言，绪论的序号可以不写，也可以写为 0，不写序号时"绪论"二字可以省略。绪论应少而精，开门见山，言简意赅，应写明与前人相关的研究成果、理论与实践依据，内容可包括研究的目的、意义、主要方法、范围和背景、本文的贡献（创新）等。不要与摘要雷同或成为摘要的注释，切勿用"众所周知"、"大家知道"之类的开场白，也不要写"才疏学浅"、"不吝赐教"之类的客套话。绪论经常作为科技论文的开端，主要回答"你要做什么，做了什么，为什么做"这几个问题。

（1）研究领域　与本研究工作有关的背景介绍，也就是为什么要做这项工作，正确地估计研究课题的意义。

（2）前人工作　详尽、全面地介绍以前的相关工作。这一点需要引起特别的重视。如果没有充分阐述研究工作的背景，不引用与本论文相关的重要文献，审稿人至少会认为作者阅读文献不够。

（3）问题所在　指出在相关领域尚待研究的，也是本文准备涉及的问题。不要过分地批评他人的工作，如不要用这样的句子："×××的方法的不足之处在于……"、"这些论文的问题在于……"。应不直接涉及作者和参考文献来说明问题，可以写成："然而，这种问题并没有完全解决"、"其他状态并没有在细节上进行检验"。

（4）本文贡献

① 在引言部分要将论文的要点简洁明了地用几句话点出来，用词要注意分寸。比如不要轻易用"第一次"。所谓"第一次"通常是指比较重要的研究进展。

② 也不要轻易讲"证实、证明"，在自然科学领域，通常我们的研究是支持了某种学术观点，而不是证明了什么。"证明"这个词在数学上用得比较多。

③ 必须强调，引言一定要用自己的话来写。它简明介绍科技论文的背景、相关领域的前人研究历史与现状（有时亦称这部分为文献综述），以及著者的意图与分析依据，包括科技论文的追求目标、研究范围和理论、技术方案的选取等。引言应言简意赅，不要等同于文摘，或成为文摘的注释。

引言的书写方法范例：

① 以研究对象加以展开。适用于研究对象有其特殊性的论文。例如："藏雪鸡雏鸡的生长发育"（俞世福等，1994）一文的引言为：藏雪鸡又名淡腹雪鸡，是青藏高原特产的珍禽，对其地理分布、生态习性等均做过报道[1~7]，唯对其生长发育的观测资料很少，笔者于1992年对……做了较为详细的观察和测定，现将结果报告如下……。

② 以观测指标或处理因素展开。适用于研究对象比较一般，而观测指标或处理因素、实验方法有特殊性的科技论文，也用于系列报道第二篇（含第二篇）以后的论文。例如：自从××在……发现……以来，国内外学者进行了广泛研究，目前公认的有……方法，但还未有采用……方法进行的，有鉴于此，我们……

③ 以研究方法加以展开。适用于化学、冶金、生物学、医学等学科有关检验方面论文，但必须是检验（测）方法有特殊性的论文。如：……方法在……学科（方面）均有重要意义，目前所见的报道有××法、××法。本文研究……据此建立了……法。

6.正文

正文是科技论文的核心组成部分，主要回答"怎么研究"（how）这个问题。正文应充分阐明科技论文的观点、原理、方法及具体达到预期目标的整个过程，并且突出一个"新"字，以反映科技论文具有的首创性。根据需要，论文可以分层深入，逐层剖析，按层设分层标题。科技论文写作不要求文字华丽，但要求思路清晰，合乎逻辑，用语简洁准确、明快流畅；内容务求客观、科学、完备，要尽量用事实和数据说话；凡用简要的文字能够说清楚的，应用文字陈述，用文字不容易说明白或说起来比较繁琐的，应由表或图来陈述。物理量和单位应采用法定计量单位。

正文是论文的主体，系指引言之后结论之前的部分，应按国家标准的规定格式编写。这一部分的形式主要是根据作者意图和文章内容而定。

以实验为研究手段的论文或技术报告，包括以下几个方面：

① 实验原材料及制备方法。主要描述研究材料的可靠性、均衡性及随机性的情况。

② 实验所用设备、装置和仪器。通用设备应注明规格、型号，如果是自己特制的装置，

应提供示意图，并附测试、计量所用仪器的精度，使读者得知实验结果的可信度和准确程度。

③ 实验方法和过程。方法包括测量仪器、测定方法、标本处理、计算方法等，过程如何进行，操作应注意事项。若有技术上的经济性，要正确处理好学术交流与技术保密的关系。

④ 实验结果。结果部分是展示处理后的实验效应，包括各项指标的数据和图像。对结果进行分析，对实验所得的数据和现象加以解释，阐明自己的新发现或新见解。图表的数量应择其要者。

⑤ 结果讨论。讨论部分是论文中最有创造性见解、最严格的部分。对实验、调查和观察结果进行理论分析和综合，通过逻辑推理、理论分析，从中提出科学结论，回答："为什么出现这样的结果"、"出现这样的结果意味着什么"。"讨论"的书写内容：

a. 对本次实验或观察结果做出理论解释和讨论；

b. 将本次结果，与过去及其他研究结果（不同时间、不同地点、相同或不同的研究对象中的研究结果）相比较，分析异同，解释产生差别的可能原因，并根据自己或他人的文献资料，提出自己的见解，实事求是，有根据地与其他作者商榷；

c. 突出本项研究中的新发现、新发明，提出可能原因；

d. 分析本次研究的不足，还存在哪些尚未解决的问题，提出今后急需研究的方向和设想。

7.结论

结论是整篇文章的最后总结。结论不是科技论文的必要组成部分。主要是回答"研究出什么"（What）。它应该以正文中的试验或考察中得到的现象、数据和阐述分析作为依据，由此完整、准确、简洁地指出：一是由研究对象进行考察或实验得到的结果所揭示的原理及其普遍性；二是研究中有无发现例外或本论文尚难以解释和解决的问题；三是与先前已经发表过的（包括他人或著者自己）研究工作的异同；四是本论文在理论上与实用上的意义与价值；五是对进一步深入研究本课题的建议。

结论是以结果和讨论为前提，评价分析结果的误差，也是结果论点的提炼与概括，同时，提出尚存在的问题和今后解决问题的展望。结论要有条理，应准确、简明、完整。

结论书写内容与要求：

① 简明扼要，精炼完整，每条自成段落；

② 说明结论适用的范围、突出新发现、新发明，强调其意义并作出恰当的评价；

③ 实验中不能肯定的内容不能写入结论；

④ 观点鲜明，用肯定的证据和可靠的数据写作，最好不用"可能"、"大概"等模棱两可之词；

⑤ 提出与本研究有关的建议；

⑥ 字数控制在 100～300 字之内；

⑦ 如果没有特殊内容，为避免与摘要重复，结论部分可以不写。

8.参考文献

它是反映文稿的科学依据和著者尊重他人研究成果而向读者提供文中引用有关资料的出处，或为了节约篇幅和叙述方便，提供在论文中提及而没有展开的有关内容的详尽文本。

（1）引用参考文献的要求

① 所选用文献的主题必须与论文密切相关，可适量引用高水平的综述性论文以概括一

系列的相关文献；

② 必须是亲自阅读过的，若为间接引用（即转引某篇论文的引文），则需要提及是从哪篇文献中转引的；

③ 尽可能引用已公开出版、而且最好是便于查找的文献，即同等条件下应优先引用著名期刊上发表的论文；

④ 尽量避免引用非公开出版物；

⑤ 优先引用最新发表的同等重要的论文；

⑥ 一般不引用专利和普通书籍（如大学本科生教材等）；

⑦ 避免过多地，特别是不必要地引用作者本人的文献；

⑧ 确保文献各著录项正确无误。

（2）文后参考文献著录规则　凡引用前人的研究方法、论点、重要数据等，均要列出参考文献。著录标准规范是 2005 年 10 月 1 日实施的 GB/T 7714—2005《文后参考文献著录规则》。

① 出版物：［序号］作者. 题名［J］. 刊名，出版年份，卷号（期号）：起止页码.

【示例 1】

［1］谢高地，鲁春霞，冷允法等. 青藏高原生态资产的价值评估［J］. 自然资源学报，2003，18（2）：189-196.

② 论文集：［序号］作者. 题名［C］. 见主编.论文集名.出版地，出版年份：起止页码.

【示例 2】

［1］辛希孟. 信息技术与信息服务国际研讨会论文集：A 集［C］. 北京：中国社会科学出版社，1994.

③ 专著：［序号］作者. 书名［M］. 版本. 出版地，出版年份：起止页码.

【示例 3】

［1］广西壮族自治区林业厅. 广西自然保护区［M］. 北京：中国林业出版社，1993.

④ 报告：［序号］报告人. 题名［R］. 会议名称，会址，年份.

【示例 4】

［1］冯西桥. 核反应堆压力管道与压力容器的 LBB 分析［R］. 北京：清华大学核能技术设计研究院，1997.

⑤ 专利：［序号］专利申请者. 题名［P］. 国别 专利号，发布日期.

【示例 5】

［1］姜锡洲. 一种温热外敷药制备方案［P］. 中国专利：881056073，1989-07-26.

⑥ 标准：［序号］标准编号，标准名称［S］.

【示例 6】

［1］GB/T 16159—1996，汉语拼音正词法基本规则［S］.

⑦ 报纸：［序号］著者. 题名［N］. 报纸名，出版年-月-日（版次）.

【示例 7】

［1］傅刚. 大风沙过后的思考［N］. 北京青年报，2000-04-12（14）.

⑧ 电子文献［EB/OL］：［序号］著者. 电子文献题目［电子文献及载体类型标识］. 电子文献的出处或可获得地址，发表或更新日期/引用日期（任选）.

【示例 8】

［1］萧钰. 出版业信息化迈入快车道［EB/OL］. http://www.creader.com/news/200112190019.htm.（2001-12-19）［2002-04-15］.

参考文献著录格式汇总如下：

期刊	作者.论文题目[J].刊名,年,卷(期):起始页码-终止页码.
专著	作者.书名[M].出版地:出版社,出版年.
译著	作者.书名[M].译者.出版地:出版社,出版年.
论文集	作者.论文题目[A].编者.文集[C].出版地:出版社,出版年.起始页码-终止页码.
学位论文	作者.论文题目[D].所在城市:保存单位,年份.
技术标准	起草责任者.技术标准代号顺序号—发布年.技术标准名称[S].出版地:出版社,出版年.(其中,起草责任者、出版地、出版社、出版年可省)
专利	申请者.专利名[P].国名及专利号,发布日期.
技术报告	作者.文题[R].地名:责任单位,报告代码及编号,年份.
报纸文章	作者.文题[N].报纸名,出版日期(版次).
在线文献	作者.文题[OL].[日期].http://……
光盘文献	作者.文题[CD].出版地:出版者,出版日期.
其他文献	作者.文题[Z].出版地:出版者,出版日期.

（3）参考文献在正文中的标注法

① 按正文中引用的文献出现的先后顺序用阿拉伯数字连续编码，并将序号置于方括号中；

② 同一处引用多篇文献时，将各篇文献的序号在方括号中全部列出，各序号间用"，"隔开，例如：[1，2]；

③ 如遇连续序号，可标注起讫号"-"，例如：[3-5]；

④ 同一文献在论著中被引用多次，只编1个号，引文页码放在"[ ]"外，文献表中不再重复著录页码。

【示例】 有很高带宽比（射频带宽与中心频率之比）的无线电技术[1]。应用于雷达和通信：超宽带冲激无线电是无线通信领域的新技术，是指具的超宽带技术的产生可回溯到上世纪60年代。文献[1-4]论证采用了冲激脉冲进行跳时调制的多址技术，开辟了将冲激脉冲作为无线电通信信息载体的新途径[1,3,5-6]。当前，对超宽带无线电基本理论和信号特性的研究，是当前该领域的重要研究方向之一[3] 15-17。尽管超宽带无线电技术已获得一些实际应用，但是其基本理论还有待进一步完善，尤其是对超宽带无线电信号的深入认识、系统性能分析和工程技术实现方面，还有大量的工作要做[3] 55。

（三）论文写作中的几个问题

1.层次标题

层次标题要简短明确，同一层次标题意义相关，语气一致，用阿拉伯数字连续编号；不同层次的数字之间用圆点"."相隔，末位数字后面不加圆点号，如"1"、"2.1"、"3.1.2"等；各层次的序号均左顶格起，后空1个字距接排标题。

【示例1】

2 上海市大气环境质量监测情况与变化趋势定量分析

2.1 大气环境质量监测情况

2.2 主要污染物排放情况

2.3 酸雨情况

【示例 2】

2．材料和方法

2.1　材料与装置

2.1.1　滤砂

2.1.2　菌种

2.1.3　试剂

2．图表处理

在进行各种研究和试验过程中，会涉及诸多数据和图表。表格和插图是论文的重要组成部分，表格的优点是可以很方便地列举大量精确数据或资料，图形则可以直观、有效地表达复杂数据。如果强调展示给读者精确的数值，就采用表格形式；如果要强调展示数据的分布特征或变化趋势，则采用插图形式。

图应有以阿拉伯数字连续编号的图序和简明的图题（如"图 1"、"图 2"……），如图6-1 所示。图序和图题间空 1 个字距，一般居中排于图的下方。坐标图中纵、横坐标的量与单位符号应齐全，并分别置于纵、横坐标的外侧，一般居中排；横坐标的标目从左至右；纵坐标的标目自下而上；标值线和标值不能过密或过稀；标值应规整，如标值为"62.5，78.3，94.1，…"应改为"62，78，94，…"；已有标值时，坐标轴的末尾不能再画箭头；对相同情况、相同用途的线条图，其线形粗细应一致；图中的术语、符号、单位等应同文中表及文字表达所用的一致；对于线条图，当其中曲线较多时，应在每条曲线上标注 1，2，3，…，然后在图题的下方将各条曲线对应的条件予以说明。一般不用颜色或特殊符号来区分，因为有时难以区分，易造成误解。

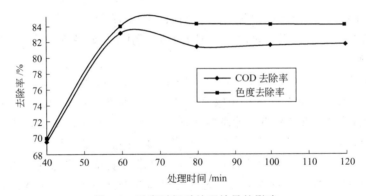

图 6-1　反应时间对处理效果的影响

表一般随文排，先见文字后见表，表应有以阿拉伯数字连续编号的表序（如仅有 1 个表，表序可定名为"表 1"）和简明的表题。表序和表题间空 1 个字距，居中放在表的上方。表格要有栏头，包括列头和行头。栏头的内容通常是相对独立的变量。表格的形式一般采取三线表（3 条水平线，没有垂直线）；表注内容包括解释说明获得数据的实验、统计方法、缩写或简写等。表中所有单位相同，应将单位标注在表的右上角，不写"单位"二字，表中不能出现"同上"、"同左"、"下同"来代替相关内容，如图 6-2、图 6-3 所示。

表题应简明，具有自明性，不能笼统和宽泛。举例："表 1.1　计算结果"、"表 1.2　基本参数"、"表 1.3　结果比较"。这些表达中，表序不正确。同时，表题过于笼统，无自明性，应改为："表 1　×××计算结果"、"表 2　×××基本参数"、"表 3　×××计算结果与实验结果的比较"。

表2　CrO₃质量浓度对成膜速度及其颜色的影响
Table 2　Influences of CrO₃ content on formation rate and color

着色时间/min	$\rho(CrO_3)/(g \cdot L^{-1})$				
	0	20	40	60	80
5	无明显变化	略显棕色	灰黑色	不均匀黑色	同左
8	同上	灰色	黑色	同上	金黄色
12	同上	灰蓝色	深蓝色	棕黄色	同上
16	同上	黑色	金黄色	同左	彩色
20	同上	同上	棕红色	彩色	紫色

图6-2　不规范表达的表格

表2　CrO₃质量浓度对成膜速度及其颜色的影响
Table 2　Influences of CrO₃ content on formation rate and color

着色时间/min	$\rho(CrO_3)/(g \cdot L^{-1})$				
	0	20	40	60	80
5	无明显变化	略显棕色	灰黑色	不均匀黑色	不均匀黑色
8	无明显变化	灰色	黑色	黑色不均匀	金黄色
12	无明显变化	灰蓝色	深蓝色	棕黄色	金黄色
16	无明显变化	黑色	金黄色	金黄色	彩色
20	无明显变化	黑色	棕红色	彩色	紫色

图6-3　规范表达的表格

3. 数学式、反应式及数字、字母

文章提及的数学式、反应式等可另占一行，并用阿拉伯数字连续编序号。序号加圆括号，顶格排。一行表达不完需用两行或多行来表示时，涉及的各符号要紧靠，最好用一些比较关键的符号断开。各类式子应遵守有关规定，并注意应严格区别容易混淆的各种字母、符号。

凡使用阿拉伯数字得体的地方，均应使用阿拉伯数字。请参照 GB 15835—1995 出版物上数字用法的规定。世纪、年代、日期和时刻用阿拉伯数字，年份不能简写，如 1998 年不能写成 98 年。日期和时刻可采用全数字式写法，如 2003 年 3 月 8 日写成 2003-03-08 或 20030308；时刻如 16 时 15 分 30 秒写成 16:15:30。计量和计数单位前的数字采用阿拉伯数字，如 "1kg" 不能写成 "一千克"。多位阿拉伯数不能拆开换行。数值的有效数字应全部写出，如 "1.500，1.750，2.000" 不能写作 "1.5，0.75，2"。百分数范围如 20%～30% 不能写成 20～30%，(85±2)% 不能成 85±2%。偏差范围如 (25±1)℃不能写成 25±1℃。附带尺寸单位的数值相乘，应将各自的单位附上，如："长×宽×高为 50cm×80cm×100cm"，不能写成 "50×80×100 cm" 或 "50×80×100 cm³"。

应特别注意外文字母的正斜体、大小写和上下标的表示，注意手稿中易混淆的外文字母，直接用电脑写作时应注意字符的全角半角之分。数字、字母、符号后面句号用圆点 "." 代替。

4. 量和单位

量的符号一般为单个拉丁字母和希腊字母，为区别不同情况，可在量符号上附加角标。表达量值时，在公式、图、表和文字叙述中，一律使用单位的国际符号。单位符号与数值间要留适当间隙，不许对单位符号进行修饰。应严格执行 GB 3100～3102—93 规定的量和单位的名称、符号和书写规则。

六、专业论文标准格式样本

标题（居中，二号黑体，一般在 20 字以内）
（——如有附标题，则为小二号黑体）

作者（四号楷体）

摘要：简要说明论文研究工作的主要内容、研究目的、采用方法和主要结论。"摘要"两字宜用小五号黑体，摘要内容宜用小五号仿宋体，不用第一人称做主语，100 字左右。

关键词：关键词 1；关键词 2；关键词 3

作者简介：作者姓名（出生年），性别，E-mail：……

以下紧接英文题目、作者姓名及所在单位的英译文、摘要和关键词的英译文，全部使用
Times New Roman：

The low consumed power design of the hand-hold device based on AT91RM9200

（与中文题目对应，三号，粗体，除题目的第 1 个字母及专有名词的第 1 个字母用大写
之外，其余第 1 个字母用小写）

ZHANG San

（姓在前，全用大写，名第 1 个字母用大写，其余为小写，字号五号）

Abstract：This paper presents a fast arc detection method which is used for scanned line-drawing graphics recognition. It is a kind of method which is from arc supposition to arc verification. Firstly extract the skeleton of the line-drawing image，then use the piecewise linear polygon to approximate the skeleton for more simplification and reducing the quantum of data. After that，the local discrete curvature of every dominant point of the linear polygon is calculated and the discrete curvature is used to assume some arcs exist locally. Finally the hypotheses are verified by mapping the hypothetical arcs 'back into the original image according to the arcs' circle parameters. This proposed method has the advantages that it can deal with the conditions of rupture，intersection and overlapping and it is robust and fast.
（与中文摘要意思对应，语言流畅，信息具体，不用第一人称做主语。）

Key words：computer application; graphics recognition; arc detection; image skeleton; discrete curvature; line drawing （关键词除专有名词外都用小写。摘要及关键词字号为 10 号。）

以下正文除各部分标题、插图和表格外，一律用五号宋体，正文为 1.25 倍行距。

0 引言 （四号，黑体）

应简要回顾本文研究工作的背景和研究目的，一般 400～600 字，不超过 800 字。

1 一级标题 （同上）（参考文献出处及注释序号不可标注在文中题目、摘要及一、二、三级标题上）

1.1 二级标题（五号，宋体，加粗）科技论文一般用至三级标题，个别有的用至四级标题。

1.1.1 三级标题（五号，宋体，加粗）

图表名称的格式：图片名称标注在下方，表格名称标注在表格上方，居中，汉字用黑体，数字英文用 Time New Roman，罗马字用 Symbol，字号小五。

表 1 名称……

Tab. 1 ……

表格以序号、名称的格式标注，居中，中英文对照，表格为三线表（表格套用格式为简明型 1）。

x/cm	I/mA	$v/(\mathrm{m \cdot s^{-1}})$	h/m	p/MPa
10	30	2.5	4	110
12	34	3.0	5	111

注：表注和图注用小五号宋体，表注左对齐，图注居中。

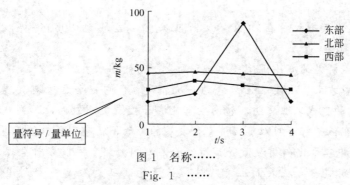

图 1　名称……

Fig. 1　……

图号和图名用小五号宋体，图下居中。

1.1.2　三级标题(五号，宋体，加粗)

1.2　二级标题(五号，宋体，加粗)

2　一级标题 (同上)

注释统一采用页下注：小五号字体，通篇统一编号。

参考文献出处标注：以参考文献的序号在正文中以 [ ] 标注出，字体：Times New Roman，字号：五号，上标，颜色：蓝色，按照被引用的顺序标注。

例：……年产量居全国之首[1]。

3　结论 (同上)

本文给出了……

致谢 (可选)

应向对论文有帮助的有关人士或单位表示谢意。

[参考文献] （References）（中文黑体五号，英文 Times New Roman 五号）

文献正文中所有非英文文献需写出对应的英文译文（小五号宋体，英文为小五号 Times New Roman 编号两侧加中括号"[ ]"）。

中英文对照写法如下：

[1]　曹雪菲，寇卫东，党岚君，等. 基于身份公约的后三代 UMTS 安全漫游方案 [J]. 中国科技论文在线，2008，3（1）：1-5.

CAO X F, KOU W D, DANG L J, et al. B3G UMTS secure roaming scheme based on ID-based cryptography [J]. Sciencepaper online，2008，3（1）：1-5. (in Chinese)

……

任务　撰写该文的摘要、关键词、结论

　　要求：阅读以下文章，按照所学适应，给出一个题目、写出论文摘要，并写出 3～8 个关键词。

　　2003 年英国政府发表了《能源白皮书》（UK Government，2003）题为《我们未来的能源：创建低碳经济》（Our Energy：CreatingFuture a Low Carbon），首次提出了 Economy "低碳经济"（Locarbon Economy）概念，引起了国际社会的广泛关注。不仅英国前首相布莱尔为发展低碳经济摇旗呐喊，而且英国政府为低碳经济发展设立了一个清晰的目

标：2010 年二氧化碳排放量在 1990 年水平上减少 20％，到 2050 年减少 60％，到 2050 年建立低碳经济社会。

表面上低碳经济是为减少温室气体排放所做努力的结果，但实质上，低碳经济是经济发展方式、能源消费方式，人类生活方式的一次新变革，它将全方位地改造建立在化石燃料（能源）基础之上的现代工业文明，转向生态经济和生态文明。因此，系统探讨低碳经济的内涵和外延，研究低碳经济对人类经济社会发展的影响，既有理论价值，也有现实意义。

碳排放量，即二氧化碳排放量是国际社会在近 10～20 年来应对全球气候变化的过程频繁触及的一个新概念。从表面上看，碳排放量的高低是人类能源利用方式和水平的反映，但从本质上讲，更是人类经济发展方式的新标识。

在漫长的农业社会里，处于生态食物链高端的人类，一方面从绿色植物获取碳水化合物中的植物蛋白等糖类化合物，又从食草动物中获取动物蛋白，以维持生命所需的物质和能量；另一方面从碳水化合物中的纤维素获得生物质能，如木材和干草为人类提供了供热取暖的生物能源。太阳能为自然生态系统提供了取之不尽，用之不竭的清洁能源。

工业文明的标识是人类对碳氢化合物的发现和使用。烃类化合物或其衍生物是自然界经历几百万年逐渐形成的化石燃料（能源）的物质基础，如煤炭、石油和天然气等。工业社会是建立在对化石燃料（能源）的勘探、开采、加工、利用基础之上的经济社会，它使人类经济发展方式发生了翻天覆地的变化。

遏制全球气候暖化，削减二氧化碳排放量，已成为 21 世纪世界各国的共识，从 1997 年的《京都议定书》到 2007 年的《巴厘岛路线图》，各国都为碳减排的责任和目标寻求途径和方法。尽管碳减排责任的分担会触及国家利益、发展权利等一系列复杂和敏感问题，但从正面的角度看，它为人类经济发展方式的变革注入了动力。

同时 21 世纪人类经济发展方式的变革起因于 1972 年罗马俱乐部发表了《增长的极限》报告，该报告第一次对高能耗、高污染的传统工业文明和高碳经济的发展方式进行了深刻反思。而 1992 年联合国环境与发展大会首次把全球资源环境管理提升到国家发展战略高度，提出了"可持续发展"（Sustainable Development）理念，通过了《联合国气候变化框架公约》（UNFCCC），明确提出了控制大气中温室气体浓度上升，减少二氧化碳排放是国际社会共同的责任和义务。随后的 15 年中，国际社会都在为协商和制定二氧化碳减排的国际履约协议而努力，这些努力为孕育低碳经济和低碳社会播下了思想的种子。

众所周知，温室气体主要包括二氧化碳、甲烷（CH_4）、氧化亚氮（N_2O）、氢氟碳化物（HFCs）、全氟化碳（PFCs）、六氟化硫（SF_6）等六种气体。由于非二氧化碳温室气体的浓度致暖与二氧化碳有着固定的函数关系。因此，人们将非二氧化碳的温室气体排放量折算成二氧化碳排放当量，以实现所有温室气体排放量之间的可加性。当人们在探索碳减排的途径和方法时，发现"碳减排"不仅涉及传统的产业结构、工业结构和能源结构的问题，而且涉及人类传统的生产方式、生活方式和消费方式等问题，从本质上触动了人类经济发展方式变革的问题。

调整产业结构，发展具有低碳特征的产业，限制高碳产业的市场准入产业结构的调整是发展低碳经济的重要途径。众所周知，知识密集型和技术密集型产业属于低碳行业，如信息产业的能耗和物耗是十分有限的，对环境的影响也是微乎其微。IT 产业是低碳经济中最具发展潜力的产业，不论是硬件，还是软件都具有能耗低、污染小的特点。

　　发展低碳农业的路径是大幅度地减少化肥和农药有用量。降低农业生产过程对化石能源的依赖，走有机生态农业之路。如用粪肥和堆肥作为化肥的替代品，提高土壤有机质含量；通过秸秆还田，增加土壤养分，减少径流，增加入渗，通过作物残茬及覆盖在地表的秸秆可防止风蚀和水蚀，提高土壤生产力。

　　在注重开发新能源的同时，应该把能源结构的调整与提高能源效率的方法相结合，采用低碳技术、节能技术和减排技术，逐步减少传统工业对化石能源的过度依赖，努力提高现有能源体系的整体效率，遏制化石能源总消耗的增加，限制和淘汰高碳产业和产品，发展低碳产业和产品。

相关知识

一、科技论文标题的撰写

　　标题又称题目或题名。题名是以最恰当、最简明的词语反映论文中最重要的特定内容的逻辑组合。论文题目是一篇论文给出的涉及论文范围与水平的第一个重要信息，必须用心斟酌选定。有人描述其重要性，用了下面的一句话："论文题目是文章的一半"。

　　对论文题目的要求是：准确得体、简短精练、外延和内涵恰如其分、醒目。对这四方面的要求分述如下。

　　1. 准确得体

　　要求论文题目能准确表达论文内容，恰当反映所研究的范围和深度。

　　常见毛病是：过于笼统，题不扣文。如"金属疲劳强度的研究"，过于笼统，若改为针对研究的具体对象来命题效果会好得多，例如"含镍名牌的合金材料疲劳强度的研究"，这样的题名就要贴切得多。再如"35Ni-15Cr 型铁基高温合金中铝和钛含量对高温长期性能和组织稳定性能的影响的研究"，这样的论文题目，既长又不准确，题名中的 35Ni-15Cr 是何含义，令人费解，是百分含量？是重量比？体积比？金属牌号？或是其他什么，不得而知，这就叫题目含糊不清，解决的办法就是要站在读者的角度，清晰地点出论文研究的内容。假如上面的题目中，指的是百分含量，可放在内文中说明，不必写在标题中，标题中只需反映含 Ni 和 Cr 这一事实即可。可参考的修改方案为"Ni、Cr 合金中 Al 和 Ti 含量对高温性能和组织稳定性的影响"。

　　关键问题在于题目要紧扣论文内容，或论文内容与论文题目要互相匹配、紧扣，即题要扣文，文也要扣题。这是撰写论文的基本准则。

　　2. 简短精练

　　力求题目的字数要少，用词需要精选。至于多少字算是合乎要求，并无统一的硬性规定，一般希望一篇论文题目不要超出 20 个字，不过，不能由于一味追求字数少而影响题目对内容的恰当反映，在遇到两者确有矛盾时，宁可多用几个字也要力求表达明确。

　　常见的繁琐题名如"关于钢水中所含化学成分的快速分析方法的研究"。在这类题目中，像"关于"、"研究"等词汇如若舍之，并不影响表达。既是论文，总包含有研究及关于什么方面的研究，所以，上述题目便可精炼为"钢水化学成分的快速分析法"。这样一改，字数便从原 21 个字减少为 12 个字，读起来觉得干净利落、简短明了。

　　若简短题名不足以显示论文内容或反映出属于系列研究的性质，则可利用正、副标题的方法解决，以加副标题来补充说明特定的实验材料，方法及内容等信息，使标题成为既充实准确又不流于笼统和一般化。如"（主标题）有源位错群的动力学特性，（副标题）用电子计算机模拟有源位错群的滑移特性"。

3. 外延和内涵恰如其分

"外延"和"内涵"属于形式逻辑中的概念。所谓外延，是指一个概念所反映的每一个对象；而所谓内涵，则是指对每一个概念对象特有属性的反映。

命题时，若不考虑逻辑上有关外延和内涵的恰当运用，则有可能出现谬误，至少是不当。如"对农村合理的人、畜、机动力组合的设计"这一标题即存在逻辑上的错误。题名中的"人"，其外延可能是青壮年，也可以是指婴儿、幼儿或老人，因为后者也是"人"，然而却不是具有劳动能力的人，显然不属于命题所指，所以泛用"人"，其外延不当。同理，"畜"可以指牛，但也可以指羊和猪，试问，哪里见到过用羊和猪来犁田拉磨的呢？所以也属于外延不当的错误。其中，由于使用"劳力"与"畜力"，就不会分别误解为那些不具有劳动能力和不能使役的对象。

4. 醒目

论文题目虽然居于首先映入读者眼帘的醒目位置，但仍然存在题目是否醒目的问题，因为题目所用字句及其所表现的内容是否醒目，其产生的效果是相距甚远的。

有人对 36 种公开发行的医学科技期刊 1987 年发表的论文的部分标题，作过统计分析，从中筛选 100 条有错误的标题。在 100 条有错误的标题中，属于"省略不当"错误的占 20%（如"冠状动脉疾病运动后异常血压反应的决定因素"的标题，将"冠状动脉疾病患者"省略为"冠状动脉疾病"；"一年来世界各国肝病的进展"的标题，将"肝病治疗"省略为"肝病"）；属于"介词使用不当"错误的占 12%（如："内镜荧光检测对诊断消化道癌的评价"的标题，本意是作者运用这种方法去诊断消化道癌并做出评价，而实际上"内镜荧光检测"成了主语，当然不妥当）。在使用介词时产生的错误主要有：①省略主语——第一人称代词不达意，没有使用介词结构，使辅助成分误为主语；②需要使用介词时又没有使用；③不需要使用介词结构时使用。属于"并列关系使用不当"错误的占 9%（如"老年患者的膀胱镜检查与并发症"）；属于"用词不当"、"句子混乱"错误的各占 9%，其他类型的错误，如标题冗长、文题不符、重复、歧义等亦时有发生。

二、科技论文关键词的撰写

关键词属于主题词中的一类。主题词除关键词外，还包含有单元词、标题词的叙词。

关键词是标示文献关键主题内容，是未经规范处理的主题词。如关键词"原子能"（其规范的主题词可能是"核能"）。关键词是为了文献标引工作，从论文中选取出来，用以表示全文主要内容信息款目的单词或术语。一篇论文可选取 3~8 个词作为关键词。

【示例】

论文题目：一种新的天线阵方向图综合方法

关键词：天线阵；方向图；综合；互耦；偶极子；输入阻抗（共 6 个）

相应的英译文：

Title：A new method for array pattern synthesis

Key words：Antenna array；pattern；synthesis；mutual coupling；dipole；input impedance

关键词或主题词的一般选择方法是：由作者在完成论文写作后，纵观全文，先写出能表示论文主要内容的信息或词汇，这些信息或词汇，可以从论文标题中去找，也可以从论文内容中去找。上例中，关键词选用了 6 个，其中前三个就是从论文标题中选出的，而后三个则是从论文内容中选取出来的。后三个关键词的选取，补充了论文标题所未能表示出的主要内容信息，也提高了所涉及的概念深度。例如，在天线阵方向图综合方法研究（上述论文的论题）中，涉及诸如"互耦"的概念、"偶极子"的概念，与从标题中选出的关键词一道，组成该论文的关键词组。

三、科技论文中英文摘要的撰写

（一）中文摘要的撰写注意事项

前面已经介绍过摘要的写作方法，这里再强调一下写摘要的几个注意事项。

① 摘要中应排除本学科领域已成为常识的内容；切忌把应在引言中出现的内容写入摘要；一般也不要对论文内容作诠释和评论（尤其是自我评价）。

② 不得简单重复题名中已有的信息。比如一篇文章的题名是"几种中国兰种子试管培养根状茎发生的研究"，摘要的开头就不要再写："为了……，对几种中国兰种子试管培养根状茎的发生进行了研究。"

③ 结构严谨，表达简明，语义确切。摘要先写什么，后写什么，要按逻辑顺序来安排。句子之间要上下连贯，互相呼应。摘要慎用长句，句型应力求简单。每句话要表意明白，无空泛、笼统、含糊之词，但摘要毕竟是一篇完整的短文，电报式的写法亦不足取。摘要不分段。

④ 用第三人称。建议采用"对……进行了研究"、"报告了……现状"、"进行了……调查"等记述方法标明一次文献的性质和文献主题，不必使用"本文"、"作者"等作为主语。

⑤ 要使用规范化的名词术语，不用非公知公用的符号和术语。新术语或尚无合适汉文术语的，可用原文或译出后加括号注明原文。

⑥ 除了实在无法变通以外，一般不用数学公式和化学结构式，不出现插图、表格。

⑦ 不用引文，除非该文献证实或否定了他人已出版的著作。

⑧ 缩略语、略称、代号，除了相邻专业的读者也能清楚理解的以外，在首次出现时必须加以说明。科技论文撰写时应注意的其他事项，如采用法定计量单位、正确使用语言文字和标点符号等，也同样适用于摘要的编写。目前摘要编写中的主要问题有：要素不全，或缺目的，或缺方法；出现引文，无独立性与自明性；繁简失当。

（二）英文摘要的撰写

这里要讨论的主要是中文科技论文所附的英文摘要，其内容包含题名、摘要及关键词。GB 7713—87 规定，为了国际交流，科学技术报告、学位论文和学术论文应附有外文（多用英文）摘要。原则上讲，以上中文摘要编写的注意事项都适用于英文摘要，但英语有其自己的表达方式、语言习惯，在撰写英文摘要时应特别注意。

1. 英文题名

（1）题名的结构　英文题名以短语为主要形式，尤以名词短语（noun phrase）最常见，即题名基本上由 1 个或几个名词加上其前置和（或）后置定语构成。例如：The Frequent Bryophytes in the Mountain Helanshan（贺兰山习见苔藓植物）；Thermodynamic Characteristics of Water Absorption of Heattreated Wood（热处理木材的水分吸着热力学特性）。短语型题名要确定好中心词，再进行前后修饰。各个词的顺序很重要，词序不当，会导致表达不准。题名一般不应是陈述句，因为题名主要起标识作用，而陈述句容易使题名具有判断式的语义；况且陈述句不够精练和醒目，重点也不易突出。少数情况（评述性、综述性和驳斥性）下可以用疑问句做题名，因为疑问句可有探讨性语气，易引起读者兴趣。例如：Can Agricultural Mechanization be Realized Without Petroleum?（农业机械化能离开石油吗?）

（2）题名的字数　题名不应过长。国外科技期刊一般对题名字数有所限制。例如，美国医学会规定题名不超过 2 行，每行不超过 42 个印刷符号和空格；美国国立癌症研究所杂志 J Nat Cancer Inst 要求题名不超过 14 个词；英国数学会要求题名不超过 12 个词。这些规定可供我们参考。总的原则是，题名应确切、简练、醒目，在能准确反映论文特定内容的前提下，题名词数越少越好。

（3）中英文题名的一致性　同一篇论文，其英文题名与中文题名内容上应一致，但不等于说词语要一一对应。在许多情况下，个别非实质性的词可以省略或变动。例如：工业湿蒸汽的直接热量计算，The Direct Measurement of Heat Transmitted Wet Steam。英文题名的直译中译文是"由湿蒸汽所传热量的直接计量"，与中文题名相比较，二者用词虽有差别，但内容上是一致的。

（4）题名中的冠词　在早年，科技论文题名中的冠词用得较多，近些年有简化的趋势，凡可用可不用的冠词均可不用。例如：The Effect of Groundwater Quality on the Wheat Yield and Quality，其中两处的冠词 the 均可不用。

（5）题名中的大小写　题名字母的大小写有以下 3 种格式。

① 全部字母大写。例如：OPTIMAL DISPOSITION OF ROLLER CHAIN DRIVE。

② 每个词的首字母大写，但 3 个或 4 个字母以下的冠词、连词、介词全部小写。例如：The Deformation and Strength of Concrete Dams with Defects。

③ 题名第 1 个词的首字母大写，其余字母均小写。例如：Topographic inversion of interval velocities。

目前②格式用得最多，而③格式的使用有增多的趋势。

2.作者与作者单位的英译

（1）作者　中国人名按汉语拼音拼写；其他非英语国家人名按作者自己提供的罗马字母拼法拼写。

（2）单位　单位名称要写全（由小到大），并附地址和邮政编码，确保联系方便。单位英译一定要采用本单位统一的译法（即本单位标准译法），切不可另起炉灶。

3.英文摘要

（1）英文摘要的时态　英文摘要时态的运用也以简练为佳，常用一般现在时、一般过去时，少用现在完成时、过去完成时，进行时态和其他复合时态基本不用。

一般现在时。用于说明研究目的、叙述研究内容、描述结果、得出结论、提出建议或讨论等。分别举例如下：This study (investigation) is (conducted，undertaken) to... The anatomy of secondary xylem（次生木质部）in stem of Davidia involucrata（珙桐）and Camptotheca acuminata（喜树）is compared. The result shows (reveals)...，It is found that... The conclusions are... The author suggests.... 涉及公认事实、自然规律、永恒真理等，当然也要用一般现在时。

一般过去时。用于叙述过去某一时刻（时段）的发现、某一研究过程（实验、观察、调查、医疗等过程）。例如：The heat pulse technique was applied to study the stemstaflow（树干液流）of two main deciduous broadleaved tree species in July and August，1996. 需要指出的是，用一般过去时描述的发现、现象，往往是尚不能确认为自然规律、永恒真理的，而只是当时如何如何；所描述的研究过程也明显带有过去时间的痕迹。

现在完成时和过去完成时。完成时少用，但不是不用。现在完成时把过去发生的或过去已完成的事情与现在联系起来，而过去完成时可用来表示过去某一时间以前已经完成的事情，或在一个过去事情完成之前就已完成的另一过去行为。例如：Concrete has been studied for many years. Man has not yet learned to store the solar energy.

（2）英文摘要的语态 采用何种语态，既要考虑摘要的特点，又要满足表达的需要。一篇摘要很短，尽量不要随便混用，更不要在一个句子里混用。

主动语态。现在主张摘要中谓语动词尽量采用主动语态的越来越多，因其有助于文字清晰、简洁及表达有力。The author systematically introduces the history and development of the tissue culture of poplar 比 The history and development of the tissue culture of poplar are introduced systematically 语感要强。必要时，The author systematically 都可以去掉，而直接以 Introduces 开头。

被动语态。以前强调多用被动语态，理由是科技论文主要是说明事实经过，至于那件事是谁做的，无须一一证明。事实上，在指示性摘要中，为强调动作承受者，还是采用被动语态为好。即使在报道性摘要中，有些情况下被动者无关紧要，也必须用强调的事物做主语。例如：In this case, a greater accuracy in measuring distance might be obtained.

（3）英文摘要的人称 原来摘要的首句多用第三人称 This paper... 等开头，现在倾向于采用更简洁的被动语态或原形动词开头。例如：To describe..., To study..., To investigate..., To assess..., To determine..., The torrent classification model and the hazard zone mapping model are developed based on the geography information system. 行文时最好不用第一人称，以方便文摘刊物的编辑刊用。

（4）注意事项 应避免一些常见的错误。

① 冠词。主要是定冠词 the 易被漏用。the 用于表示整个群体、分类、时间、地名以外的独一无二的事物、形容词最高级等较易掌握，用于特指时常被漏用。这里有个原则，即当我们用 the 时，听者或读者已经确知我们所指的是什么。例如：The author designed a new machine. The machine is operated with solar energy. 由于现在缩略语越来越多，要注意区分 a 和 an，如 an X ray。

② 数词。避免用阿拉伯数字作首词，如：Three hundred Dendrolimus tabulaeformis larvae are collected... 中的 Three hundred 不要写成 300。

③ 单复数。一些名词单复数形式不易辨认，从而造成谓语形式出错。

④ 尽量使用短句。因为，长句容易造成语义不清；但要避免单调和重复。科技期刊涉及专业多，英文更是不易掌握，各行各业甚至表达方式、遣词造句都有区别。如果有机会，要多与英语国家同行接触，多请他们改一些国人所撰写的摘要或论文，积累经验，摸索规律。如果缺少这样的机会，多看英文文献，也会有助于我们英文写作及水平的提高。

任务实施

一、文章分析

若想归纳出本文的题目、关键词和摘要，就要深刻的理解本文主要的内容和作者重要的论点和立场，然后根据前面讲述的论文题目、关键词、摘要撰写的方法及注意事项进行撰写。

本论文主要阐述了 21 世纪人类面临的一个重大的经济发展方式的变革——低碳经济。本文从农业社会、工业社会、未来社会的能源利用方式的变革上，分析了人类经济发展形态的演变，探讨了低碳经济理念产生的时代背景，以及低碳经济产生的必要性和其对人类经济可持续发展带来的重要影响，并指出发展低碳经济的路径和方法。

二、论文的题目、摘要、关键词的撰写

题目：《低碳经济：人类经济发展方式的新变革》

摘要：

随着资源环境与经济发展的矛盾日益突出，21 世纪人类正面临着经济发展方式的新变革，以低能耗、低物耗、低排放、低污染为特征的低碳经济（Low-carbon Economy）是未来经济发展方式的新选择。本文从大时空跨度和能源利用方式上，分析了人类经济发展形态演变历程；探讨了低碳经济理念产生的时代背景，而国际社会对温室气体（CO_2）减排的关注导致了低碳经济的产生与发展。本文研究了低碳经济对传统的建立在化石燃料（能源）基础之上的现代工业文明的影响，以及发展低碳经济的路径和方法。

关键词：低碳经济；温室气体；二氧化碳减排；可持续发展

课外任务

任务 1　到图书馆查阅专业杂志中的一篇论文及其文摘内容，了解它们的书写格式。

任务 2　利用图书馆电子资源查找一篇有关造纸废水的处理技术方面的新方法和新进展的文献，根据文摘，查找原文并阅读。

综合训练 围绕一个研究课题（毕业专题）展开检索，形成开题报告

要求：

　　假定你即将开始做毕业专题，研究课题是"微生物燃料电池产电性能的研究"，在做实验之前，需要做大量的文献检索和阅读的工作，请你围绕这个研究课题，展开检索，并完成开题报告。

任务分析

　　为了完成一篇出色的开题报告，为后续的实验做理论指导，甚至激发出创新点，必须获得尽可能多的与课题相关的文献，包括中文文献、英文文献，文献类型包括期刊论文、学位论文、专利、标准、图书等。并对获得的文献分类，选择性的阅读，最终达到明确课题研究的目的与意义、国内外研究概况、拟研究解决的主要问题、论文拟撰写的主要内容（提纲）、论文计划进度的目的。

　　确定检索途径是关键词检索，初步确定检索词为"微生物燃料电池"、"产电"、"性能"。在检索过程中可以根据检索结果修改检索策略。

任务执行

一、期刊论文

1. 中国知网（CNKI）

　　操作步骤：打开中国知网网站（http：//www.cnki.net/），进入高级检索界面，选择检索项，输入检索词，点击"检索"，得到检索结果，查看摘要，选择与课题相关性大的文献下载全文，并阅读，做好记录。检索结果如综合实训图-1。

　　根据上面的检索策略，只检索出 4 篇文献，这对于完成一份开题报告，全面的了解该课题是远远不够的，为了提高查全率，获得更多资料，改变检索策略，减少检索词，如去掉："性能"。检索结果如综合实训图-2。检索到 213 篇文献，效果明显改善。

　　根据论文题目初步判断这些文章对课题的相关性大小，是否对自己的研究有帮助，然后对选中的论文，点击题目，查看论文摘要，进一步判断是否有必要下载全文进行阅读，对于那些相关性大的文章一定要仔细阅读全文，对于相关性一般的文章只需阅读摘要、结论即可，这样可以节省时间，提高效率。如点击题目为"微生物电池构造研究进展"，得到如综合实训图-3 所示的界面，在参考文献中有中文、英文文献，可以得到更多相关文献。

2. 其他期刊论文数据库

　　使用其他期刊论文的数据库（如维普资讯网等）的检索过程与上类似，这里不再赘述。

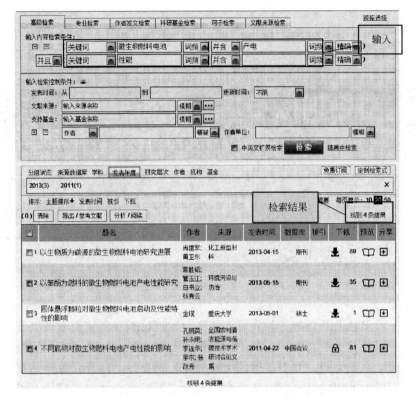

综合实训图-1　CNKI检索结果

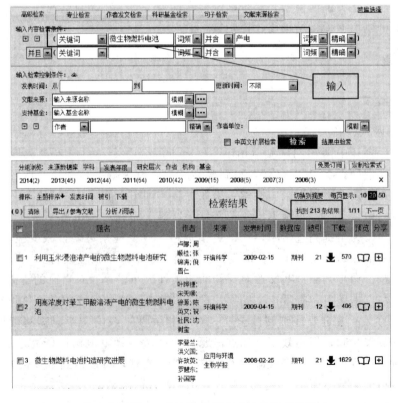

综合实训图-2　修改检索策略之后的检索结果

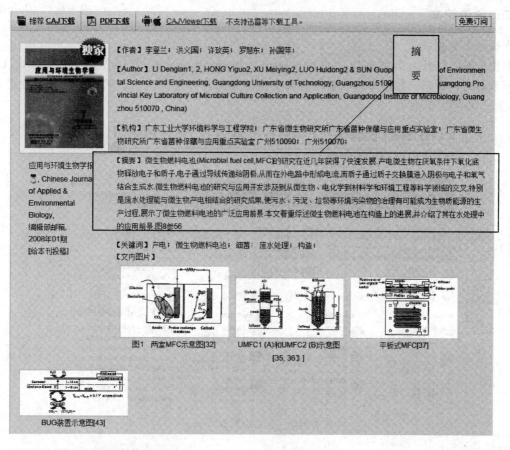

【作者】李簦兰；洪义国；许玫英；罗慧东；孙国萍；

【Author】Li Denglan1, 2, HONG Yiguo2, XU Meiying2, LUO Huidong2 & SUN Guoping of Environmental Science and Engineering, Guangdong University of Technology, Guangzhou 510 Guangdong Provincial Key Laboratory of Microbial Culture Collection and Application, Guangdong Institute of Microbiology, Guangzhou 510070 , China)

【机构】广东工业大学环境科学与工程学院；广东省微生物研究所广东省菌种保藏与应用重点实验室；广东省微生物研究所广东省菌种保藏与应用重点实验室 广州510090；广州510070；

应用与环境生物学报
, Chinese Journal of Applied & Environmental Biology,
编辑部邮箱,
2008年01期
[给本刊投稿]

【摘要】微生物燃料电池(Microbial fuel cell,MFC)的研究在近几年获得了快速发展。产电微生物在厌氧条件下氧化底物释放电子和质子,电子通过导线传递给阴极,从而在外电路中形成电流,而质子通过质子交换膜进入阴极与电子和氧气结合生成水。微生物燃料电池的研究与应用开发涉及到从微生物、电化学到材料科学和环境工程等科学领域的交叉,特别是废水处理能与微生物产电相结合的研究成果,使污水、污泥、垃圾等环境污染物的治理有可能成为生物质能源的生产过程,展示了微生物燃料电池的广泛应用前景。本文着重综述微生物燃料电池在构造上的进展,并介绍了其在水处理中的应用前景。图8参56

【关键词】产电；微生物燃料电池；细菌；废水处理；构造；
【文内图片】

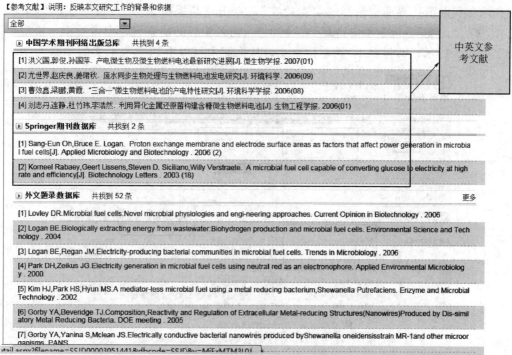

【参考文献】说明：反映本文研究工作的背景和依据

中国学术期刊网络出版总库　共找到 4 条

[1] 洪义国,郭俊,孙国萍. 产电微生物及微生物燃料电池最新研究进展[J]. 微生物学报. 2007(01)

[2] 尤世界,赵庆良,姜珺秋. 废水同步生物处理与生物燃料电池发电研究[J]. 环境科学. 2006(09)

[3] 曹效鑫,梁鹏,黄霞. "三合一"微生物燃料电池的产电特性研究[J]. 环境科学学报. 2006(08)

[4] 刘志丹,连静,杜竹玮,李浩然. 利用异化金属还原菌构建含糖微生物燃料电池[J]. 生物工程学报. 2006(01)

Springer期刊数据库　共找到 2 条

[1] Sang-Eun Oh,Bruce E. Logan. Proton exchange membrane and electrode surface areas as factors that affect power generation in microbial fuel cells[J]. Applied Microbiology and Biotechnology . 2006 (2)

[2] Korneel Rabaey,Geert Lissens,Steven D. Siciliano,Willy Verstraete. A microbial fuel cell capable of converting glucose to electricity at high rate and efficiency[J]. Biotechnology Letters . 2003 (18)

外文题录数据库　共找到 52 条　　　　　更多

[1] Lovley DR.Microbial fuel cells:Novel microbial physiologies and engi-neering approaches. Current Opinion in Biotechnology . 2006

[2] Logan BE.Biologically extracting energy from wastewater:Biohydrogen production and microbial fuel cells. Environmental Science and Technology . 2004

[3] Logan BE,Regan JM.Electricity-producing bacterial communities in microbial fuel cells. Trends in Microbiology . 2006

[4] Park DH,Zeikus JG.Electricity generation in microbial fuel cells using neutral red as an electronophore. Applied Environmental Microbiology . 2000

[5] Kim HJ,Park HS,Hyun MS.A mediator-less microbial fuel using a metal reducing bacterium,Shewanella Putrefaciens. Enzyme and Microbial Technology . 2002

[6] Gorby YA,Beveridge TJ.Composition,Reactivity and Regulation of Extracellular Metal-reducing Structures(Nanowires)Produced by Dis-similatory Metal Reducing Bacteria. DOE meeting . 2005

[7] Gorby YA,Yanina S,Mclean JS.Electrically conductive bacterial nanowires produced byShewanella oneidensisstrain MR-1and other microorganisms. PANS

二、学位论文

查找万方数据库。

操作步骤：打开万方数据库的页面（http：//www. wanfangdata. com. cn/），如综合实训图-4 所示，可以看到该数据库可以查询各种类型的文献，如学术论文、期刊论文、学位论文、外文文献、专利、标准等。

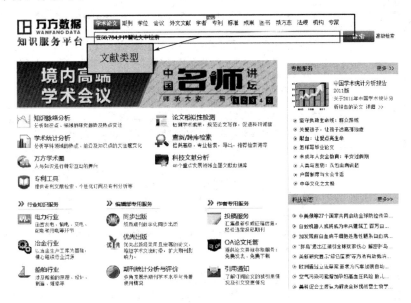

综合实训图-4　万方数据库主页

在综合实训图-4界面中选择"学术论文"，点击"高级检索"，在页面左侧的文献类型中选择"学位论文"，检索项中选择"关键词"，输入相应的检索词，点击检索，检索结果如综合实训图-5所示，共得到15篇学位论文，从页面中可以看到这些论文的学科类型、授予

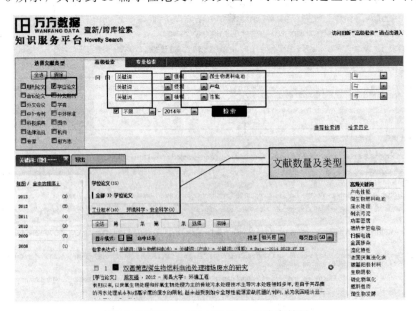

综合实训图-5　万方学位论文检索结果

学位类型及发表的年份。点击论文题目可以得到更多信息，如论文的作者及所在的学校、摘要等，如综合实训图-6 所示。

综合实训图-6　学位论文信息

三、专利

专利检索的网站有很多，这里以官方网站——中国知识产权局网站为例进行检索（http://www.sipo.gov.cn/），如综合实训图-7 所示，点击该页面中的"专利检索与查询"。出现如综合实训图-8 所示的界面，其中有四个可供选择的项：专利检索与服务系统、中国专利查询系统、中国专利检索系统、专利查询，每个系统的服务内容在页面中可以详细了解。

点击"中国专利检索系统"，出现如综合实训图-9 所示的页面，在检索项"名称"中输入检索词，当输入"微生物燃料电池　产电　性能"，只出现一篇专利，这时可以调整检索策略，减少检索词，输入"微生物燃料电池　产电"，检索到 4 篇专利，若想查看更多的专利，可以进一步减少检索词。如综合实训图-10 为检索词为"微生物燃料电池"的检索结果，其中发明专利为 208 条，实用新型专利为 42 条。

通过点击专利题目，得到如综合实训图-11 所示的界面，可以查看摘要，或者点击"申请公开说明书"或"审定授权说明书"，查阅全文。

综合实训图-7　中国知识产权局网站

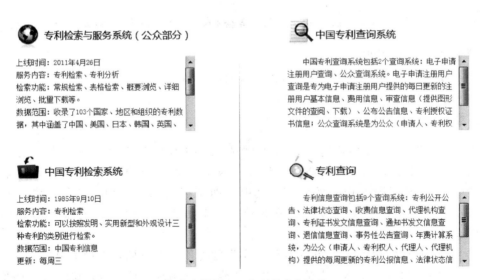

综合实训图-8　专利检索与查询

四、图书

　　利用超星数字图书馆没有查询到相关的图书，但是利用百度搜索引擎，如综合实训图-12，在检索框中输入"微生物燃料电池 图书"，可以查询到相关书籍《微生物燃料电池》、

综合实训图-9 中国专利检索系统页面

《环境生物燃料电池理论技术与应用》，如综合实训图-13所示。

五、英文文献

若想对某一课题进行研究，英文文献的阅读是必要的，因为很多有参考价值的文献都发表在 *Science*、*Nature* 等重要的英文期刊上。而英文文献的获取途径有很多，如 CA（SFS 或 CA on CD）、Springer Link、google scholer in English 等。微生物燃料电池（Microbial fuel cell，简称 MFC），如选用 Springer Link 数据库、检索词为"MFC"进行检索。如综合实训图-14 为 Springer Link 的网站主页，点击"Advanced Search"，进入如综合实训图-15 所示的检索界面，在"CONTENT"（内容）输入"MFC"，点击"GO"，得到如综合实训图-16 所示的检索结果，符合要求的文献数量为 2503，数量太多，可以增加检索词或者更换检索途径的方式提高查准率。

专利检索 ▶您现在的位置：首页>专利检索

专利类型及数量

• 发明专利（**208**）条　• 实用新型专利（**42**）条

序号	申请号	专利名称
1	200610047820.1	一种微生物燃料电池及其制备
2	200710144804.9	微生物燃料电池及利用秸秆发电的方法
3	200710144820.8	以气体扩散电极为阴极的单室微生物燃料电池
4	200810063876.5	折流板空气阴极微生物燃料电池
5	200710032708.5	单室微滤膜自介体耦合型微生物燃料电池
6	200710144550.0	微生物燃料电池及其处理啤酒废水的方法
7	200410066753.9	微生物燃料电池
8	03807769.8	用微生物燃料电池检测水中有毒物质的方法和装置
9	03813043.2	无膜和无介体的微生物燃料电池
10	200510079759.4	一种无介体微生物燃料电池
11	200610113873.9	一种双筒型微生物燃料电池
12	200510086618.5	生物反应器-直接微生物燃料电池及其用途
13	200610144991.6	可堆叠式单室微生物燃料电池
14	201110021917.6	氮掺杂碳纳米管在制备微生物燃料电池阴极中的应用及其制备方法
15	201110026014.7	一种微生物燃料电池半焦电极及其制备方法
16	201110042093.0	微生物燃料电池阳极的修饰方法
17	200980109469.6	微生物燃料电池
18	201110121885.7	一种阴极材料的制备方法及其在微生物燃料电池中的应用
19	201110121886.1	一种碳材料的表面修饰方法及其在微生物燃料电池中的应用
20	201110093147.6	一种液固流化床微生物燃料电池产氢装置

综合实训图-10　专利检索结果

申请（专利）号：**200610047820.1**

✛大中小

• 申请公开说明书（**9**）页　　　• 审定授权说明书（**9**）页

申　请　号：	200610047820.1	申　请　日：	2006.09.20
名　　　称：	一种微生物燃料电池及其制备		
公开（公告）号：	CN101150200	公开（公告）日：	2008.03.26
主分类号：	H01M8/16 (2006.01)I	分案原申请号：	
分　类　号：	H01M8/16 (2006.01)I		
颁　证　日：		优　先　权：	
申请（专利权）人：	中国科学院大连化学物理研究所		
地　　　址：	116023辽宁省大连市中山路457号		
发明（设计）人：	孙立贤;邹勇进;杨黎妮;徐芬	国际申请：	
国际公布：		进入国家日期：	
专利代理机构：	沈阳科苑专利商标代理有限公司	代　理　人：	许宗富;周秀梅

摘要

　　本发明涉及生物燃料电池技术，特别是一种微生物燃料电池，其特征在于：其采用质子交换膜将电池的阴极室和阳极室隔开，使用新亚甲基蓝作电子媒介体，使用修饰后的碳纸作电极材料。本发明生物燃料电池可以在温和的条件下利用微生物菌把贮存在生物质内的化学能转换为电能，而且清洁高效无污染。本发明用碳纸作为电极材料，新亚甲基蓝作电子媒价体，提高了电池性能，同时降低了制备成本。本发明的微生物燃料电池的电子媒介体适用于生物燃料电池，尤其微生物燃料电池。

综合实训图-11　更多专利信息

Baidu百度　新闻 **网页** 贴吧 知道 音乐 图片 视频 地图 文库 更多»

| 微生物燃料电池 图书 | 百度一下 |

《微生物燃料电池》([美]洛根)【摘要 书评 试读】- 京东图书
京东JD.COM图书频道为您提供《微生物燃料电池》在线选购,本书作者:([美]洛根),出版社:化学工业出版社。买图书,到京东。网购图书,享受最低优惠折扣!
item.jd.com/100687...html 2012-08-19 ▾ - 百度快照

《微生物燃料电池》(美)洛根 著,冯玉杰,王鑫 等译_简介_书评_在线...

图书 > 工业技术 > 化学工业 > 燃料化学工业(总论) > 商品详情 微生物燃料电池包含此书的书单加入书单 微生物燃料电池 推荐此书点击看大图 分享到: 商品编号:...
product.dangdang.com/... 2012-12-21 ▾ - 百度快照

微生物燃料电池-作者:布鲁斯.洛根(美)-广购书城:广州购书中心网上...

微生物燃料电池,布鲁斯.洛根(美),9787122059635,化学工业,本书英文版由WILEY出版社出版。该书是美国宾夕法尼亚州立大学环境工程领域著名学者BruceE.Logan教授所
www.gg1994.com/Produ.... 2009-10-01 ▾ - 百度快照

《微生物燃料电池原理与应用》图书详细资料信息.华信教育资源网 -
本教材可分为两大部分:概论、微生物燃料电池结构、MFC材料、耦合型微生物燃料电池、细胞外产电微生物、微生物燃料电池的发电原理、电池能量的计算、传质与扩散过程、...
www.hxedu.com.cn/hxedu/bookDet...?bi... 2013-03-20 ▾ - 百度快照

微生物燃料电池/(美)洛根(logan,B.E.)著著/化学工业出版社
微生物燃料电池在中国图书网上书店销售,读者在中国图书网还可了解到《微生物燃料电池》作者、价格、内容介绍等信息。欢迎购买《微生物燃料电池》,中国图书网为您...
www.bookschina.com/43418...htm 2009-12-20 ▾ - 百度快照

微生物燃料电池原理与应用-徐功娣,李永峰,张永娟 编-科技-文轩网

《微博控控微博(第2版)》姐妹篇,一本让你买了不后悔的'微信推广'实战书...本教材可分为两大部分:概论、微生物燃料电池结构、"I'(:材料、耦合型生物...
www.winxuan.com/produ... 2012-11-01 ▾ - 百度快照

综合实训图-12　百度搜索

图书名称:微生物燃料电池 (作者:洛根 ,冯玉杰,王鑫)(定价:49.00)(出版社:化学工业出版社)(书号:9787122059)(货号:9787122059635)

书籍作者: (美)洛根,冯玉杰,王鑫 等译
图书出版社: 化学工业出版社
图书品相: 10成品相
库 存 量: 1000 本
图书售价: 41.70元 图书原价: 49.00
图书类别: 自然科学
图书标签: 化学工业出版社
上书时间: 2011-07-01
出版时间: 2009-10
开本: 16开　页数: 176页
装订: 平装　ISBN: 9787122059635
配送: 快递 [配送说明]

环境生物燃料电池理论技术与应用 [平装]
~ 王黎 (作者),姜岷慧 (作者)
我要第一个评论它

市场价: ￥ 78.00
价格: ￥ 54.50 此商品可以享受免费送货 详情
为您节省: ￥ 23.50 (7折)
现在有货。
由卓越亚马逊直接销售和发货。
此商品只剩下4件,赶快购买。
可配送至江苏南京市玄武区。 查看其它地址的送达时间☑
如果您希望在周六(7月9日)收到商品,请即提交订单,并将送货方式选为**快递送货上门-免配送费。**

综合实训图-13　图书检索结果

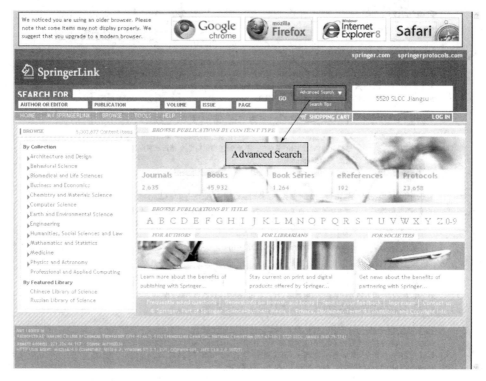

综合实训图-14 Springer Link 数据库主页面

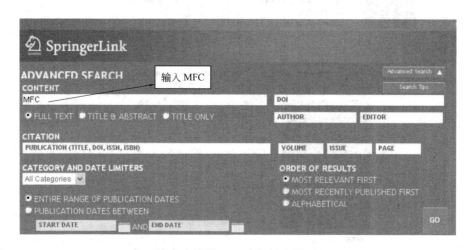

综合实训图-15 高级检索界面

检索报告

通过上面的检索操作，结合课题要求，最终选择性的对部分文献进行了精读，这些文献涉及期刊论文、学位论文、专利文献等多种类型，下面对这些文献分类汇总，详见综合实训表-1 期刊论文汇总、综合实训表-2 学位论文汇总、综合实训表-3 专利文献汇总和综合实训表-4 英文文献（期刊论文）汇总。

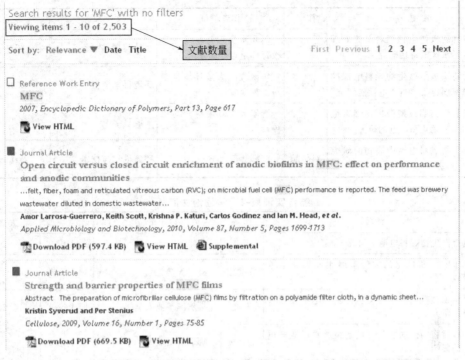

综合实训图-16　检索结果

综合实训表-1　期刊论文汇总

序号	题名	作者	作者单位	文献来源	发表时间
1	处理城市污水同时生产电能的微生物燃料电池	崔龙涛	清华大学环境科学与工程系	中国沼气	2006-11-15
2	以模拟有机废水为基质的单池微生物燃料电池的产电性能	左剑恶	清华大学环境科学与工程系	太阳能学报	2007-03-28
3	利用玉米浸泡液产电的微生物燃料电池研究	卢娜	北京大学环境工程系水沙科学教育部重点实验室	环境科学	2009-02-15
4	直接微生物燃料电池的影响因素	宋天顺	南京工业大学国家生化工程技术研究中心	化学工程	2009-12-15
5	废水处理新理念——微生物燃料电池技术研究进展	孙健	华南理工大学环境科学与工程学院	工业用水与废水	2008-02-28
6	微生物燃料电池构造研究进展	李登兰	广东工业大学环境科学与工程学院	应用与环境生物学报	2008-02-25
7	废水处理新理念——微生物燃料电池技术研究进展	孙健	华南理工大学环境科学与工程学院	工业用水与废水	2008-02-28
8	微生物燃料电池中产电微生物电子传递研究进展	王慧勇	西安建筑科技大学环境与市政工程学院	环境保护科学	2009-02-15
9	微生物燃料电池在环境污染治理研究中的应用进展	杨永刚	广东省微生物研究所	微生物学报	2010-07-04
10	微生物燃料电池阳极材料的研究进展	谢丽	宁夏大学化学化工学院	广东化工	2011-04-25
11	微生物燃料电池	刘宏芳	华中科技大学化学与化工学院	化学进展	2009-06-24

续表

序号	题名	作者	作者单位	文献来源	发表时间
12	空气阴极微生物燃料电池处理生活污水产电特性研究	强琳	西北水资源与环境生态教育部重点实验室	水处理技术	2011-01-10
13	生物阴极型微生物燃料电池同步降解偶氮染料与产电性能研究	毕哲	华南理工大学环境科学与工程学院	环境科学学报	2009-08-06
14	好氧生物阴极型微生物燃料电池的同时硝化和产电的研究	谢珊	清华大学环境科学与工程系	环境科学	2010-07-15
15	微生物燃料电池中底物的研究进展	刘晶晶	首都师范大学	环境科学与技术	2011-06-15

综合实训表-2　学位论文汇总

序号	题名	作者	授予单位	论文类型	发表时间
1	复合微生物燃料电池的研究	张鑫	天津大学	硕士论文	2007
2	基于酵母菌催化的双极室微生物燃料电池研究	黄素德	浙江大学	硕士论文	2008
3	微生物燃料电池中多元生物质产电特性与关键技术研究	王鑫	哈尔滨工业大学	博士论文	2010
4	阳极材料的优选及其对微生物燃料电池产电性能的影响	王昊昱	哈尔滨工业大学	硕士论文	2010
5	微生物燃料电池的基础研究	王琴	中国石油大学（北京）	硕士论文	2008
6	微生物燃料电池电化学性能研究	刘智敏	哈尔滨工程大学	硕士论文	2008
7	微生物燃料电池处理有机废水的基础研究	张佩佩	中国石油大学（北京）	硕士论文	
8	微生物燃料电池的构建及其优化	李少华	中国科学院过程工程研究所	硕士论文	2007
9	产电微生物菌种的筛选及其在微生物燃料电池中的应用研究	黄杰勋	中国科学技术大学	博士论文	2009
10	以淀粉废水为基质的微生物燃料电池技术研究	卢娜	北京大学	博士论文	2009
11	微生物燃料电池中生物膜产电及用于过程监测的研究	刘志丹	中国科学院过程工程研究所	博士论文	2008
12	不同底物的微生物燃料电池阳极菌群及其产电特性分析	张翼峰	大连理工大学	硕士论文	2008
13	双室微生物燃料电池处理有机废水及其产电研究	易丹	北京大学	硕士论文	2008
14	微生物燃料电池法污泥消化与产电实验研究	王烨	合肥工业大学	硕士论文	2009
15	利用细菌发电的生物燃料电池产电特性研究	吴洪锋	浙江大学	硕士论文	2006

综合实训表-3　专利文献汇总

序号	申请号	专利名称	发明人	申请人
1	200610047820.1	一种微生物燃料电池及其制备	孙立贤	中国科学院大连化学物理研究所
2	200710144804.9	微生物燃料电池及利用秸秆发电的方法	冯玉杰	哈尔滨工业大学
3	200710144550.0	微生物燃料电池及其处理啤酒废水的方法	冯玉杰	哈尔滨工业大学

续表

序号	申请号	专利名称	发明人	申请人
4	200910310306.6	双室藻类微生物燃料电池及其处理废水实现零碳排放的方法	冯玉杰	哈尔滨工业大学
5	200910264233.1	一种藻类阴极双室微生物燃料电池及其应用	丁丽丽	南京大学
6	200910190202.6	微生物燃料电池系统和微生物污水处理及产生电能的方法	陶虎春	北京大学深圳研究生院
7	200810117182.5	一种光合微生物燃料电池	冯雅丽	北京科技大学
8	200810198453.4	二氧化锰在制备微生物燃料电池阴极中的应用	周顺桂	广东省生态环境与土壤研究所
9	200810027953.1	一种微生物燃料电池及应用	肖可	广东省生态环境与土壤研究所
10	200410066753.9	微生物燃料电池	刘宜胜	浙江大学

综合实训表-4　英文文献（期刊论文）汇总

序号	题目	作者	期刊来源	发表时间
1	Manipulating the hydrogen production from acetate in a microbial electrolysis cell-microbial fuel cell-coupled system	Min Sun	*JOURNAL OF POWER SOURCES*	2009
2	Hydrogen production from propionate in a bio-catalyzed system with in-situ utilization of the electricity generated from a microbial fuel cell	Min Sun	*International Biodeterioration & amp; Biodegradation*	2010
3	Extracellular biological organic matters in microbial fuel cell using sewage sludge as fuel	Junqiu Jiang	*Water research*	2010
4	A microbial fuel cell using manganese oxide oxygen reduction catalysts	Roche，I	*Journal of Applied Electrochemistry*	2010
5	The internal resistance of a microbial fuel cell and its dependence on cell design and operating conditions	Aswin K	*Electrochimica Acta*	2009
6	Application of biocathode in microbial fuel cells：cell performance and microbial community	Chen，GW	*Applied Microbiology and Biotechnology*	2008
7	Effect of increasing anode surface area on the performance of a single chamber microbial fuel cell	Mirella Di Lorenzo	*Chemical engineering journal*	2010
8	Investigating Microbial Fuel Cell Bioanode Performance Under Different Cathode Conditions	Abhijeet P	*Biotechnology Progress*	2009
9	Electricity generation from synthetic substrates and cheese whey using a two chamber microbial fuel cell	Georgia Antonopoulou	*Biochemical Engineering Journal*	2010
10	Growth kinetics of Chlorella vulgaris and its use as a cathodic half cell	Powell，EE	*Bioresource Technology*	2009

注：表中作者均为第一作者姓名。

综合实训表-1～综合实训表-4 中汇总了部分经筛选的各种类型的文献，实际检索到的文献数量要远比这些多，我们要在茫茫文献中选择参考价值高的文献进行阅读，并且在阅读过程中要激发创新思维，切不可人云亦云，要带着科学的怀疑精神。检索文献并不是目的，阅读文献并最终明确课题研究的目的与意义、国内外研究概况、拟研究解决的主要问题、论文拟撰写的主要内容（提纲）、论文计划进度，这才是最重要的。

该课题的开题报告范例如下：

开 题 报 告

一、课题研究的目的与意义

随着世界人口的增长和社会经济的飞速发展，能源需求量将越来越大，现今石油、天然气和煤依然是主要能量来源，但这种状况在未来将难以维持，寻找新的石油资源，增加现有石油资源的开采率、使用其他化石燃料（如沥青砂、页岩油）均无法从根本上解决全球化石能源短缺问题以及化石能源在使用和开采过程中对环境的危害。化石燃料的燃烧使得空气中的 CO_2 量大幅度增加，加剧了对环境的破坏以及导致全球气候恶化。因此，解决能量产出和 CO_2 释放问题是我们面临的最大的环境挑战。另外，每年废水的收集和处理耗费大量的能源，而废水本身就含有以可生物降解的有机物形式存在的能量，而我们却在耗费能量去除它们。利用微生物进行产电的微生物燃料电池（Microbial Fuel Cell，简称 MFC）无疑是解决了以上问题，利用 MFC，既可以实现将葡萄糖等简单小分子或者复杂生物质中所蕴含的化学能转化成电能，也可以实现有机污水的处理，从而受到了世界各国的高度关注，成为本世纪环境科学与工程研究的热点方向之一。

二、国内外研究概况

近几年来，有人开始研究微藻微生物燃料电池，研究的方向主要有以下几个方面：

何辉等利用分离的小球藻（Chlorella vulgaris）构建了光合微生物燃料电池，考察了小球藻加入阴阳极和以废水为底物的电池产电性能及机理。结果表明，构建的微生物燃料电池是可行的，电能输出主要依赖吸附在电极表面的藻，而与悬浮在溶液中的藻基本无关。光照是该燃料电池电压变化的主要影响因素之一。阳极接种活性污泥，以 0.2mol/L 醋酸钠为底物，阴极接入小球藻，组装 MFC，只得到 35～40mV，电池的最大输出功率密度达到 $11.82mW/m^2$，内阻为 510Ω，COD 去除率达到 40%。这种电池将化学能、光能转化为电能的同时可处理污水，并回收小球藻。

……

三、拟研究解决的主要问题

全球温室效应和化石燃料的消耗使人们去寻找新的可替代的能源，很多生物质包括生长的植物、农作物、细菌等都可以产生能量，微藻作为一种生物质被看作是一种可替代的能源。同陆生植物相比，藻类有很多优势，它们的生长需要更少的空间，有更快的生长速度，不会和粮食产生竞争。另外，藻类是光合自养微生物，在光照条件下，利用空气中二氧化碳或溶解在水中碳酸氢盐进行光合作用，合成细胞内的有机物，它们生长所需要的光和二氧化碳都是天然物质，取之不尽用之不竭，并且可以减少空气中二氧化碳含量，缓解气候变暖的趋势。

微藻光合微生物燃料电池是一个利用光能和二氧化碳产生电能的装置，在产生电能的同时，还具有处理二氧化碳，净化水体的作用，是一个完全环保、绿色、具有可持续发展意义的装置。

四、论文拟撰写的主要内容

第1章 绪论

1.1 微生物燃料电池的概述

1.2 微生物燃料电池的研究现状

1.3 微藻简介

1.4 微藻微生物燃料电池的研究现状

1.5 本论文的目的

第2章 实验部分

2.1 主要试剂与仪器

2.2 检测及方法

2.3 预备试验

2.4 微生物燃料电池组建

第3章 小球藻 MFC 产电性能的研究

3.1 小球藻微生物燃料电池的启动

3.2 小球藻微生物燃料电池产电性能的研究

3.3 影响小球藻微生物燃料电池产电性能的因素

3.4 分析与讨论

参考文献

致谢

五、论文计划进度（略）

参 考 文 献

[1] 魏振枢等. 化学化工信息检索. 第 3 版. 北京：化学工业出版社，2013.
[2] 赵乃瑄，冯新. 化学化工电子文献检索与分析策略. 北京：化学工业出版社，2007.
[3] 伍丽娜等. 现代化工文献检索项目化教程. 北京：化学工业出版社，2010.
[4] 蔡志勇. 化学化工及相关网络信息资源. 北京：国防工业出版社，2004.
[5] 刘广普等. 实用信息检索. 开封：河南大学出版社，2002.
[6] 潘家祯等. 科技文献检索手册. 北京：化学工业出版社，2001.
[7] 蔡永源等. 现代化工信息资源实用手册. 北京：化学工业出版社，2004.
[8] 周文荣等. 信息资源检索与利用. 北京：化学工业出版社，2000.
[9] 新闻出版总署科技发展司，图书出版管理司，中国标准出版社编. 作者编辑常用标准及规范. 第 2 版. 北京：中国标准出版社，2003.
[10] 何丽梅，喻萍，严而清，江惜春. 实用文献信息资源检索. 北京：化学工业出版社，2002.
[11] 中国标准出版社编. 条码国家标准汇编. 北京：中国标准出版社，2004.
[12] 赖文等. 常用标志与图形符号识别指南. 北京：中国标准出版社，2002.
[13] 国家质量技术监督局编译. 国际专利分类法 ICS. 第 2 版. 北京：中国标准出版社，1999.
[14] 吴汉东等. 知识产权法. 北京：法律出版社，2004.
[15] 吴建伟，祝保一，祝天敏编著. ISO 9000：2000 认证通用教程. 第 2 版. 北京：机械工业出版社，2004.
[16] 王荣民. 化学化工信息及网络资源的检索与利用. 第 3 版. 北京：化学工业出版社，2012.